中國學術思想 研究輯刊

三二編

林慶彰 主編

第 15 冊

熊十力與「體用不二」論（下）

林世榮 著

花木蘭文化事業有限公司

國家圖書館出版品預行編目資料

熊十力與「體用不二」論（下）／林世榮 著 -- 初版 -- 新北市：
花木蘭文化事業有限公司，2020〔民109〕
目 2+206 面；19×26 公分
（中國學術思想研究輯刊 三二編；第 15 冊）
ISBN 978-986-518-287-8（精裝）
1. 熊十力 2. 學術思想 3. 哲學
030.8   109011249

ISBN-978-986-518-287-8

中國學術思想研究輯刊
三二編 第十五冊   ISBN：978-986-518-287-8

熊十力與「體用不二」論（下）

作　　　者　林世榮
主　　　編　林慶彰
總 編 輯　杜潔祥
副總編輯　楊嘉樂
編　　　輯　許郁翎、張雅淋　美術編輯　陳逸婷
出　　　版　花木蘭文化事業有限公司
發 行 人　高小娟
聯絡地址　235 新北市中和區中安街七二號十三樓
　　　　　　電話：02-2923-1455／傳真：02-2923-1452
網　　　址　http://www.huamulan.tw 信箱 hml810518@gmail.com
印　　　刷　普羅文化出版廣告事業
封面設計　劉開工作室
初　　　版　2020 年 9 月
全書字數　357477 字
定　　　價　三二編 24 冊（精裝）新台幣 60,000 元

熊十力與「體用不二」論（下）

林世榮　著

目

次

第五章 體用不二

第一節 前言

　　經由對前三章〈《易》學辨正（上）、（下）〉與〈理論設準〉等之探討，既已闡明熊氏釐清孔子《周易》與伏羲古《易》、古術數家之《易》之異同，即可進入核心，對其內容加以深究，以建構其思想體系。熊氏認為歷來儒者皆誤解《周易》，故於孔子思想無由悟入，而其獨有會心，是以對孔子思想之中心所在朗然分明，而此即其所提出之「體用不二」論。《乾坤衍》曰：

> 余所以不憚反覆其辭者，約有六義：一、體用不二，易言之，即是實體與現象不可離之為兩界。二、……三、……四、……五、……六、……（《全集》七，頁 592～595）

此體用六義之第一點，熊氏開宗明義曰：「體用不二」，此既是孔子《周易》之精髓，亦是其中心思想所在。熊氏之思想幾可與「體用不二」論劃上等號，且此乃其由孔子《周易》而悟得者；《體用論》即曰：「本論上宗《大易》，以體用不二為主旨」（《全集》七，頁 120）。而對於實體與現象兩者應為何種關係，熊氏曾自述其所尋思之經過，《原儒・原內聖》曰：

> 若道本體是超越現象而獨在，即是立乎現象之上，便與天帝不異矣；若道本體是隱於現象背後而為眾甫，則隱顯二層中間隔截，萬物亦不需要此不相干之本體矣。……伏羲始提出體用二字，其時未便斥破天帝，故祇談用。孔子始廢天帝，而明示乾坤有本體，字曰乾元，亦名太極，然猶復談用。其於乾元無所論說者，非存而不論也。誠

> 以體用本來不二，雖不妨分別而說，畢竟不可以體用破析為二。由
> 體用本來不二故，祇可於乾坤變化，而究盡其義縕，廣為天下後世
> 宣說，無隱無吝。大用暢通，即本體顯發無餘蘊，此謂即用識體。
> 即用識體者，根本在體用不二。如體用可析而為二，則談用祇可明
> 用，何可由用以識體乎？（《全集》六，頁 740～741）

熊氏認為本體與現象若是可析而為二，則必有兩種結果，一、以本體立乎現象
之上，此本體無異即是天帝；二、以本體隱於現象背後而為眾甫，是以本體與
現象隔截為二層，則本體與現象實不相干，而萬物亦不需此不相干之本體。熊
氏認為本體與現象不可析而為二，故說為「體用不二」。本體與現象既不可析而
為二，是以本體即是現象，現象亦即本體，而於本體無可多說，唯於現象上見
其變化，而本體即因之以顯，此即「祇可於乾坤變化，而究盡其義縕」，而亦唯
「大用暢通，即本體顯發無餘蘊」，此由用上以顯體，故說為「即用識體」。「體
用不二」與「即用識體」，實是一義。就其體與用本來不二言，體即是用，用即
是體，即體即用，即用即體，故曰「體用不二」。而就其着重於用上言，由現象
上之變化，而體即在用上見，蓋乾坤兩大勢用翕闢成變，即於用上識得本體，
則曰「即用識體」。此中，「體用不二」尤為特出，實乃根本義，此義若明，則
「即用識體」亦不言而喻。可見本體與現象不可析而為二，若可析之，必無以
由用以識體？如佛、道及西洋哲學即將本體與現象斷為兩橛，大部分儒者亦不
能免之，此則熊氏所不能認同。而熊氏「體用不二」、「即用識體」之說，乃從
孔子《周易》而悟得，孔子《周易》則從伏羲古《易》改造而來。而伏羲雖提
出體用二字，但其「未便斥破天帝，故祇談用」，而既捨體而只談用，則於「體
用不二」自是無從說起。至孔子則始廢天帝，「明示乾坤有本體，字曰乾元」，
其既以乾元取代天帝，而為本體之目，「然猶復談用」，且尤着重於即用以識體，
故體、用之義，即有獨特己意，而與他人有別。本章將順此以言，第二節「『體』、
『用』釋義」，界定熊氏對體、用二字之釋義；第三節「『體用不二』要旨」，闡
明「體用不二」論之精義所在；第四節「反對佛、道、西洋哲學本體之說」，評
判熊氏對此等說法之駁斥。〔註1〕

〔註1〕關於熊氏之「體用不二」論，筆者已有《熊十力《新唯識論》研究》探究之，
乃以《新論》為主，從其批判、改造佛學為進路，今則以《乾坤衍》為主，專
就《大易》予以推闡。又後人對《乾坤衍》之研究，除唐文權〈《乾坤衍》探
微〉、唐明邦〈熊十力先生《易》學思想管窺——讀《乾坤衍》〉等單篇論文外，
至於專著，則尚不多見。

第二節　「體」、「用」釋義

　　孔子《周易》以乾元取代天帝，而為本體之目，並以乾坤為兩大勢用以取代陰陽二氣，而由此乾坤兩大勢用翕闢成變，即於用上識得本體。故「體」、「用」二字，在孔子而言，自有其殊特意〔註2〕，此正可見熊氏曾深入探究，《體用論》曰：

> 一者，姑假設有造物者。……吾遠取諸物，近取諸身，觸處窮理，卒無可證成造物主。余遂放棄此一假設，是為第一變。二者，造物主既不容成立，吾姑假設萬物無原。以為萬物從泰始來，各各以形相生，而亦各各以類相從。任萬物之不齊而齊，付之自然而得矣。……余乃復為窮原之學。近取諸身，遠取諸物。深悟、深信萬有之實體，即是萬有自身。實體決不是潛隱於萬有背後，或超越乎萬有之上；亦決不是恒常不變，離物獨存。（《全集》七，頁127～128）

　　對本體之探究，熊氏首先認為「假設有造物者」，此造物者，亦即古籍常言之天、帝，或聯成複詞為天帝，乃一可作威作福、具有權威性意義之人格神，其乃立乎現象之上，超越現象而獨在者。熊氏認為此種超越現象而獨在之人格神，絕非本體之謂，蓋其已將體用分而為二。《原儒‧原內聖》即曰：「從來談本體者或將本體說成立乎現象之上，或說為隱伏於現象背後，此皆誤將本體推出於現象之外去，易言之，即將體用分割為二」（《全集》六，頁739）。其次，「假設萬物無原」，即「以為萬物從泰始來，各各以形相生，而亦各各以類相從」，由於萬物既各各以形相生，以類相從，則莫知其所從來，亦莫知其所從去，最終只能「任萬物之不齊而齊，付之自然而得矣」，對於宇宙萬有之根源，既無從推尋，則亦唯有莫予探究，而成為一「無原之論」。熊氏認為此種無原之論，既無法說明宇宙萬有之存在情況，自亦無法合理解釋體用關係。經此二變之後，熊氏最後「深悟、深信萬有之實體，即是萬有自身」，本體即是現象，現象亦即本體。體用本自不二，現象必有其本體，是以無原之論，其謬誤不攻自破；而本體亦非造物者之謂，蓋「實體決不是潛隱於萬有背後，或超越乎萬有之上」，且「決不是恒常不變，離物獨存」。本體既絕不可能離物獨存，蓋其亦即萬有自身，故萬有之本體，即是萬有自身，本體既

〔註2〕《體用論》即曰：「本論在宇宙論中談體用，其意義殊特，讀者須依本論之體系而索解。」（《全集》七，頁35）

不潛隱於萬有背後，亦非超越乎萬有之上。熊氏既以佛、道及西洋哲學，皆以本體乃潛隱於萬有背後，或超越乎萬有之上，即皆以本體乃恒常不變，離物獨存；而唯我儒家聖哲，無此弊端，《體用論》即曰：「中夏聖哲洞見大本，而含養其天地萬物一體之德慧。裁成輔相盛業，皆所以完成天地萬物一體之本性，而無私焉」（《全集》七，頁 128）。要之，熊氏經此三變，乃深悟、深信萬有之實體，即是萬有自身，本體即現象，現象即本體，所謂「體用不二」也。

　　由上可見，熊氏肯定實有本體，若是無體，則成無原之論，自無「體用不二」之說。《新論（語體文本）》即曰：「我們先要解答第一問題，就不得不承認萬變不窮的宇宙，自有他的本體。如果只承認有萬變不窮的宇宙，而不承認他有本體，那麼，這個萬變的宇宙是如何而有的呢？他豈是從空無中突然而有的呢？」（《全集》三，頁 87）熊氏肯認宇宙萬有「自有他的本體」，此理應決定有者，否則，「這個萬變的宇宙是如何而有的呢」？然熊氏所言之「體」，並不賦予或規定其任何實質內容，其既非上帝或神，亦非梵天、如來藏或阿賴耶，亦非所謂之第一因，更非唯心論或唯物論之以精神或物質為唯一實在等等，即非一恒常不變而離物獨存者，其只是就功用、現象之大用流行上，以直透本體而開顯一切，由乾坤兩大勢用以見乾元、太極，因其乃就作用上以識本體，而由有作用故，故有所謂之體。是以乾元、太極亦只是純粹表示本體之意而已，而所謂體者，其並無任何內容，但卻可範圍所有內容，猶如孔子所謂之「仁」，雖非任何內容所可規範，但其卻是一總德之稱。《原儒・原內聖》即曰：「以有功用熾然顯著，非幻化故，非虛妄故，非憑空而起故，故知用必有體」（《全集》六，頁 738），《體用論》亦曰：「大用者，本心物萬象之通稱。心物萬象不是憑空發現，定有實體」（《全集》七，頁98），案本體雖隱微難知，而「以有功用熾然顯著」，可見其並非是幻化的，亦即「心物萬象不是憑空發現」，此實昭然分明，「故知用必有體」。然本體雖必是有，但其可否加以描述？《新論（語體文本）》曰：「本體不可作共相觀，作共相觀，便是心上所現似的一種相，此相便已物化，而不是真體呈露。所以說，本體是無可措思的」（《全集》三，頁94），蓋吾人之思惟作用唯限於日常經驗，常以物之共相即本體，然此乃緣慮自心所現之相，故「本體不可作共相觀」。若以共相作為本體，則「此相便已物化，而不是真體呈露」，由此可知「本體是無可措思的」。雖然，本體既無可措思，但是否即無法予以界說？是又不然！

《新論（語體文本）》曰：

一、本體是備萬理、含萬德、肇萬化、法爾清淨本然。……二、本體是絕對的，若有所待，便不名為一切行的本體了。三、本體是幽隱的，無形相的，即是沒有空間性的。四、本體是恒久的、無始無終的，即是沒有時間性的。五、本體是全的，圓滿無缺的，不可剖割的。六、若說本體是不變易的，便已涵著變易了，若說本體是變易的，便已涵著不變易了，他是很難說的。（《全集》三，頁 94）

《體用論》亦曰：

一、本體是萬理之原，萬德之端，萬化之始。二、本體即無對即有對，即有對即無對。三、本體是無始無終。四、本體顯為無窮無盡的大用，應說是變易的。然大用流行畢竟不曾改易其本體固有生生、健動，乃至種種德性，應說是不變易的。（《全集》七，頁 14）

案《新論（語體文本）》以六義，《體用論》以四義界說本體，《新論》之第三義「本體是沒有空間性的」，實可包含於第四義「本體是沒有時間性的」之中，而第五義「本體是全的」，此自是最基本之義，自可包含於各義之中，故《新論》之六義實即《體用論》之四義。而後後勝於前前，熊氏既將《新論》六義，精簡為《體用論》之四義，則《體用論》四義，實乃既精且要，已可總括本體之義。一者、「本體是萬理之原，萬德之端，萬化之始」，蓋本體既非如無原之論者之說，並非死體，而是一活體。雖然其乃「法爾清淨本然」，且「是全的」，就德性上而言，故可謂本體是單純性，但因其具備眾理，含無量潛能，翕闢以成變化，因而可顯為宇宙萬有之大用，故是萬理之原，萬德之端，萬化之始，不僅哲學上所謂之本體論乃得以成說，而宇宙萬有亦因之而得以穩立施設。二者、「本體即無對即有對，即有對即無對」，蓋本體與現象雖本不二，但不妨有分，雖分，而體用不二，是以「本體即無對即有對」；且本體乃能變化，但並不意謂有一所變與之為對，蓋萬有之本體，即是萬有自身，故又「即有對即無對」。三、「本體是無始無終」，此從時間而言，本體自是亙古常存，無始無終，而無時間性，所謂無時間性，即是不為時間所限之謂。且本體既是無時間性，其實亦已包含其於空間上乃廣大無垠、無盡無邊，而無空間性，所謂無空間性，即是不為空間所限之謂。故本體乃超越時空，不為時空所限，否則，亦何可稱之為本體？四、「本體顯為無窮無盡的大用，應說是變易的」，夫本體就其亙古常存，無始無終而言，自是不易的，而本體

既是萬理之原，萬德之端，萬化之始，則必顯為無窮無盡之大用，就此而言，應是變易的。而究其實，本體乃即不易即變易，即變易即不易，即無對即有對，即有對即無對，既亙古常存，無始無終，而又能顯為無窮無盡之大用。是以熊氏言「體用不二」，極強調由「即用識體」以言，蓋本體含藏無量潛能，必是可以發用的，而由此能變易之大用，即可知本體含無量潛能，具備眾理，故可謂本體具複雜性。此後，《明心篇》、《乾坤衍》皆極強調「本體含藏複雜性」此一義也。而此義與前言本體是單純性，亦並不矛盾，蓋就其純粹至極之德性而言，則是單純性，而就其內部含藏無量潛能而言，則具複雜性。熊氏以此諸義界說本體，可謂包括已盡。此中最值注意者，即最後一點，本體雖是不易的，但卻是能變化的，能顯為無窮無盡的大用，故「說本體是不變易的，便已涵著變易了」，然本體雖是能變化而成功用，但此大用畢竟不離本體自性，故「說本體是變易的，便已涵著不變易了」。蓋熊氏所謂之本體，並非一死體，乃一活生生之體，既能有變化，亦可顯現為功用，筆者《熊十力《新唯識論》研究》即曰：「熊氏所肯定之本體，並非是一可執實的死體，而無疑是著重於變化義的，故與其以一實體視之，倒不如視其為一活動，而就此活動以言其為本體，本體亦在此活動中而成其為本體也」（頁48），因其「並非是一可執實的死體」，故其必是一活體，乃「著重於變化義的」，此亦即「即體即用」、「即存有即活動」；且「就此活動以言其為本體，本體亦在此活動中而成其為本體」，此亦即「即用即體」、「即活動即存有」。要之，本體乃獨立無匹、離繫自在而又具備眾理，故為萬理之原。然亦因即存有即活動，即活動即存有，自己認識自己，自己覺悟自己，故本體即非一死體，而是一能活動、能發用的，若不能活動、不能發用，即不能認識、覺悟自己；亦因其備眾理而為萬理之原，故亦非一死體，乃一能顯現、能流行的，若不能顯現、不能流行，亦不能於萬有處識得自己。故本體終是要發用，且具有主體能動性，乃一縱貫的、創生的道德主體性，此縱貫的創生義，乃即本體即工夫，即體即用的，亦即乃縱貫縱說、縱貫縱攝而能彰顯圓教之實義，非是如佛、道之有本體而無工夫，只是縱貫橫說、縱貫橫攝，雖有會於本體之清淨寂滅，但卻無法直承本體之縱貫的創生義〔註3〕。是以此一縱貫的創生義之本體，既

〔註3〕關於儒家所言本體乃具縱貫的創生義，及縱貫縱說與縱貫橫說等，請參閱牟宗三《中國哲學十九講》第四、五、六、七及十九講（《牟宗三先生全集》29，頁69～154、頁421～447）。

非空宗只顯空寂、無有生化而為一平舖之真如之所能企及，更非有宗體用為二而成一橫面之執取的阿賴耶識之所可比擬（詳第四節「反對佛、道、西洋哲學本體之說」）。而本體既是「即存有即活動」、「即活動即存有」，乃一縱貫的創生義之道德主體性，故強調其活動義，不妨即以「能變」目之。《新論（刪定本）》曰：「余以為宇宙本體，不妨假說為能變。云何知有本體？以萬變非可從無肇有故，猶如眾漚必有大海水為體故，無能生有理定不成故」（《全集》六，頁 72）〔註4〕，熊氏認為宇宙實體乃一活體，而非死體，是以不妨假說為「能變」。而本體必定是有，蓋「以萬變不是從無中生有故」，若無本體，則無不能生有，何有變化可言？是以有體才能有用，無體則亦無用可言，蓋「無能生有理定不成故」。然熊氏雖以「能變」目體，但此非謂有一「所變」與之為對，《新論（語體文本）》曰：「此中能變一詞的能字，只是形容詞，並不謂有所變與之為對。如果說由能變之外，別有所變，那便劃分兩重世界了。又復應知，我們把本體說為能變，這是從功用立名。因為本體全顯現為萬殊的功用，即離用之外亦沒有所謂體的緣故。我們從體之顯現為萬殊和不測的功用，因假說他是能變的。這能變的能字，就是從體之顯現為用而形容之，以為其能」（《全集》三，頁 95）〔註5〕，案能所對立，乃學者所恒言，以能變為體，所變為用，能變為所變之體，所變即由能變之體變化而來，能所既斷為二橛，而能變之「能」字，乃動詞也，故皆以能變為超脫乎所變之上而獨在，即本體乃潛隱於萬有背後或超越乎萬有之上。熊氏則認為「能」字，「只是形容詞」，乃「從體之顯現為用而形容之」，故能變即本體之目，「並不謂有所變與之為對」，是以能變即是所變，所變亦即能變，蓋「本體全顯現為萬殊的功用，即離用之外亦沒有所謂體」也。本體之所以名能變，乃從功用立名，即從體之顯現為萬殊與不測之功用而言，蓋本體渾然無象，而其成為用也即繁然萬殊，即體既渾然無象，隱微難見，而其用也繁然萬殊，有目皆睹。此能變既非由恒常之外在實體而來，亦非由空無而生，因無不能生有，故本體不可視為宗教家所擬為具有人格之神，亦不可視為如人有造作一切事之能的。此能變乃不假外界而自有，實即宇宙萬有之自身；若是有所從來，則此能變必是有所待，而不成其為本體。然亦非有一所變與之為對，蓋能字乃形容詞，

〔註4〕《體用論》（《全集》七，頁 12）亦重複此意。

〔註5〕《新論（刪定本）》（《全集》六，頁 76）、《體用論》（《全集》七，頁 14～15）皆重複此意。

而非動詞也；若有所變與之為對，則此能變必為所變之主宰，而仍不脫造物者之迷思。可見本體必定是有，即是萬有自身，且其為能變，並無一所變與之為對。而本體、能變，亦可名為「恒轉」、「功能」，《新論（文言文本）》曰：「前之談變也，斥體為目，實曰恒轉。恒轉者，功能也」（《全集》二，頁53），《新論（語體文本）》亦曰：「我們從能變這方面看，他是非常非斷的。因此，遂為本體安立一個名字，叫做恒轉。恒字是非斷的意思，轉字是非常的意思。非常非斷，故名恒轉」、「若乃斥指轉變不息之本體而為之目，則曰恒轉。恒轉勢用大極，故又名之以功能」（《全集》三，頁95、頁151）〔註6〕，案「恒字是非斷的意思」，故本體是無始無終，「轉字是非常的意思」，故本體可以顯為無窮無盡之大用。本體若是恒常，則無變化可言；即因其非斷非常，才能成此大用流行。蓋本體乃非常非斷，是以變動不居，剎那剎那生滅滅生，顯現為繁然萬殊之宇宙萬有，而於此繁然萬殊之大用流行中，即可識得本體。故從即用識體上言，本體亦名能變，又名恒轉，而「恒轉勢用大極」，故又名功能，此皆着重於用上言。可見熊氏所謂之「體」，並非一般專以概念機能所構成之「權體」，亦非一永恒不變之「常體」，而乃一超越語言文字，亦非詮釋表達所能為功之純粹之體，誠乃為一「無體之體」，之所以謂之為體，乃就即用識體上言，因有此用而說有此體，無用則亦無體可言。能變、恒轉及功能，皆就即用識體而言，用既是體之發用，而由用上以識體，才能自如其如地顯現本具固有之縱貫的創生義之道德主體性，此正表明本體之為本體，乃一顯現其自己之不斷生發創造之創生過程。〔註7〕

〔註6〕《新論（刪定本）》（《全集》六，頁76、頁102）、《體用論》（《全集》七，頁15、頁74）皆重複此意。

〔註7〕案古籍或古今哲人所使用為本體之目者，所見猶多，《原儒・原內聖》曰：「本體之名甚多，如《易》之乾元、太極，《春秋》之元，《論語》之仁，〈中庸〉之誠，皆是也。其在後儒如程、朱分別理氣之理，又云實理，陽明所謂良知，亦本體之目」（《全集》六，頁566），案「本體之名甚多」，不只上述所列，綜觀熊氏所有著作，據王汝華《熊十力易學思想之研究》所歸納者共十一類，一、太極；二、乾元；三、本體，實體，體；四、道，天道，天；五、理，性，命，真理，道體，性體，真幾；六、本心；七、能變，恒轉，功能；八、真如，法性；九、性智；十、仁，仁體；十一、良知，明德，至善（頁193～203）。衡以上文，則王氏所列，猶遺「《春秋》之元」之「元」、〈中庸〉之誠」之「誠」及「又云實理」之「實理」。案《新論（文言文本）》即曰：「實際者，本體之代語」（《全集》二，頁25），《新論（語體文本）》亦曰：「真極，即本體之異語」（《全集》三，頁21），《示要》卷二亦曰：「迷妄息，而真宰現前，〔真宰，

　　熊氏既肯定宇宙萬有必有本體，本體則顯為無窮無盡之大用，是以更着重其變化作用，蓋無變化則為死體，而本體之所以為本體，即因其能變化，由此得識見本體，而謂「即用識體」。故用者誠重要，蓋無用則末由識體。本體既渾然無象隱微難見，然亦可描述；萬有則繁然萬殊有目皆睹，自更可界說。《體用論》曰：

　　　　用者，則是實體變成功用。功用則有翕闢兩方面，變化無窮，而恒
　　　　率循相反相成之法則，是名功用。（《全集》七，頁 35～36）

所謂「用」者，即本體所變成之「功用」；熊氏認為大致有「翕」、「闢」兩方面作用，此兩勢用，則恒率循「相反相成」法則。首先，功用分為翕闢兩方面，以《易》而言，誠如《原儒‧原內聖》曰：「乾元是本體之稱，乾坤是功用之目」（《全集》六，頁 738），案乾〈彖〉曰：「大哉乾元，萬物資始」，坤〈彖〉曰：「至哉坤元，萬物資生」，坤元即乾元，乾元之外別無元，萬物皆以乾元為本體，故「乾元是本體之稱」；而「乾坤是功用之目」，即乾、坤乃功用，乾為闢之方面，坤則翕之方面。《原儒‧原內聖》曰：「凡現象皆本體之功用，不即是本體也。坤為質、為物、為能，皆現象燦然者也，不謂之功用而何謂？乾為精神、為陽明、為健動、為心、為知、雖不可目見而反己自識，皆現象炯然者也，不謂之功用而何謂？」（《全集》六，頁 738）《體用論》亦曰：「余宗《大易》乾坤之義，說心物是大用之兩方面，不是兩體。此兩方

謂本體。〕……而冥於真極。……〔真極，謂本體。……〕」（《全集》三，頁729）《原儒‧緒言》亦曰：「道者，即本體或真性之稱」（《全集》六，頁320），則「實際」、「真極」、「真宰」及「真性」，亦皆本體之名。或仍未備，然亦可見大概。從熊氏觀點論，以上諸詞，皆本體之目，但究其實，蓋從即用識體言，故謂之本體亦無不可，實則皆是用也。如《論語》之仁，雖可目為本體，但仁終究是用，仁心祇是萬德之一端，非即是體，謂於用而識體則可，謂仁即是本體則未可。陽明所謂之良知亦然，即以良知為本體之目，雖無不可，然此乃就心作用上以顯示本體，故謂於用而識體則可，而若直接以良知即是本體，則乃熊氏之所呵責也。故以上所有本體之名，皆就用言，所謂即體即用，即用即體，而非與用截然斷為二橛之本體之謂。此中，第七「能變，恒轉，功能」，或有資於佛學，要亦可視為熊氏自創之辭，餘則古籍中本自有之，或為歷代哲人所已用者；而第六「本心」及第九「性智」，亦是熊氏所常言者。其自《新論（文言文本）》即常言「性智」、「本心」，且列〈明心〉一章，至《體用論》雖有目無文，其後則續成專書，即《明心篇》，更暢論此義（見《全集》七，頁 219～285）。然就孔子《周易》以論，熊氏自以乾元為最要，認為《大易》以乾元為萬物之本體，坤元仍是乾元，非坤別有元也，而乾元之外亦別無元，萬物皆以乾元為本體，故離此乾元亦別無體也。

面元是生生不已、變動無竭之大流。從其性質不單純，說為心物兩方面；從其剎那剎那、捨故生新、無斷絕、無停滯，說為大流」（《全集》七，頁97），案乾坤雖非即本體，但實為本體之功用。「乾為精神、為陽明、為健動、為心、為知」，此乃闢之方面；「坤為質、為物、為能」，斯則翕之方面。而乾坤兩大勢用，既「元是生生不已、變動無竭之大流」，故不可不謂之為功用，而「從其剎那剎那、捨故生新、無斷絕、無停滯」，則其必可翕闢成變以成化也。〔註8〕

其次，乾坤既是本體之兩大勢用，而此兩大勢用，則恒率循「相反相成」法則。《新論（語體文本）》曰：「我們須於萬變不窮之中，尋出他最根本最普遍的法則。……我們以為就是相反相成的一大法則」（《全集》三，頁96）〔註9〕，案本體顯為無窮無盡之大用，則有乾坤兩方面，然則乾坤如何成功此變？熊氏認為乾坤既是兩大勢用，能起變化、成功用，故其應是有對的、很生動的及有內在之矛盾，絕非只是單純的；而由乾坤兩大勢用，即能於矛盾中完成其發展，故變化無窮，顯現為繁然萬殊。熊氏認為此最根本最普遍法則，即「相反相成」也，此意謂乾坤雖是相反之兩種勢用，但非對峙互抗，乃雖相反而正所以相成，方可成造化之功。此由翕闢以言，則更昭然。《體用論》曰：

> 夫恒轉，至無而善動。其動也，相續不已。……每一動，恒有攝聚之一方面。若無攝聚，便浮游無據，莽蕩無物。所以動的勢用方起，即有一種攝聚。……至此則恒轉殆將成為質礙之物，失其自性。故翕勢可以說是一種反作用。然而當翕勢方起，卻有別一方面的勢用

〔註8〕案牟宗三《周易哲學演講錄》即曰：「儒家道德形上學的義理規模都在〈乾‧象〉裡面表現出來，這就是兩個原則，創造性原則是綱領原則，創造性原則在『元、亨、利、貞』的過程中就藏有另一個原則，那個原則就是保聚原則，也叫做終成原則。〈乾‧象〉就是了解乾卦這個本性，兩個原則都藏在裡面。把終成原則特別提出來專講就是坤卦，坤卦代表終成原則。乾卦代表創造性原則，是綱領，在這個綱領下，終成原則就在這裡面完成萬物之為萬物」（《牟宗三先生全集》31，頁 37～38），就乾卦而言，「元亨利貞」即藏有「創造性原則」與「終成原則」，而推擴之，則乾卦為「創造性原則」，坤卦乃「終成原則」，故乾坤雖為兩卦，實為一體，不可斷而為二。而熊氏所言「乾為精神、為陽明、為健動、為心、為知」，即牟氏所謂「創造性原則」；熊氏之云「坤為質、為物、為能」，即牟氏所謂「終成原則」。乾闢既創生不已，坤翕則負終成之責，由此兩原則互相運作，故宇宙萬化生生不息，益見熊氏以乾坤乃本體之兩大勢用，而非即本體，誠合理也。

〔註9〕《新論（刪定本）》（《全集》六，頁 72～76）、《體用論》（《全集》七，頁 12～15）皆重複此意。

反乎翕，而與翕同時俱起。惟此種勢用本是恒轉自性顯發，畢竟不
即是恒轉。……此種剛健而不物化的勢用，即名之為闢。如上所說，
恒轉動而成翕。才有翕，便有闢。唯其有對，所以成變。恒轉是一，
其顯為翕也幾於不守自性，此便是二，所謂一生二是也。然而恒轉畢
竟常如其性，決不會物化。故翕勢方起，即有闢勢同時俱起。此闢便
是三，所謂二生三是也。(《全集》七，頁 16～17) 〔註10〕

案「翕、闢」此一對詞語，雖見於〈繫辭傳〉上第六章「夫乾，其靜也專，
其動也直，是以大生焉。夫坤，其靜也翕，其動也闢，是以廣生焉」，據此，
翕闢乃專指坤而言，而非指乾坤，故熊氏只藉其詞，並非用其意；《新論（語
體文本）》「附錄」〈答問難〉即曰：「《新論》言翕闢，實與〈繫傳〉言坤靜翕
動闢之文無關」(《全集》三，頁 494)。然則，翕闢之說，其根據為何？案《唯
識學概論（1926 年）》曰：「恒轉有屈申二行，同時相感，是名為變。變不孤
起，復無實物，故一屈一申方是變也。申者，闢而健往，依此假說心法。屈
者，翕而順來，依此假說色法」(《全集》一，頁 448)，《唯識論》(《全集》一，
頁 530) 亦再重複此意，可見熊氏最早是用「屈、申」此一對範疇以言變化，
此蓋據〈繫辭傳〉下第五章「往者，屈也；來者，信也。屈信相感而利生焉」，
案陸德明《經典釋文》卷第二於「信也」下曰：「本又作伸，同音申，下同。
韋昭《漢書音義》云：古伸字」，則「信」即「伸」、「申」也。故熊氏最早乃
以「屈、申」言變化，而非「翕、闢」；但其亦已提及「翕、闢」，即「闢而
健往」、「翕而順來」，並以之解釋「屈、申」之義。唯〈繫辭傳〉續曰：「尺
蠖之屈，以求信也；龍蛇之蟄，以存身也」，則「屈、申」乃收縮與申展之意
而已，洵未能盡變化之能事，故至《新論（文言文本）》即直曰：「變復云何？
一翕一闢之謂變」(《全集》二，頁 41)，此蓋據〈繫辭傳〉上第十一章「是故
闔戶謂之坤，闢戶謂之乾，一闔一闢謂之變，往來不窮謂之通」，「闔」即「翕」
也，翕闢分指乾坤，確然改定為「翕、闢」，以取代「屈、申」。而《新論（語
體文本）》又曰：「乾卦，三爻皆奇數，吾借以表示闢。坤卦，三爻皆偶數，
吾借以表示翕」(《全集》三，頁 108)，至是又直以乾坤二卦以釋翕闢，為翕
闢之說找到直接有力之根據，更可與〈繫辭傳〉互證，亦即翕闢乃根據乾坤

〔註10〕 以上之意，《新論（文言文本）》(《全集》二，頁 41～42)、《新論（語體文本）》
(《全集》三，頁 97～101) 及《新論（刪定本）》(《全集》六，頁 77～79)
早已言及。

二卦而言,《新論(語體文本)》「附錄」〈答問難〉亦曰:「闢與乾之義為近,翕與坤之義為近」(《全集》三,頁495),故而「乾闢、坤翕」即成為熊氏「體用不二」論之重要概念,而熊氏之思想根柢,實乃源於《大易》,亦可無疑〔註11〕。且夫乾坤翕闢既依相反相成而變化,而其變化過程,則為本體,亦即能變、恒轉、功能,必定要成為萬殊的用。此時「每一動,恒有攝聚之一方面」、「動的勢用方起,即有一種攝聚」,此即「恒轉動而成翕」,所謂翕也,如此「恒轉殆將成為質礙之物,失其自性」,故翕勢乃一種反作用也;而翕勢雖是一種反作用,然要亦不可無之,誠如《體用論》曰:「翕勢攝聚而成物。即仿翕故,假說物行」(《全集》七,頁 17),案「翕勢攝聚而成物」,即此可見翕勢之作用,若無翕勢,則宇宙萬有無以得成,是以「即仿翕故,假說物行」,即翕亦可稱為物也。而當翕之攝聚一起,功用之另一方面即闢勢亦隨之而起,亦即「有別一方面的勢用反乎翕,而與翕同時俱起」,所謂「才有翕,便有闢」,亦即翕闢是同時的,之所以先翕後闢,蓋因言說故,而從邏輯上言,自是無有先後可分;然此闢勢,誠如熊氏所言:「此種勢用本是恒轉自性顯發,畢竟不即是恒轉」,亦即闢勢雖非即本體、能變、恒轉、功能,但畢竟由此顯發,而「此一方面的勢用是剛健自勝而不肯物化,正與翕相反」,是以闢勢正與翕勢相反,而相反正所以相成,所謂闢也,且「此不肯物化的勢用是能運於翕之中而自為主宰,因以顯其至健,卒能轉化翕終使翕隨己俱升」;闢勢雖與翕勢相反,而要亦更不可無之,誠如《體用論》曰:「闢勢運行於翕之中,而能轉翕從己。即依闢故,假說心行」(《全集》七,頁 17),案「闢勢運行於翕之中,而能轉翕從己」,即此可見闢勢之作用,若無闢勢,則宇宙萬有終有物化

〔註11〕請參閱筆者〈熊十力早年思想研究〉(《第四屆近代中國學術研討會論文集》,頁 171～175)。又《十力語要》卷二〈韓裕文記〉曰:「弟翕闢之論乃由反對印度佛家思想而出」(《全集》四,頁 295),此從外緣因素而言;若就內容而論,則誠如《尊聞錄》「附錄」〈答友人〉曰:「弟之《新唯識論》,雖從印土嬗變出來,而思想根柢,實乃源於《大易》」(《全集》一,頁 665),即「翕闢之論」自是從《大易》而來。又熊氏不用「屈、申」,而用「乾闢、坤翕」,即以乾卦表示闢、以坤卦表示翕,亦有說明,《新論(語體文本)》曰:「翕闢元是本體之流行,故現作此兩種動勢,並不是對立的兩種東西。然又不得不分言兩勢。此兩種勢用之發現也,一以凝欲成翕,一以健進成闢」(《全集》三,頁 331),蓋此兩大勢用原是本體之流行,而非對立之兩種東西,是以依循相反相成法則,由是而一翕一闢,翕闢雖相反,一幽一明,卻能相反相成以成變,亦由是而生滅滅生剎那不已,生滅雖相反,卻能相反相成以顯現繁然萬殊之宇宙萬有。

之虞，而不得自為主宰，是以「即仿闢故，假說心行」，即闢亦可稱為心也。熊氏並藉助老子「一生二，二生三」之說，以明其意，即本體必是能變、恒轉、功能，此即「恒轉是一」；而翕者恒有攝聚之勢用，此即「其顯為翕也幾於不守自性，此便是二」；最後闢勢運於翕勢之中而轉之隨己俱升，此即「即有闢勢同時俱起。此闢便是三」。翕、闢雖為二、三，甚至「所謂二生三是也」，此非謂其有時間上之先後，蓋其乃本體之兩大勢用，同時俱起，一有翕即有闢，一有闢即有翕，誠如〈復居浩然論本體〉曰：「吾以『一』為本體之符號，『二』、『三』則表示本體之流行，『二』則翕，而『三』則闢也。實則就本體之流行上，假立『一』、『二』、『三』之符號，元無次第可分」（《全集》八，頁 408），蓋只因言說故，不得不如此，故二與三，實即同為二，亦同為三也。〔註12〕

〔註12〕熊氏以「一生二、二生三」以喻乾元與乾、坤，即本體與翕、闢兩大勢用之關係，此蓋藉助於老子「道生一，一生二，二生三，三生萬物」之說，自無不可；但其反認為老子有取於《大易》，乃據《大易》而言，則甚無謂。熊氏自《新論（語體文本）》起，至晚年著作，仍是如此認定。誠如《新論（語體文本）》即曰：「老子說：『一生二、二生三。』這種說法，就是申述《大易》每卦三爻的意義。本來，《大易》談變化的法則，實不外相反相成的法則。每卦列三爻，就是一生二，二生三的意思，這正表示相反相成。從何見得呢？因為有了一，便有二，這二就是與一相反的。同時，又有個三，此三卻是根據一，而與二相反的。因為有相反，才得完成其發展，否則只是單純的事情，那便無變動和發展可說了」（《全集》三，頁 97），《新論（刪定本）》（《全集》六，頁 77）及《體用論》（《全集》七，頁 15～16）皆重複此意。案《大易》三爻成卦之旨，並非如熊氏所謂乃言一、二、三相反相成之法則，實乃其藉彼以明己之翕闢義，而與老子「道生一，一生二，二生三，三生萬物」，並無多大關係。熊氏則解為「因為有了一，便有二」，蓋即老子之「一生二」，而「這二就是與一相反的」，即二否定一，蓋即「二生三」，但此同時，「又有個三，此三卻是根據一，而與二相反的」，卻能轉化乎二以歸於和，即三又根據一，而與二相反，從而同時肯定一和二，此顯與老子原意未必相合，實乃熊氏所極應避免者。至於《大易》三爻成卦之旨，應如熊氏於《示要》卷三所言：「然則卦皆六爻何耶？略言其義蓋有二：〈繫辭傳〉曰：『兼三才而兩之，故六。六者非他也，三才之道也。』朱子曰『三畫已具三才。重之，故六。而以上二爻為天，中二爻為人，下二爻為地。故曰三才之道』，此一義也。〈乾鑿度〉曰：『物有始，有壯，有究。故三畫而成乾，因而重之，故六畫而成卦。』詳此，蓋即《中庸》所云誠者物之始終之義」（《全集》三，頁 927～928），案此二義自是相通，而後一義更見《大易》三爻成卦之旨。蓋一卦六爻乃由兩小卦合成，上下兩卦猶如父子，下卦三爻，初始、二壯、三究，究亦即終也，即父之一生，上卦三爻亦始壯終，即子之一生。若就一人而言，不論父也好，或子也好，皆貴有始有終，此所謂「始終之道」，始終之道固然重要，但畢竟

　　熊氏進一步認為，乾乃闢之方面，其可運於翕勢之中而自為主宰，故能轉化翕終使翕隨己俱升，是以以闢為向上之勢用，自無不可。而坤則翕之方面，翕則恒有威勢猛極之攝聚作用，故能攝聚無量數之微細質點，而成物質宇宙，是以翕則常令人以為其乃向下之勢用；然此誠屬誤解。《體用論》曰：

　　如漢儒云：「陽動而進，陰動而退。」若輩以陰為物，以陽為心。其
　　所謂進，即向上的意思；所謂退，即向下的意思。因此有許多人以
　　為吾所謂翕，便是向下的；吾所謂闢，便是向上的。此等比附，不
　　無錯誤。說闢具向上性，不失吾意。說翕是向下，卻於理有未盡。
　　當知翕祇是攝聚的勢用，而不定向下。但從翕的迹象言，頗似向下，

　　只就個人小己而言，文化慧命無由傳承，《大易》生生不息之意，亦無由得窺。
而就父子兩人而言，父雖貴於有始有終，子亦貴於有始有終，然更貴於父之
終亦即子之始，此所謂「終始之道」，不僅有始有終，而且終而復始，父雖已
終而正是子之開始，文化慧命得以傳承，而「生生之謂《易》」，我中國文化
之精髓，亦即在此三爻成卦之無量義中顯現無遺。《體用論》即曰：「《大易》
每卦三爻，以明萬物有始、壯、究三期。物初生曰始，由始而壯，由壯而究。
究者，滅盡之謂。諸天與地球皆至大之物，其生命極悠長，然以卦爻義推之，
天地雖大，終有究盡之期也。凡有形之物，莫不歸於滅。滅故，所以生新。
惟故故不留，乃新新不已。是以至人體道日新，克去個體或小己之迷執而直
參大化，則何究盡之有乎？」（《全集》七，頁125）故《大易》三爻成卦之旨，
雖只區區三畫，實含無量義，其與老子「道生一，一生二」之說，看似相近，
實則有別。老子只見「始終之道」，而無「終始之道」，《老子》四十章曰：「反
者道之動，弱者道之用。天下萬物生於有，有生於無」，亦是此意，益可證兩
者誠然有別。郭齊勇《熊十力與中國傳統文化》即曰：「這顯然是糅合老子和
黑格爾思想而得出的『正——反——合』的結構。不過熊氏更多的是繼承了
儒家的方法論，即『見對立而尚中，因對立、尚中而有三分法。』的傳統」（頁
178），林安梧《存有‧意識與實踐》亦曰：「他更引用了易傳畫爻與老子所說
『道生一，一生二，二生三，三生萬物』來闡明這個道理」（頁118）、「又熊
十力這裏對於老子之言的詮釋不必是老子之原義」（同上註11），黃敏浩〈熊
十力論「變」〉亦曰：「老子『一生二，二生三』的本義如何，我們且不管。
熊十力藉此說翕闢，相反相成，明顯又是一種辯証的思維」（見《玄圃論學續
集》，頁174）。又或謂熊氏「一生二、二生三」之說，與黑格爾「正、反、合」
之辯證法相似，然熊氏斷然否認，《新論（語體文本）》書前「附筆札」曰：「本
論初出，世或以黑格爾辯證法相擬，實則本論原本《大易》，……其於黑格爾
氏，自有天壤懸隔處」（《全集》三，頁10），案黑格爾之辯證法，亦稱三段式
辯證法，乃透過正題、反題及合題之三段式辯證，以說明存在或思維（即正
題）必然地經過變化而導向為其對立面（即反題），最終則又必達到一新的統
一綜合（即合題），此過程乃一直線地發展，亦只是「始終之道」，而無「終
始之道」，與熊說自是有別。又請參閱筆者〈《易》「卦畫」說〉（《臺北大學中
文學報》第20期）。

物則有沉墜之勢故。然翕畢竟從闢，即與闢俱向上。非可妄計翕闢

恒以一上一下相反對也。(《全集》七，頁 17～18)〔註 13〕

案漢儒所云：「陽動而進，陰動而退」，以陽為心，故「陽動而進」，即向上之意，以此比附闢勢，熊氏亦以「說闢具向上性，不失吾意」；然以陰為物，故「陰動而退」，即向下之意，以此比附翕勢，即「從翕的迹象言，頗似向下，物則有沉墜之勢故」，熊氏則以「說翕是向下，卻於理有未盡」。蓋熊氏認為「闢為向上」，此無可疑，而「翕則不定向下」，從來學人則皆不解。闢為向上，此則易解，蓋闢乃稱體起用，其既不失其本體之德性，是以「即用即體」，故此闢復反乎翕之墜勢而挾以俱升。而「翕則不定向下」，此則隱微難知，蓋翕將成物似趨於下墜，可謂之反，是以容易誤解翕乃向下；但熊氏認為「翕祇是攝聚的勢用，而不定向下」，翕何以不定向下，即因「翕畢竟從闢，即與闢俱向上」，其既畢竟從闢而與之俱向上，則翕亦與闢同是向上，是以翕即攝聚凝斂而成物，雖似向下，實則向上。故「陽動而進，陰動而退」，應易為「陽動而進，陰動而進」，翕闢心物皆是進也，唯翕者、物者，其進似下墜，雖易令人以為向下，而畢竟從闢者、心者而與之俱向上，則其實亦向上而進。是以闢是向上，即陽動而進，而翕則不定向下，所謂陰動而亦進也。熊氏以陰動亦進，翕亦不定向下，實有其精意，猶江水東流，遇山而阻，雖一時回而向西，終則向東奔流大海矣！故《體用論》曰：「夫攝用歸體〔註14〕，夐然無對，心物兩不可名。原體顯用，用則一翕一闢，以其相反而成變化。故翕闢恒俱轉，無有一先一後之次第也。翕即凝斂而成物，故於翕直名為物。闢恒開發而不失其本體之健，故於闢直名以心。夫心辨物而不蔽，通物而無礙，宰物而其功不息，正是健以開發之勢，故知心即闢也。心物同體，無先後可分」(《全集》七，頁 19)，是以「攝用歸體」，體既夐然無對，

〔註 13〕 《新論（文言文本）》(《全集》二，頁 42～43)、《新論（語體文本）》(《全集》三，頁 102)、《新論（刪定本）》(《全集》六，頁 79～80)皆已言及此意。

〔註 14〕 案熊氏此時言「攝用歸體」，與《新論（刪定本）‧附錄》(《全集》六，頁 279)所言無異，乃在強調體之重要，然其更強調大用，完全肯定萬物真實，頗有「攝體歸用」之意(《全集》七，頁 94)；至《乾坤衍》(《全集》七，頁 546～550)，則以孔子《周易》乃「攝體歸用」，而非「攝用歸體」，而「攝用歸體」乃佛家與道家之說，故此處所言「攝用歸體」，當與佛、道二家有所不同，應分別而觀，善予理解，方不致誤。請參閱第一章〈最後定論〉第四節「體用六義」、第六章〈乾元性海〉第三節「肯定萬物有一元」及第七章〈大用流行〉第二節「肯定大用」相關部分。

渾然無象,則「心物兩不可名」;而「原體顯用」,則大用流行,其勢盛大,即「用則一翕一闢,以其相反而成變化」,然闢既向上,翕亦不定向下,則「非可妄計翕闢恒以一上一下相反對」,亦即「翕闢恒俱轉,無有一先一後之次第」。以心物言,則「心物同體,無先後可分」,不可以「物為先在,心屬後起」。茲以人為例,嬰兒初生,即是心物同體,靈肉並存,一時俱有,缺一不可,若是物先心後,有肉無靈,則人亦不成其為人也;衡之萬事萬物,亦然。

乾坤翕闢雖以相反相成為其最根本原則,然其既非一上一下相反對,亦無一先一後之次第可言,乃同時俱起。然闢則運乎翕之中,而能轉之以俱升,是以闢之勢用又較翕為殊特。《新論(語體文本)》即曰:「所謂變化,從一方面他是一翕一闢的。這一語中,所下的兩一字,只是顯動勢的殊異。闢,只是一種動勢。翕,也只是一種動勢。不可說翕闢各有自體,亦不可說先之以翕,而後之以闢也」、「翕和闢本非異體,只是勢用之有分殊而已。闢必待翕而後得所運用,翕必待闢而後見為流行,識有主宰」(《全集》三,頁 98、頁 102),此即翕闢只是勢用上有分殊而已,斯乃作用上之區分,而非本體上之區分,誠只是不得已之暫時性的區別說法,而就本體上而言,二者實乃構成一不可分之全體,闢則又較翕為特出。而闢假說為心行,翕亦假說為物行,即心又較物為特出,唯所謂之「心」,非與物相對,而乃超越「心——物」相對概念之「心」,即本體顯現為兩大勢用,其乃據本體而發動且較為主動特出之勢用;翕闢亦然。而此即所謂「乾統坤承」,《乾坤衍》曰:

〈文言〉:「乾元用九,乃見天則。」云云。此明乾道統坤之定則也。六十四卦,唯乾卦言「用九」,坤卦言「用六」。乾卦言「用九」者,用其純陽,以統陰也。坤卦言「用六」者,用其純陰,以順承乎陽也。……余謂以陽統陰,是為用九。以陰承陽,是為用六。……「乾元用九,乃見天則。」此言乾統坤,性統形,是天則不可違也。(《全集》七,頁 612)

案熊氏對「用九用六」之說,與諸儒頗異,其認為乾道用九既「用其純陽,以統陰也」,所謂「以陽統陰,是為用九」,而坤道用六則「用其純陰,以順承乎陽也」,所謂「以陰承陽,是為用六」,此「乾統坤承」也,即乾主動以化坤,坤則承乾以起化。故若謂翕闢成變相反相成乃根本原則,則此乾統坤承則是最大原則,然後一原則其實亦是從前一原則而來,兩者密切相關,實

是一體兩面。故《原儒・原內聖》曰：「流行必有奇偶兩方面，似相對而實互相含。偶者為可分化之物質，奇者為渾一而無畛域之精神。渾一之神，統御可分化之質，是為混然活躍之大流，此乃本體之功用也」（《全集》六，頁739），案乾坤翕闢，亦即「流行必有奇偶兩方面，似相對而實互相含」，所謂「偶者為可分化之物質」，即指坤者、翕者，「奇者為渾一而無畛域之精神」，則為乾者、闢者，而「渾一之神，統御可分化之質」，亦即乾統坤承，乾主動以化坤，坤承乾以起化，故而本體之功用，可顯為混然活躍之大用流行。是以既明乎此，則於「即用識體」之義自當了然；而已了然於即用識體之說，則於「體用不二」之旨亦必徹悟無疑。

第三節　「體用不二」要旨

經由以上對「體」、「用」之釋義，即可順此進一步探究體與用之關係。案「體用」此一對名詞，乃中國傳統思想思考模式之一，其猶「形上、形下」、「未發、已發」、「理、氣」、「道、器」、「性、情」及「微、顯」等之謂，佛家「法性、法相」、「真如、現象」、「種子、現行」，道家之「無、有」，蓋亦相當。《原儒・原內聖》曰：「中國學術思想其源出於《大易》，……三大原則者：一、體用之辨。……」（《全集》六，頁636），案「體用之辨」列於第一，即可見體用關係之重要〔註15〕。熊氏認為本體既可顯現為大用流行，而於大用流行即可識得本體，是以即體即用，即用即體，《新論（文言文本）》曰：

〔註15〕案歷來言體用者夥矣，大抵皆以體乃用之原，用由體而生，誠有體用斷為兩橛之虞。即使伊川《易傳・序》所云：「體用一源，顯微無間」，看似體用無異，但畢竟有殊，以靜為體，以動為用，而體用一歸於理，亦無法免於此失。又陽明「即體即用，即用即體」之說，畢竟著重在「即體而言用在體」，而非「即用而言體在用」，仍是體先於用，亦即體為先在，而由體才有用，是以偏重於體而忽略於用。又船山雖主「體用相函」，即用外不可言體，故有體亦必有用，雖已相當注重於用，然其既銷體以歸用，則又頗有黜體顯用之失，是以倡言乾坤並建，以乾坤為最首出，而忽略太極、乾元。或亦有主「體用合一」，或「體用不離」，然體用之所以合一、不離，即因體用本來是二、本自分離，是以有合一、不離之舉，若本來即是一、本自不分離，則自無合一、不離之可言。要之，熊氏對歷來言體用者，自不予認可，故有「體用不二」之說。又關於熊氏對伊川及二王之批判，請參閱第三章《《易》學辨正（下）》第四節「辨流」相關部分。

今造此論，為欲悟諸究玄學者，令知實體非是離自心外在境界，及

非知識所行境界，唯是反求實證相應故。(《全集》二，頁 10)

此可謂熊氏「體用不二」論所發出之第一聲，《新論（語體文本）》(《全集》三，頁 13)及《新論（刪定本）》(《全集》六，頁 26)皆重申此意。所謂「實體非是離自心外在境界，及非知識所行境界」，即「境不離識」、「心外無體」之意，《新論（語體文本）》亦曰：「唯吾人的本心，才是吾身與天地萬物所同具的本體，不可認習心作真宰也」(《全集》三，頁 18)，故熊氏對一般學者之言本體，自不予認可，《新論（文言文本）》曰：「世間談體，大抵向外尋求，各任彼慧，搆畫搏量，虛妄安立，此大惑也」(《全集》二，頁 10)。熊氏所謂之體，既是境不離識、心外無體，是以「唯是反求實證相應故」，《新論（語體文本）》即曰：「本體唯是實證相應，不是用量智可以推求得到的。……實證者何？就是這個本心的自知自識。換句話說，就是他本心自己知道自己」(《全集》三，頁 21)，案熊氏非常重視「實證」，蓋其所謂學問，乃生命的學問，歸本體證，默然冥會，學問立基於生命之體證，而生命體證之顯現即是學問，此所謂「實證」之學〔註 16〕。而所謂之智慧，即須由內而發，由吾人主體覺悟而生，亦即必由自己親自實證方可得到。是以到那一步田地，才說得出那一步話，絲毫假借不得、偽裝不得，洵非一般賣弄聰明之學術，專門以文字為能事者可比，故若無體證功夫，自然開口不能、矯舌不下〔註 17〕。熊氏自少至老所言者，皆是實證之學，杜維明〈探究真實的存在──熊十力〉、〈孤往探尋宇宙的真實〉(見《玄圃論學集》，頁 191～196)及鄭家棟《本體與方法──從熊十力到牟宗三》皆謂熊氏乃一「探究真實的存在」之思想家，而此即「實證」之謂，乃一「思修交盡」之學，思而修之，修而思之，即「以體證之，證在體；證之以體，體在證」〔註 18〕。吾人於此，萬勿狐疑，否則

〔註16〕牟宗三〈關於「生命」的學問──論五十年來的中國思想〉且曰：「只有業師熊十力先生一生的學問是繼承儒聖的仁教而前進的，並繼承晚明諸大儒的心志而前進的」(《生命的學問》，頁 44)，斯蓋亦平實之論也。

〔註17〕誠如陽明《傳習錄》下曰：「道問學即所以尊德性也。……且如今講習討論下許多工夫，無非只是存此心，不失其德性而已。豈有尊德性只空空去尊，更不去問學？問學只是空空去問學，更與德性無關涉？」案「道問學即所以尊德性」，其目的「無非只是存此心」；若只道問學，卻不尊德性，則必無法存此心，亦不成其道問學也。

〔註18〕此亦即《明心篇》(《全集》七，頁 168～185)藉《老子》書中語所極言「為道日損」之學，而非「為學日益」之學。

即與熊氏之學不相應，無由悟入〔註19〕。而所謂「實證」，即真見體也，《新論（文言文本）》曰：「真見體者，反諸內心。……是故體萬物而不遺者，即唯此心。見心乃云見體」（《全集》二，頁10～11），案「反諸內心」、「見心乃云見體」，蓋境不離識、心外無體，亦即「境識一體」、「境識不二」、「境識俱起」，境識乃一起俱有，本體與現象是主客無分、互相攝入而為一體開顯，而本體與現象亦非在吾心之外，切不可將之推出於吾心之外而作為客觀探求之一對象，孟子所謂「萬物皆備於我」，〈中庸〉所言「合外內之道」，以至明道之「仁者，渾然與物同體」，象山之「宇宙不外吾心」，陽明之「心外無物」，皆是此意，故吾人此一活生生的實存而有者，即從自己內心生命深處，湧現一股生生不息健動無已之泉源來，此既是吾人本自具有，且又是通極於道體，整個宇宙、人生莫不如是，故唯真見心者，方是真見體，亦即真見道也。此乃熊氏「體用不二」論之整個基準所在，其所謂之體用思想、內聖外王之說，皆立基於此；故若不曉熊氏所要求者乃真見體也，為探究真實的存在之實證之學，則於其說自無能悟入。是以「吾人的本心，才是吾身與天地萬物所同具的本體」，此「即體即用」；而「本心的自知自識」，則「即用即體」也。「即體即用」，體即是用，「即用即體」，用即是體，故謂之「體用不二」，《新論（語體文本）》即曰：「本論意思，只是體用不二」（《全集》三，頁406），《明心篇・自序》亦曰：「首申三大義：……二曰體用不二；……」（《全集》七，頁147）。而本心之自知自識，即是着重於體認，乃自己認識自己，自己覺悟自己，然此

〔註19〕熊氏即名其坐臥之室曰：「存齋」，《存齋隨筆・自序》曰：「吾人內部生活，含藏固有生生不已、健健不息之源，涵養之而加深遠，擴大之而益充盛，是為存」（《全集》七，頁685），可見其學乃上遂於生命而通極於道體，而對存在的根源之終極探究，洵非只是知識經驗之追尋，誠為一活生生的實存而有之存有學。且據牟宗三《五十自述》所載，馮友蘭訪熊氏於二道橋，而熊氏「最後又提到『你說良知是個假定。這怎麼可以說是假定。良知是真真實實的，而且是個呈現，這須要直下自覺，直下肯定。』」（《牟宗三先生全集》32，頁78）此即非常生動活潑地顯示出，熊氏整個生命以至全體學問皆是「真真實實的」，乃「直下自覺，直下肯定」之「呈現」，非如馮氏之為「假定的」。此「直下自覺，直下肯定」，即實踐體證之謂，蓋吾人乃一活生生的實存而有，誠如林安梧《存有・意識與實踐》曰：「『存有』指的不是一對象化的、執著性的存在，而是一活生生的實存而有。換言之，所謂的『存有』，並不是一獨立於我們認識的主體之外的一個凝然之物，而是一個『活生生的實存而有』這樣的『存有』，這是由於我們這個作為『活生生的實存而有』的『人』所帶引出來的一個活動」（頁103～104），人既是一活生生的實存而有，故由此所帶引出來之所有活動，絕無有「假定」之問題，蓋一切皆是當下之呈現也。

絕非於本心之外去另覓一心，而是就此本心加以一段「保任」工夫即可〔註20〕，可見熊氏之「體用不二」說，誠乃一實踐論也〔註21〕。且其尤重在用上言，《新論（語體文本）》曰：「我以為所謂體，固然是不可直揭的，但不妨即用顯體。因為體是要顯現為無量無邊的功用的，用是有相狀詐現的，是千差萬別的。所以，體不可說，而用卻可說」（《全集》三，頁79），《體用論》亦曰：「悟得體用不二，則體上無多話說，唯有從大用流行處，推顯至隱而已」（《全集》七，頁98），可見「體用不二」論，乃重在「即用識體」也。而此雖是二義，實唯一義，若知「體用不二」之義，則於「即用識體」亦可了然。

　　自《新論（文言文本）》出，熊氏所念茲在茲者，即此「體用不二」論是也；唯《新論》尚援引佛學以言，至晚年著作則純從《大易》乾坤兩〈象傳〉入手。《體用論》曰：「本論以體用不二立宗。……余自信此為定案未堪搖奪」、「余敢斷言，體用不二，理不容疑」（《全集》七，頁36、頁138），故熊氏幾與「體用不二」論劃上等號，而此乃從孔子《周易》乾坤兩〈象傳〉深會而得。《乾坤衍》曰：

　　　　問：「孔子《周易》何故說乾為生命心靈？何故說坤為物質能力？」

〔註20〕 《新論（語體文本）》曰：「一、保任此本心，而不使惑染得障之也。二、保任的工夫，只是隨順本心而存養之。即日常生活，一切任本心作主，卻非別用一心來保任此本心也。三、保任的工夫，既是隨順本心，即任心自然之運，不可更起意來把捉此心。」（《全集》三，頁395）

〔註21〕 請參閱郭齊勇《熊十力與中國傳統文化》第七章〈「冥悟證會」的創造性直覺〉第一節『『證量境界』發微」，景海峰《熊十力》第六章〈量論索跡〉三「默識證會」，林安梧《存有·意識與實踐》第九章〈存有的根源與根源性的實踐方法論之穩立〉三「根源性的實踐方法論之穩立」及第十章〈根源性的實踐方法論之展開〉三「論性修不二與一念迴機」，郭美華《熊十力本體論哲學研究》第三章〈「唯識」、「轉變」與「反求」的意蘊〉第三節『『反求』之旨」，高瑞泉〈默識與體認——熊十力的直覺理論述評〉（見《玄圃論學續集》，頁58～67），鄭祖基〈熊十力哲學的方法論與真理觀〉（見同上，頁108～116）及筆者《熊十力《新唯識論》研究》第三章〈《新唯識論》之理論建構〉第二節〈理論內容〉之第五小節「歸本體證，默然冥會」、〈熊十力早年思想研究〉（《第四屆近代中國學術研討會論文集》，頁175～177）等。又佛學界對熊氏「實證」之學，亦有所駁斥，如劉定權〈破新唯識論〉丁「反求實證」及印順〈評熊十力的新唯識論〉八「相似證與顛倒說」，關於此，請參閱林安梧〈當代儒佛論爭的幾個核心問題——以熊十力與印順為核心的展開〉及筆者《熊十力《新唯識論》研究》（頁72～74、頁101～102）。又龔建平〈熊十力體認方法芻議〉（見《玄圃論學續集》，頁99～107）亦對熊氏「實證」之學，有所質疑，請參閱。

答：此無他故。聖人祇是根據事實耳。聖人作《周易》，反對古帝王所利用之天帝，而創明體用不二之論。……惟《大易》體用不二之論，則以全體既成大用。故萬有以外，無有獨存之體。大用成於全體，故生生無盡，足徵根源深遠。體用不二，是內聖學之淵奧。(《全集》七，頁 500～501)

夫惟《大易》創明體用不二。所以肯定功用，而不許於功用以外求實體，實體已變成功用故。肯定現象，而不許於現象以外尋根源，根源已變成現象故。肯定萬有，而不許於萬有以外索一元，一元已變成萬有故。是故聖人正視萬有，而斥絕神道；正視萬有，而不涉空想。……聖人以生命、心靈，同有剛健、生生、升進、炤明等性故，同稱為乾。聖人以物質、能力，同是「勢不自舉」，同有柔順、迷暗等性故，同稱為坤。(《全集》七，頁 501～503)

首先，所謂「體用不二」，即「肯定功用，而不許於功用以外求實體」，蓋離用則又於何處求體？故實體與功用不可析而為二也。而根源與現象亦不二，一元與萬有亦不二，其故同前。案體用二字，連用並稱，是否始於孔子，誠不無疑問，《論語》中並無體用合用之辭，《周易》經傳中體字凡五見，用字凡一百一十見，然皆體、用單用，而無連用並稱。蓋九經三史中，並無體用對舉之文。且從歷史上考察，體用二字連用並稱，最早亦只能上溯自鄭玄《三禮注·序》曰：「禮者，體也、履也。統之於心曰體，踐而行之曰履」(見孔穎達《禮記正義·序》引)，其所謂「履」，亦即「用」也。然嚴格言之，其既非用「用」字，且與體字分列相對，誠非指體用關係言，是以體用連用並稱，如後代以作本體論、宇宙論之意思者，恐須更往後下推矣。《周易參同契》首章曰：「春夏據內體」、「秋冬當外用」，則「體用」並舉始於魏伯陽，唯尚非專指本體論言也。而王弼《老子注》三十八章曰：「萬物雖貴，以無為用，不能捨無以為體也」，則王弼蓋最早使用體用二字以表達其本體宇宙論者。此後，佛家直以體用立論，六祖惠能《壇經·定慧一體第三》更是體用對舉，而宋明理學家更是言體用，以致頗有泛用過當之嫌。若此，則孔子《周易》何來「體用不二」之說，熊氏又何以暢談此論？案此疑問，不無道理，但亦不足以推翻熊氏之言。蓋《論語》、《周易》縱無體用連用並稱，但亦不妨其中已有此意，猶如鄭玄以體履並稱，似已含體用之義。且《周易》縱不以體用為說，但亦有與體用相當之辭，其「乾元」，即體也，其「乾」、「坤」，即

用之謂也。誠如熊氏曰:「惟《大易》體用不二之論,則以全體既成大用」,即乾元之體,化為乾坤二用,而乾坤二用之外,亦無獨存之體,此乃其歷盡千辛萬苦從孔子《周易》乾坤兩〈彖傳〉深會而後有獲之說,自是不容懷疑。

　　其次,熊氏認為孔子《周易》既以乾元取代天帝,以乾坤兩大勢用取代陰陽二氣,故萬有現象之所以層出不窮,良由實體含蘊複雜性,即乾元本體含蘊乾坤兩大勢用。乾乃闢之方面,此即生命、心靈,而生命、心靈之特性,即「同有剛健、生生、升進、炤明等性故」;坤則翕之方面,斯乃物質、能力,而物質、能力之特性,即「同有柔順、迷暗等性故」。是以孔子《周易》已將古占卜家之《易》之以「乾是陽氣、坤是陰氣」,轉而為乾乃生命、心靈,有剛健、炤明等性,坤則物質、能力,有柔退、迷暗等性,亦即「乾是陽性,坤是陰性」。如此一來,陰陽二氣早已為聖人掃除盡淨。而乾為陽性,乃生命、心靈也,有剛健、生生、升進、炤明等性,是以能化導坤之陰性,轉物質、能力等柔順、迷暗等勢不自舉之性,與之俱升向上,是以萬有現象才能層出不窮也。〔註22〕

　　復次,孔子「反對古帝王所利用之天帝」,以陰陽二性取代陰陽二氣,熊氏認為「聖人祇是根據事實耳」。案「根據事實」,看似極無理致,誠乃最有力之回答。蓋真正之思想家,並不能對此一世界添增任何事物,其只是透過不同之新角度,而對原先世界予以全新之理解、詮釋,令人重新見到、感受到原先所未曾見到及感受到的,使自己之生命有一全新開始,更顯其價值意義,從而使此一世界變得多采多姿,異常豐饒而又日新富有。如孔子既承繼周文禮樂教化之傳統,而復提出「仁」此一新觀點,將重心移至個人主體性之自覺與修養上,人人皆具道德創生性,由是感通而調適上遂之,而向外推擴以淑世安民。是以聖人並不憑空虛構,而是一切「根據事實」,即實際之生活體驗,此乃生命之起始,亦是思想之開端,更是一切人生價值之終極意義的總源頭,吾人即在此實際之生活體驗之場域中,本其本心之自知自識以實踐體證之,而成為一活生生的實存而有,並開創出此一具有豐富含義之活生生的實存而有之生活世界。蓋唯深入至生活本身之中,方是追求真理之最佳途徑;況真理亦絕離不開吾人之活生生的生活體驗,誠非純粹只在觀念上或意識中與之打交道者也。是以吾人既通向於世界,世界亦通向於吾人,一切

〔註22〕 熊氏就此則舉豆麥之根穿石深入,而石皆裂痕碎為土壤此一實例,以明乾陽化導坤陰,坤陰順承乾陽,乾坤翕闢而成化,而成繁然萬殊之宇宙萬有,請參閱《乾坤衍》(《全集》七,頁503)。

既奧秘無比，又復簡單明白。而宇宙人生之事實，本是如此，故唯據實以言
而已，何可強加推理構架或純任冥思而予虛造？誠如《論語》所載，孔子之
道實平易近人，具體可見，皆就人之性情、日常云為、出處去就等等而言，
非是另有一憑空玄想、外在抽象之道，以致令人莫由窺探；故而其於《周易》，
以乾元取代天帝，以乾坤兩大勢用取代陰陽二氣，亦是具體實在，分明可見，
蓋只是根據事實也。熊氏亦非從事推理構架之哲學家，復非純任冥思虛造之
宗教家，乃一着重生活實踐之思想家〔註 23〕，將歷來學者之強調向外尋求本
體，而有體用斷為二概之失，亦重新以一新角度以視之，即於用上而識本體，
將本體收攝於用上，故能確知「孔子作《易》，廢除天帝」，而天帝既已廢除，
故「於流行而洞徹其元，於萬有而認識其體」，是以從中提出其「體用不二」
說。筆者〈熊十力早年思想研究〉即曰：「熊氏『體用不二』之最大特色，則
在言體用關係，乃從用分翕闢，翕闢成變說起，如此才能即用識體，體（乾
元）即是用（翕、闢），用即是體，體用不二。相對於先儒之『一體一用』，
熊氏乃『一體二用』。就此用分翕闢，故能翕闢成變，方見大化流行，方見乾
元生生不息，實較先儒只有『一用』，不成變化，易成死體，允為周備。誠然，
熊氏之體用，籠統言之，亦可視為『一體一用』，以其翕、闢只是用的兩種不
同勢用，然因強調此兩種勢用，相反相成，而成變化，即在強調其變化上，
不妨稱為『二用』。『一體一用』仍有體用相對，斷為二片，體較優先，用較
劣後，前者統攝後者之虞；『一體二用』則體用無優劣先後之分，藉由用之兩
種勢用，形成一辯證關係，體即涵於此辯證關係中，並非離用而別有體，故
無體用相對斷為二片之失」（《第四屆近代中國學術研討會論文集》，頁 171），
此正可見熊氏「體用不二」論之特色及價值所在。所謂「一體二用」，其實亦
只是一體一用而已，只是用分翕闢，即勢用上有兩種不同之分殊而已，而若
究實以言，亦只是體而已，亦只是用而已，而之所以謂之為「體」，乃就即用
識體上以言，蓋體用本不二也〔註 24〕。然則，熊氏之說猶不易為人真正完全

〔註 23〕熊氏亦「根據事實」，就《論語》「天何言哉」、「五十知天命」、〈中庸〉「上天
之載，無聲無臭」及《易經》无妄卦「動而健」等說，以明《論語》所載確
與《大易》相通，而此皆根據事實以言以行，絕非向壁虛造，請參閱《體用
論》（《全集》七，頁 51）及《乾坤衍》（《全集》七，頁 449～452）。
〔註 24〕案《唯識學概論（1926 年）‧轉變章》曰：「護法談量，雖立四分，然其談變，
仍承用陳那三分義，故此但說三分。三分者，一相分、二見分、三自證分。……
相見是用中用，自證是用中體，所謂一體二用是也」（《全集》一，頁 458），

明瞭〔註25〕。故熊氏且亦據事實而善巧取譬，舉「大海水與眾漚」以明其說，

熊氏之「一體二用」模式，蓋受有護法之啟發，唯其內涵，則截然有異。關於此，請參閱筆者〈熊十力早年思想研究〉（《第四屆近代中國學術研討會論文集》，頁161～163、頁168～175）。

〔註25〕如周伯達《心物合一論──申論道與器之全體》曰：「熊先生的『稱體顯用』之說，雖很允當，其結果卻將體用說成兩截，便成大錯」（頁265），蓋猶未識熊氏即用識體之「體用不二」義，故有此評。又如瞿志成〈論熊十力思想在一九四九年後的轉變〉則以熊氏於《新論》中所堅持的是「體用不二而有分」，在《體用論》等書中則只講明「體用不二」，而不再持「體用有分」，且對本體之界定，前後期亦大不相同，即《新論》以本體是單純性，《體用論》等書則易為具複雜性，故認為其思想有大變化。案瞿氏以熊氏對本體之界定，前後有所不同，此蓋屬誤解。熊氏雖多次對本體加以界定，容或稍有小異，其先主本體是單純性，乃就其純粹至極之德性而言，而後則就其內部含藏無量潛能而言，故言其具複雜性，此乃各有所重，並無矛盾，而《體用論》以四義界定本體，實乃將《新論（語體文本）》之六義加以精簡，而後後勝於前前，可視為進一步之發展，但並不構成思想上之重大轉變。故林家民〈熊十力內聖學後期轉變說之商榷〉、林安梧《存有‧意識與實踐》（頁16註18）、劉述先〈對於熊十力先生晚年思想的再反思〉、〈如何正確理解熊十力──讀〈長懸天壤論孤心〉有感〉及筆者《熊十力《新唯識論》研究》（頁4註8）皆質疑瞿氏，認為熊氏於前後期用辭定名容或不一，但思想內容並無多大不同，基本論旨仍是不變。又熊氏雖亦常言「體用本不二，而亦有分；雖分，而實不二」，其實此乃對「體用不二」之加強說明，易言之，「體用不二」是宗旨，「體用不二而有分」則是論證，此猶其言「天人本不二，而亦有分；雖分，而實不二」，其意亦在說明「天人不二」也。且瞿氏言《新論》所堅持的是「體用不二而有分」，然《新論（刪定本）》曰：「《新論》於本體論方面，則以體用不二為宗極」、「本論以體用不二為宗極」、「吾於此苦究數十年，而後敢毅然宣布《新論》以體用不二立極」（《全集》六，頁19、頁148、頁151），此即可見「體用不二」乃熊氏一生思想之宗極。而瞿氏又認為《體用論》等書只講明「體用不二」，而不再持「體用有分」，然《體用論》即曰：「王陽明有言，即體而言，用在體；即用而言，體在用。此乃證真之談。所以體用可分而實不可分」（《全集》七，頁53），此段文在《新論（語體文本）》（《全集》三，頁179）已有，《新論（刪定本）》（《全集》六，頁120）亦保留，至《體用論》仍非常篤定地宣示著，而此中「所以體用可分而實不可分」一語，即可見熊氏至晚年亦言「體用不二而有分」，而絕非如瞿氏所以為者。賴賢宗《體用與心性：當代新儒家哲學新論》第一、二章（頁1～41）即加以論證「體用不二而有分」之說仍存在於1949年之後的熊氏體用哲學中，且是其哲學之基本結構。要之，「體用不二」與「體用不二而有分」亦只是一義而已，唯後者無疑乃對前者之加強說明。《新論（語體文本）》即曰：「今當以二義明不可分：一曰，即體而言用在體。……故夫即用而顯體者，正以即用即體故也。所以說用在體者，在字須活看，意云此用即是體之顯現，非有別異於體而獨在的用故。二曰，即用而言體在用。……前就體言，本唯一真而含萬化，故用不異體。今就用言，於茲萬化皆是一真，故體不異用」（《全集》三，頁239～240），

即譬之於翻騰活躍之眾漚，而明了其本身即大海水，是故即萬有即實體，即流行即真元；亦即體必成用，譬如大海水必變成眾漚，而用必有體，譬如眾漚必有大海水為其自身也。〔註26〕

至此可見，熊氏「體用不二」之說，拋棄先儒「一體一用」之模式，而為「一體二用」，「一體」即乾元也，「二用」即乾、坤，即心、物，亦即翕、闢也。由體而言，則乾元必顯現翕闢兩大勢用，由用而言，則翕闢成變而即用識體。林安梧《存有‧意識與實踐》則以「存有的三態」，即一、「存有的根源」——「X」，二、「無執著性、未對象化前的存有」，即「存有的開顯」，

所謂「即體而言用在體」、「即用而言體在用」，即意謂體用雖分而畢竟不二，此正可證「體用不二」乃宗旨，「體用本不二，而亦有分；雖分，而實不二」則是論證，乃對「體用不二」之加強說明。

〔註26〕　案《新論（語體文本）》曰：「一、大海水可以喻體。二、大海水全顯為眾漚，可以喻體全顯為萬殊的用，即所謂一個一個的功能。三、眾漚可以喻無量功能。四、眾漚互相融攝而為全體，可以喻一一功能互相融攝而為渾一的全體」（《全集》三，頁254），《示要》卷一亦曰：「一、剋就眾漚言，漚本無實自體，唯是生滅滅生，剎那不住，故可喻變化。二、剋就大海水言，則大海水舉其自身遍現作一一漚，故非立於一一漚之背後，而別為一世界。亦非超越於一一漚之上而獨在，如所謂上帝。故可喻本體或道。三、每一漚皆攬大海水全量，以為其體，故可喻物物各具道體之全。朱子所謂一物各具一太極，即此意。四、大海水雖變現為眾漚，而水性不變，故可喻本體或道具恒常性」（《全集》三，頁573），由上可見，熊氏以大海水與眾漚之整合動態之形式，以譬喻體用關係，實已賦予之以一全新之現代詮釋，不僅彰顯存有開顯的動勢及實況，並對存有的根源作了一番終極探究。蓋本體乃整全的，且非離吾人之內心而外在，整全之本體顯現為每一分，此朱子所謂「萬物統體一太極」，即合吾身之萬念萬事而無一非理，且每一分又皆具足整全的，此朱子所謂「一物各具一太極」，即吾身之一念一事而無之非理，故吾人之宇宙皆是整全本體之直接顯現，而整全之本體即非超越於吾人之上而獨在者。且熊氏之重點，尚不在「萬物統體一太極」上，乃在「一物各具一太極」，不僅須明乎天地之間有一太極，而更要者，乃在明乎吾人身上之太極也；陸隴其〈太極論〉即曰：「論太極者，不在乎明天地之太極，而在乎明人身之太極；明人身之太極，則天地之太極在是矣」（《陸稼書先生文集》卷之一），此蓋唯人能弘道，而道即在焉，可見熊說誠甚有理耳！又《新論（文言文本）》尚未舉「大海水與眾漚」之喻，而自《新論（語體文本）》後，即常常引之。此或有藉於華嚴宗之「波水之喻」，全波即水，全水即波，但內涵則截然有異。熊氏此喻與華嚴宗甚或天台宗等之「波水之喻」之異同，請參閱景海峰《熊十力》（頁176～177）。又熊氏亦舉「麻與繩子」（《新論（語體文本）》，《全集》三，頁74）及「大米與粥飯」（《原儒‧原內聖》，《全集》六，頁741）等喻，此皆與「大海水與眾漚」同，同顯「體用不二」之義。

三、「執著性、對象化了的存有」，即「存有的執定」，來說明熊氏此一活生生的實存而有之「體用不二」之說。案乾元亦即「存有的根源」──「X」，而所謂「存有的根源」──「X」，亦即乾元之作為存有之內在根源，其所代表之意義，洵難以表述，蓋其實含無量義，故以「X」表之。而「X」呢？在數學中 X 代表未知數，而在此世界中，正因為是未知數，是以充滿著無限之可能性，它是開放的，而非封閉的，故其乃是一無限的可能性，而能自如其如地開顯其自己，即乾元含有無盡的開放性與可能性，是以熊氏常言：「乾元性海」，所有的眾漚、一切的大用流行無非皆是自此乾元性海中流出，誠如林氏所言：「這是就其歸本於寂的『寂然不動』之體而說的，它具有無限可能性」（《存有・意識與實踐》，頁20）；而闢亦即「無執著性、未對象化前的存有」，此乃據乾元而動而超越於「翕──闢」相對概念之主動特出之勢用，亦如林氏所言：「這是就其本體自如其如的開顯其自己而說的，它是一『感而遂通』所成的世界」（同上）；而翕亦即「執著性、對象化了的存有」，其雖非據乾元而發，但畢竟從闢而與之俱向上，故有凝質成物之象，亦如林氏所言：「這是經由人心靈意識之執取作用所成的世界」（同上）。是以作為「寂然不動」的存有的根源之乾元，必得自如其如地開顯其自己，由於其具有無限可能性，故乾元開顯，翕闢兩大勢用即同時而起，而翕者雖不定向下，但確有攝聚凝歛而成物之勢用，而亦必經由此一心靈意識之執取作用，才有宇宙萬象可言，此時即成一執著性、對象化了的存有；然此同時，闢亦同時俱起，且是據乾元本體而動，運行於翕之中而能轉翕以從己，是以「感而遂通」，自如其如地開顯其自己之無限可能性，必超越過執著性、對象化了的存有，而進入到無執著性的、未對象化前的存有，如此即進一步觸及到存有的根源──「X」，而這樣的存有，才是一活生生的實存而有，乾元亦才成其為乾元，而一切大用流行亦皆從乾元性海中流出，而成一活生生的實存而有之生活世界。誠然，此亦非謂乾元開顯，必是翕勢先起，闢勢後起；而若闢勢先起，則翕勢隨之俱起，亦復如是。究其實，翕闢同時俱起，一有翕即有闢，一有闢即有翕，只為言說方便故，故不得不如此。此亦如林氏曰：「從『存有的根源──『X』自如其如的開顯而成一『無執著性、未對象化前的存有』，這意指的是一縱貫的道德之創生；由『無執著性、未對象化前的存有』轉而為一『執著性、對象化的存有』，這意指的是一橫面的概念之執定。在熊先生的體用哲學裏，顯

然的兼含了『縱貫的道德之創生』與『橫面的概念之執定』（同上，頁 20～21），案熊氏之被尊為當代新儒家之開山祖，其故即在此。此種「基本模型」，蓋即牟宗三據《大乘起信論》「一心開二門」所提出之「兩層存有論」，即「無執的存有論」與「執的存有論」，所謂縱貫的道德之創生之「無執著性、未對象化前的存有」，即「無執的存有論」，亦可稱為「超越的存有論」、「道德的形而上學」或「本體的宇宙論」，而橫面的概念之執定之「執著性、對象化了的存有」，即「執的存有論」，亦可稱為「內在的存有論」。牟氏據此更提出「良知之自我坎陷」說〔註27〕，其《現象與物自身》曰：「知體明覺不能永停在明覺之感應中，它必須自覺地自我否定（亦曰自我坎陷），轉而為『知性』；此知性與物為對，始能使物成為『對象』，從而究知其曲折之相。它必須經由這一步自我坎陷，它始能充分實現其自己，此即所謂辯證的開顯」（《牟宗三先生全集》21，頁 126），案此知體明覺必自覺地自我坎陷，自我坎陷為主客對立的世界，進而產生知識，即自覺地從縱貫的道德之創生轉為橫面的概念之執定，亦即從無執轉為執，以開出知性主體，以成就科學知識，此蓋深受熊氏之啟發，其說與熊氏固非全同，但與其「一體二用」模式則極相近，尤與其乾元必經翕之轉折而後從闢以俱升之「體用不二」論如出一轍〔註28〕。至於林氏所提出「存有的三態」，亦是深受熊氏之感化，且吸收融會牟氏之說，不僅客觀相應地理解之、詮釋之，更進而道出熊氏已言而未明或未言而已含之深意來。

最後，尤有進者，熊氏以孔子既祇是根據事實以制作《周易》，從而創明「體用不二」之義，故聖人「正視萬有」，而斥絕神道，亦不涉空想，而既斥絕神道，則不獨天帝無可迷信，且亦不涉空想，故於古今哲學家談本體者之種種錯誤，皆可避免。蓋萬有之本體，即萬有之自身，而萬有之自身，亦即

〔註27〕案「坎陷」一詞，乃牟氏藉助於《易經》坎卦之卦辭：「習坎，有孚，維心亨，行有尚」，王弼《周易注》即曰：「坎，險陷之名也」，朱子《周易本義》亦曰：「習，重習也。坎，險陷也。其象為水，陽陷陰中，外虛而中實也。此卦上下皆坎，是為重險，中實為有孚心亨之象，以是而行，必有功矣，故其占如此」，誠如林安梧《存有‧意識與實踐》曰：「就此來說，坎陷一詞非僅無偏曲義，反而是『有孚心亨』之義，牟先生之用此詞，蓋正視知性主體之客觀性也，……」（頁265註12）

〔註28〕案關於「兩層存有論」及「良知之自我坎陷」之說，請參閱牟氏《智的直覺與中國哲學》（《牟宗三先生全集》20）、《現象與物自身》（同上21）及《圓善論》（同上22）等書。

萬有之本體，本體絕非離物而獨存，亦非向外即可覓得，故何可離萬有而向外尋求一獨立而自存者，如宗教家所謂天帝者乎？或如古今哲學家以本體乃潛隱於萬有背後或超越乎萬有之上者乎？《乾坤衍》曰：「孔子體用不二之論，確是正視現實世界，明其不是從空無而起，故說他有實體。惟所謂實體，即是現實世界的實體。現實世界以外沒有獨存的實體，故吾人不能離開現實世界而空想或幻想別有超越萬有的實體。老氏求返虛無，佛氏趣歸寂滅，皆是錯用其心，違人道也。《大易》主張裁成天地，輔相萬物，是外王學之弘綱」（《全集》七，頁452），案此實體，既是孔子「正視萬有，而斥絕神道」，是以絕非似古占卜家、古術數家之迷信天帝，故自《大易》首破天帝，而以乾元取代之，是以天帝思想即消滅於無形中；又既是孔子「正視萬有，而不涉空想」，故亦絕非如「老氏求返虛無，佛氏趣歸寂滅」，而將本體推出於現象之外，蓋其必將體用分割為二。孔子既是正視萬有，正視現實世界，是以無須向外求索，既不以實體乃成立乎現象之上，亦不以實體為隱伏於現象背後，當然亦絕不可能為無原之論，以為實體乃離物獨存。蓋宇宙萬有之本體，即是宇宙萬有自身，而宇宙萬有既在此現實世界中，則宇宙萬有之實體，亦唯有在此現實世界中，而不可能離此現實世界而別求，是以所謂實體，即是現實世界之實體。而實體即是現實世界之實體，吾人亦唯有在現實世界而了悟其有實體，而能於現實世界了悟實體，不僅能不起空見，亦不作虛無想，亦不生厭離欲，且能本此而經緯萬端以發展現實世界實體。可見孔子《周易》所創明之「體用不二」，其既非從空無而起，故說他有實體，此實乃內聖學之淵奧，而其本此經緯萬端以發展現實世界，亦即主張裁成天地、輔相萬物，則實亦為外王學之弘綱。蓋內聖外王兼備，本自一貫，是以外王學之無君，即本於內聖學之無神，既無天帝之作祟，亦無君主之侵削，故而內在之德性與外在之事功，即在此現實世界中一起展現。是以熊氏據孔子《周易》所暢言之「體用不二」，不可僅以其只是內聖學之淵奧而已，而其尤重在乃是外王學之弘綱，如此方是有體有用之學，否則亦只是有體而無用，亦不成其為說也。熊氏既以「體用不二」之論，乃外王學之弘綱，而對此弘綱亦有說明，《乾坤衍》曰：

> 外王學，始于消滅統治。中則領導群眾，「開物成務」。終歸天下一家。偉哉人生，功莫大於裁成天地，道莫大于輔相萬物。裁成天地，惟賴知識技能。輔相萬物，要重道德智慧。（《全集》七，頁453～454）

熊氏認為孔子外王學之弘綱，有三大步驟，一、「始于消滅統治」，二、「中則領導群眾，『開物成務』」，三、「終歸天下一家」。案六經皆孔子制作，而《易》為五經之原，五經同出於《易》。《易》之得為五經之原，蓋「輔相萬物，要重道德智慧」，若無道德智慧作基礎，則其何可裁成天地、輔相萬物？而《大易》之內聖學，內則示人以體元、成性，始能涵養根源，推而擴之，則庶幾德慧周行，而可充其天地萬物一體之量，此誠乃德慧之內在根源所在，而五經實皆由此而出也。《大易》既為德慧之內在根源，不僅備明內聖之道，而亦賅及外王，倡言革命思想，廢除君主統治，蓋統治階級不消滅，則外王之道既無由實現，而內聖之道亦不得彰顯，是以外王學之弘綱「始于消滅統治」。五經中之《春秋》，備明外王之道，而內聖賅焉，所言張三世，其旨即在「消滅統治」。統治階級既滅，群眾雖得伸舒，但方撥亂反正，其智其慧未開，是以外王學之弘綱「中則領導群眾，『開物成務』」。五經中之《周官》，即依於均與聯兩大原理，立定制度，以領導作動民眾，戮力於新建設，其旨即在「領導群眾，開物成務」。既已立定制度，領導群眾，致力建設，開物成務，其所欲達至之境界，即《大易》「見羣龍无首，吉」，是以外王學之弘綱「終歸天下一家」。五經中之〈禮運〉，倡明天下為公，齊登大同太平，其旨即在歸本「天下一家」。可見外王學之弘綱，誠為內聖學所必須推展以達致者。故熊氏之「體用不二」，不僅就內聖學而言，實更並及外王學。案內聖、外王本自一貫，由內聖而能外王，即「內聖——外王」，此內聖方為真內聖，由外王而顯內聖，即「外王——內聖」，此外王才是真外王。而此皆因孔子創明《大易》，其真知灼見誠有與他人異者，《乾坤衍》曰：「一、孔子承認有自己，但決不承認有超脫現實世界而獨存的自己，如佛氏之法界大我，老氏之虛無。二、自明之慧，不可逞空想，以為超脫現實世界的自己，而當用其慧於格物。……老氏嘆天地不仁，萬物為芻狗，則其對於現實世界本無好感，其於人生亦祇付之無可奈何」（《全集》七，頁459～460），熊氏認為孔子與諸家大異者，即在「孔子承認有自己」，自己即是本體，本體亦即自己，人能弘道，非道弘人，其既「決不承認有超脫現實世界而獨存的自己」，是以不用向外而求，既無須歸仰於天帝，亦毋庸求助於宗教。若是承認有超脫現實世界而獨存之自己，則其必「如佛氏之法界大我，老氏之虛無」，故視現實世界以至於人生，乃可有可無者。且孔子又以「自明之慧，不可逞空想」，確然正視自己，正視宇宙萬有，正視現實世界，既不起空見，亦不作虛無想，更不生厭離之思，即於此現實世界，

「當用其慧於格物」,故能成就裁成天地、輔相萬物之盛德大業。而佛氏、老氏雖不至有惡行,但對世界、對眾生,則根本無從發起所謂之道德實踐。蓋佛家只講緣法,不重天命,世間塵事無非緣起緣滅,只是過眼雲煙而已,一切皆因緣和合而有,故而因緣散盡,一切還歸於無,所謂道德、功業等等,到頭來亦不過一場夢幻耳;道家只求解消,亦不重天命,其殆寧作曳尾塗中之楚龜,以求一己之逍遙,而妻死猶鼓盆高歌,以之為一死生、齊物論,亦不願將天下蒼生措置於其心中,是以「不敢為天下先」遂居其三寶之一焉。故於之二家者,欲其對世事、對群眾有積極之作為,殆不可能。唯我儒家,「為天地立心,為生民立命」,一反佛、道之說,最是看重天命,而亦深知成事在天,但謀事在人,是以更本著「人能弘道」之意,一切盡其在我,但求無愧於心,故能「為往聖繼絕學,為萬世開太平」。是以儒、佛、道雖乃構成中國文化思想最主要之三家,三家各有所擅,本難強分軒輊,但就正視宇宙萬有、正視現實世界而言,儒家既創立制度,以開物成務,對於人世間所需要之道德智慧,無不加以承擔,以成就裁成天地、輔相萬物之盛德大業。此則非佛之悲、老之慈所可比擬,故熊氏認為佛、老所言,乃存諸其意中之觀念而已,而於內聖外王之道,誠不可期望於佛、老也。唯有孔子《大易》所創明之「體用不二」論,內聖外王兼備,既於吾人心性,可發起道德實踐,而於現實世界,更有裁成輔相之功。是以吾人既是現實世界一活生生之實存而有,即須正視自己,正視宇宙萬有,正視現實世界,以明了自己,不斷進德修業,以天下為己任,而為慧之勝用,以成就此現實世界,而宇宙萬有亦在此現實世界中,顯其繁然萬殊,並皆各得其所,人人皆有士君子之行,而見羣龍无首吉,以躋斯世於大同太平之境。

綜上可知,熊氏之「體用不二」論,非僅是以翕闢成變而即用識體之體用哲學而已,更包含以經世濟民為終極目標之內聖外王之學。《新論》所言翕闢成變、即用識體之說,雖對吾人生命予以一終極意義之探究,從而挺立出道德主體性,但畢竟主要就內聖方面而言;誠如《尊聞錄》附錄〈與或人〉曰:「《新唯識論》,須從頭另造,原稿可就者甚少。吾十年來精力盡萃此書。在此歐化時代,唯物思潮洶涌之際,吾所為者極不合時宜」(《全集》一,頁647),熊氏之所以發此慨嘆,無疑乃就外王而言。《乾坤衍》則不僅於內聖方面予以闡釋,即於外王之道亦多所發揮,兩者兼備,而儒家誠意正心、修身齊家以至治國平天下之經世濟民之理想,皆彰顯無遺。故言熊氏之「體用不二」論,不能只談內聖,只就本體論、宇宙論而言,更須觸及外王,而落實

於政治、社會等人生論上；且亦必由傳統「內聖──外王」模式之強調心性修養，由內聖開出外王，而轉為現代「外王──內聖」之強調國家發展、社會正義，由外王而保住內聖。如此，內聖與外王不二，絕不可互缺，方是真正之「體用不二」論。熊氏之所以謂「《新論》兩本俱毀棄，無保存之必要」，此蓋為非常重要之因，既可免於《新論》所引發之儒佛之爭，更直顯儒家《大易》之本自具足而無所不包也。〔註29〕

第四節　反對佛、道、西洋哲學本體之說

　　綜上所言，熊氏認為孔子正視自己，正視宇宙萬有，正視現實世界，即於此現實世界，成就裁成天地、輔相萬物之盛德大業。佛之悲、老之慈，既於此現實世界起空見，而作虛無想，生厭離之思，故不可望其有裁成輔相之功。而之所以有如此之異，蓋於本源處實不同也，即對本體之看法大異其趣。熊氏認為孔子以乾元取代天帝，肯認必有本體，而宇宙萬有之本體，即宇宙萬有自身，且以乾坤兩大勢用取代陰陽二氣，即本體含藏複雜性，乾坤翕闢以成變，是以大用流行以顯繁然萬殊。《乾坤衍》曰：

> 余相信萬物實體內部，含藏「大生」與「太素」陰陽相反之兩性，
> 交相推動，遂成變化，乃有萬物。每一物皆稟受乾道「大生」以成
> 性，皆稟受坤道「太素」以成形。故乾坤即是萬物，萬物即是乾坤。
> 不可離之為二也。（《全集》七，頁620）

案此無窮無盡之大用流行，即因本體內部含藏複雜性，方得顯現其勢用，故熊氏肯認本體必定是有，否則即成無原之論，而造化之機熄矣。誠如《新論（語體文本）》曰：「還有許多哲學家，他們並不曾有意的作有出於無、或無能生有這樣的主張，並不說有空洞的無的境界。他們只把萬變不窮的宇宙，看做是客觀獨存的，只承認這個變動的一切行或萬有是實有的，但不肯承認有所謂本體，並且厭聞本體的說法」（《全集》三，頁91），案無原之論者「只承認這個變動的一切行或萬有是實有的」，蓋此乃經驗可見者，不容否定，「但

〔註29〕案第六、七、八三章即是對熊氏「體用不二」論之展開說明。第六章〈乾元性海〉及第七章〈大用流行〉乃就本體論、宇宙論，亦即內聖方面，以言「體用不二」；第八章〈《易》外王學〉更就人生論，亦即外王方面，以言「體用不二」。由此益可見，熊氏「體用不二」之論確是包含內聖外王兩方面，而亦必內聖外王得以兼備，方顯出「體用不二」論之意旨所在。

不肯承認有所謂本體，並且厭聞本體的說法」，即本體渾然無象，為其所未見，故不承認有本體也。熊氏對此種見解，自不贊同，認為此無異只是觀念論者好故弄玄虛，妄構本體為一神秘之物，以作為宇宙之因素，而此實為一種迷謬而已。且究其實，縱有許多哲學家持無原之論，但不持無原之論，且肯認必有本體者，實亦大有人在，唯對本體之界定，則與熊氏不同。熊氏認為本體即是現象，現象亦即本體，而萬有之實體，即萬有之自身，是以體即是用，用即是體，體用本自不二，並無斷為兩橛之虞，故本體既絕不可能離物獨存，而亦絕非造物者之謂。然諸哲學家所認定之本體，則誠如《乾坤衍》曰：「祇緣有天帝在汝腦中活動，故以為一元實體當是超脫乎乾坤萬物而獨在」（《全集》七，頁 621），是以本體與現象斷為兩橛，而本體與現象既析而為二，則其必隔截為二層而互不相干，如此，則此天帝，亦即本體，即成一超然獨立之孤絕之體而已。《新論（語體文本）》即曰：「從來哲學家談本體，許多臆猜揣度，總不免把本體當做外在的物事來推求，好像本體是超越於一切行或現象之上而為其根源的。他們多把本體和一切行或現象界，說成兩片」（《全集》三，頁 91），是以諸哲學家雖肯認必有本體，但卻把體用分離，將之斷為兩橛，是以離用以求體，而必向外推求一獨立而自存之所謂本體者。對此大錯大誤，熊氏則又細予分類，據《體用論》、《明心篇》及《乾坤衍》所言〔註 30〕，雖

〔註 30〕《體用論》曰：「其一，求絕對於相對之外。此乃古代一神教之錮疾，後來學術雖興，猶未離其窠臼。……其二，……唯心論者堅主精神是萬有之一元，不得不割去物。然物質現象終不可否認，則以之歸併於心，直以物質為精神之副產物耳。唯物論者堅持物質是宇宙之一元，不得不割去心。然精神現象終不可否認，則以之歸併於物，直以精神為物質之副產物耳。……其三，唯物論以物質為一元，而精神成為物質之副產物」（《全集》七，頁 125～129），《明心篇》亦曰：「第一種見，計執實體是超脫乎法象之上而獨在。其所執實體，或承襲宗教之上帝，或反對上帝而說為宇宙本體。如佛家破大自在天而建立不生不滅的真如涅槃，即是一例。唯心論者之絕對精神，亦是此種見。第二種見，計執實體是潛隱於法象之背後。如佛家唯識論，一方承襲舊說之真如而不敢削除，一方又建立種子為諸行生起之因。……第三種見，計執實體是空洞寂寥，包含宇宙萬象。如老子以太虛為神與氣之所從生，即是無能生有。有從無而生，遂為虛無之所包含。此種見恐是道家所獨有，宋儒亦頗襲其說，張橫渠《正蒙》有明文可證」（《全集》七，頁 305～306），《乾坤衍》亦曰：「一、肯定有一元實體者，未能掃除宗教家天帝之迷，總以為一元實體是超脫乎萬物而獨在。二、將一元實體猜想為獨立固定的東西。此與第一錯誤相關。三、談一元實體者，總以為實體之性質是單獨一性，無複雜性。如一元唯心論，則其實體是單獨的一性，曰精神。一元唯物論，則其實體是單獨的一性，曰物質」（《全集》七，頁 621）。

有異同，但總括而言，即一、「計執實體是超脫乎法象之上而獨在」，亦即「總以為一元實體是超脫乎萬物而獨在」，佛家之言「真如涅槃」，唯心論者之言「絕對精神」，皆是此種見。當然，古術數家以至漢儒以下「或承襲宗教之上帝」，亦即「未能掃除宗教家天帝之迷」，以崇信天帝、擁護統治，而為熊氏所一再批判者，自是屬於此種見。二、「計執實體是潛隱於法象之背後」，蓋即「將一元實體猜想為獨立固定的東西」，佛家唯識論者之「建立種子為諸行生起之因」，即屬此種見。以上二種，乃相關聯者，或以本體乃超越乎現象之上，或以本體為潛藏於現象之後，要皆都是「求絕對於相對之外」。三、「計執實體是空洞寂寥，包含宇宙萬象」，此則專指道家，「如老子以太虛為神與氣之所從生，即是無能生有」，而有既從無而生，故遂為虛無所包含，橫渠蓋亦如是，皆「求絕對於相對之外」。此與前二種，較偏重針對中國思想而言，同犯一大過，皆脫離宇宙萬有，純任空想去造出一種宇宙實體，亦即以本體乃恒常不變，離物而獨存；此中，尤以第一種為最常犯者。四、「談一元實體者，總以為實體之性質是單獨一性，無複雜性」，此乃針對西洋哲學之唯心唯物兩大宗而言。或如「唯物論以物質為一元，而精神成為物質之副產物」，即以物質為唯一實在，且由物質產生精神；又如唯心論以精神為一元，而物質成為精神之副產物，即以精神為唯一實在，且由精神產生物質。究其實，唯心唯物兩大宗實有不辨體用之失，其既以心物為二元，而唯心論者以心能生物，唯物論者以物能生心，實皆淆亂因果也。由上可見，熊氏對佛、道及西洋哲學本體之說，皆予駁斥，而於儒家，亦有所批判。

　　熊氏對於構成中國文化思想之儒、佛、道三家，雖皆讚賞，但終究歸宗於孔子《大易》，而於佛、道則有所揚棄。誠如《明心篇》曰：「古哲對於內心的體察，純用返觀法，而忽視內心與其軀體及外物之聯系，實於無意中將心靈看作是無對的獨立體。老莊確有此嫌疑，佛家大乘的法性心顯然成唯心之論」（《全集》七，頁219），由於佛、道二家「純用返觀法」，只重視心，「忽視內心與其軀體及外物之聯系」，故心物截然二分，且「將心靈看作是無對的獨立體」，恐有視心為實而以物為虛之虞，即否定世界，以世界為空虛幻滅之過。《明心篇》又曰：

　　　　為道之學，其本在心。養心全性，莫切於損除私累。老莊去知去欲，
　　　　佛氏斷癡斷惑，同是日損之學。日損工夫不可無，余亦承認。然衡

以孔子之道，則二氏皆有重大過失，不可不救正。(《全集》七，頁176)

為道日損，此老氏之自述也。佛氏斷滅一切癡惑，與老之日損確有大同。佛法明明反人生，趣求寂滅，其以日損為道也固宜。老莊雖不言出世，而去知去欲，欲其神以返於虛無，人道之存焉者寡矣。……佛氏修諸功德，所以對治染污，所治既盡，能治亦遣，究竟歸於寂滅。此與孔子敦仁日新之道，發源本不同塗，歸宿何能一致？老氏無輔相萬物之誠，托於清淨自正，亦自利而已。(《全集》七，頁290～291)

案儒與佛、道同重「反己」、「日損」，皆不廢內省修養工夫，是以「老莊去知去欲」及「佛氏斷癡斷惑」，固甚合於「養心全性，莫切於損除私累」，此日損反己工夫，熊氏亦予承認，然此畢竟偏向虛靜空寂，而無孔子健動無已、生生不息之意。蓋孔子之反己，乃以敦仁日新為宗要，而日損之功亦其所慎修，佛、道二家則視心靈為無對之獨立體，故二氏於此實無異也，以其皆作日損工夫，唯重視內心，忽視其與軀體及外物之聯系，既忽視軀體及外物，故終必至反人生、毀宇宙。佛之弊即「所治既盡，能治亦遣」，道之弊即「無輔相萬物之誠，托於清淨自正」，是以熊氏皆予揚棄。

對於佛家，熊氏由服膺護法唯識之學，於空有二宗多所究心，終至由佛返儒，歸宗於孔子，即因不滿其本體之說，故對其駁斥尤多，《明心篇》曰：

佛家自釋迦氏首以迷闇諸緣說明人所由生，於身心五蘊修習厭離。(《全集》七，頁286)

《乾坤衍》亦曰：

佛氏迷暗之論，余平生隨處體會，終未敢苟同。〔……佛氏出世法，以一大迷闇勢力，為宇宙人生所由始，是其根本錯誤。……佛氏之大謬，蓋以迷闇勢力當作生命，故欲滅絕之耳。……〕佛氏迷暗之說，雖亦有由來，而根本錯誤，無可贊同。(《全集》七，頁581～583)

案佛家各大宗派，思想容或有殊，但整體觀之，自有其共通之根本理論，即四諦、緣起法及三法印，而緣起法又貫串其餘二者，不僅為最普遍原則，亦是佛法中之最上第一。所謂「緣起法」，亦即十二因緣說，無明緣行，行緣識，識緣名色，名色緣六入，六入緣觸，觸緣受，受緣愛，愛緣取，取緣有，有

緣生，生緣老死。由無明而至老死，即流轉生死門，乃四諦中之「苦」、「集」二諦；由老死而至無明，則為還滅涅槃門，乃四諦中之「滅」、「道」二諦。蓋釋尊觀察人生，一切皆由無明而起，因而迷惑造業，由流轉生死門而頭出頭沒，然一切法皆因緣生，無有自性，深知「諸行無常」，「諸法無我」，故依還滅涅槃門而了脫生死，即渡生死海而至「涅槃寂靜」之地，回復原初人人所具之佛性，方可離苦得樂，永脫苦海。所謂「諸行無常」、「諸法無我」及「涅槃寂靜」，即「三法印」。然而，眾生欲離苦得樂，達致涅槃寂靜，談何容易，反而於生死海中頭出頭沒，永無出期。蓋所謂「無明」，乃痛苦煩惱的人生之起點，其既非理性，更非智慧，甚至連知識亦不是，而只是無知而已；其既以無知為起點，則其一切之所行，必如熊氏所謂之「迷暗」而已。是以無明一起，眾生即由無明緣行，因惑造業，在「業惑緣起」之勢力下，輾轉流變以至於老死。此「業惑緣起」，在後來佛家看來乃屬小乘教，而大乘始教則提倡「阿賴耶緣起」，大乘終教則提倡「如來藏緣起」，華嚴宗則提倡「法界緣起」，以為最究竟，故稱為圓教，而密教更有所謂「色心六大緣起」，蓋皆欲對此緣起法有所界說，以期能圓滿地解釋宇宙人生之真相。雖云大乘佛教已較脫卻小乘佛教之出世傾向，而向純粹之哲學思辨與自我之精神修養邁進，然要皆仍不免厭世離俗之濃厚氛圍，故唯企求虛靜寂滅之涅槃世界。況既以眾生皆有佛性，人人皆可成佛，而卻謂一切皆由無明而始，原初只是一團迷暗，此實令人無法理解。蓋佛性本是清淨無染，然最初卻為何必如明月之為烏雲所蔽，而不能彰顯其自性？而因果報應之說，固有其顛撲不破之至理在，但對一般人而言，前世今生以至來世種種，終屬渺茫難知，反增怖死畏生之感。是以非有大智慧如佛陀者，則必於六道中輪迴不已。熊氏對於佛家無明之說、迷暗之論，亦經一番探索。蓋人本性善，此無可疑，但亦可能受種種影響，而使內部生活產生變化，而非粹然純善，是以有無迷闇勢力潛伏，此誠不可自欺；故「佛氏返己，照察迷闇，其用功甚嚴密」，此熊氏亦不能輕於反對，《乾坤衍》甚至曰：「坤卦言坤，『先迷，失道』。與佛氏『無明』之論可相通」（《全集》七，頁 618），而之所以迷闇、無明，無非即陽明所云「隨順軀殼起念」而已。然佛氏卻將之視為源頭，而於無明、迷闇之所從來，則無說明，即以一大迷闇勢力而為宇宙人生之所由始，此則熊氏所未敢苟同，蓋如佛氏所言，則人生唯是一團迷闇，而即以此迷闇勢力當作生命，最終則眾生必同歸於寂滅，是以必至於毀生人之性，熊氏認為此乃佛氏之根本錯誤

也。佛氏本出世法，對世法較不重視，而熊氏即最不滿於佛氏之觀空歸寂，於出世法抨擊最力。蓋佛家出世，懼於生死，希求出離，以求不受輪迴之苦，既專求於出世之法，故於世法不免稍有不足；儒家入世，重於人倫，任重道遠，而能健健無有止息，既於世法盡倫盡制，則又何所求於出世之法？佛家整體理論既有如此之失，至於空宗則始建立法界，有宗則說為法界大我，皆以之為不生不滅之體，故於空、有二宗，亦無須細究，蓋皆不能免於此失〔註31〕。而佛氏既以無明業惑為緣起，人生遂為一大迷闇勢力所籠罩，故熊氏認為佛法之全副精神即在「對治」，《明心篇》曰：

> 一、佛氏專從壞處看人生，其道在反人生，抗拒宇宙大生廣生之洪流，所以專力對治一切癡惑，務令斷絕，……二、……佛氏祇從一一惑相，作一一對治，其所行萬善不是從本性發出，而是因惑起修。如因有貪惑，便修一種無貪的善，以作對治。……三、佛氏視一切癡惑皆如幻事，所以皆可對治，令其斷絕。至於癡惑滅已，則其由對治而修之善，亦如幻事，亦復不留。（《全集》七，頁185）

佛氏既以宇宙人生之始，乃由一大迷闇勢力，而眾生惑障，故不見性，既不見性，視人生為消極，「其道在反人生，抗拒宇宙大生廣生之洪流」，此反人生、毀宇宙，乃其根本錯誤所在。其既專從壞處看人生，是以見眾生皆從癡惑生，故而導引眾生修善以作對治，蓋必去惑而後見性故也。而對治完畢，癡惑斷絕，雖已見性，然因佛氏以為眾生乃從癡惑生，則其所謂見性之性，

〔註31〕 熊氏自《新論（文言文本）》即對佛學多所批判，於空、有二宗批評尤多，至晚年雖大量刊落佛學內容，純就《大易》而言，但偶亦及之。案熊氏對佛學之批評是否如理，此可進一步探討；而其主要目的，誠如李澤厚《中國現代思想史論》曰：「但熊的要點本不在批判，不過藉批判以樹起自己的儒學體系而已」（頁299），林安梧《存有・意識與實踐》亦曰：「純就學究立場來看，熊先生對於佛家空、有二宗的批評或有不當不公之處，但問題的重點不在熊先生的批評恰當與否，而是熊先生他到底針對的問題為何，其所回答的又是什麼」（頁21）。又關於熊氏對佛家整體理論與空、有二宗之檢討，並加以融攝，請參閱林安梧《存有・意識與實踐》第六章、第七章，及筆者《熊十力《新唯識論》研究》第二章。又梁漱溟〈讀熊著各書後〉（《憶熊十力先生》，頁51～60）對熊氏之駁斥佛氏迷闇之說頗不認同，請參閱。又牟宗三《圓善論》曰：「熊先生總不滿意於佛教而與居士和尚辯，千言萬語總在昭顯此意，其所爭者總在此創生性也。」（《牟宗三先生全集》22，頁318）又曾錦坤〈從存有論與心性論談儒家與佛教的區分〉曰：「熊氏對於佛教的批評，我們大致可以歸納為四點。（1）本體偏空。（2）體用分成二片。（3）逆反人生正道。（4）未能積極開發社會建設。」（《孔孟學報》第58期，頁259）

實非意謂眾生具有炤明純粹之本性，蓋其「祇從一一惑相，作一一對治」，此乃「因惑起修」，故其所行萬善既非由本性發出，徒然只為去惑而已，而癡惑遇對治而滅盡，則眾生畢竟歸於空，則由對治而修之善，將如幻事，且復不留。孔子則不然，既不從壞處看人生，而且重視人生，乃從人性之善端一直向著至善發展而無有已止，而既從人性固有之善端擴充以成萬善，則有本而不竭，故於宇宙大生廣生之洪流，不僅不抗拒，並稟承「人能弘道，非道弘人」之原則，加以發揚光大。要之，誠如《體用論》曰：「佛氏說眾生惑障，故不見性，必去惑而後見性。儒學則以人生當發展人能，天性必待人能而後弘大。萬物皆稟天性而未能弘大之，惟人乃足以弘大其天性也」（《全集》七，頁49），《明心篇》亦曰：「孔子之學認清性命，而以慎獨之功防治內心之賊有害於靈性之發展，此是生命力戰勝寇賊而益發展，是可貴也。佛氏以為眾生從癡惑生，是則眾生無有炤明純粹的本性。誠如此，癡惑遇對治而滅盡，眾生畢竟空」（《全集》七，頁185），案儒者認為「人生當弘性」，非只見性而已，是以日新月異，而佛氏「必去惑而後見性」，但並不弘性，故而同趨寂滅也。

　　至於道家，熊氏不僅認為老子所言「一生二，二生三」有取於《大易》，甚至認為道家其實即源出《大易》，然此實莫大之誤解耳〔註32〕。今且就內容

〔註32〕如《十力語要》卷二〈答馬格里尼〉曰：「老子之時代大抵稍後於孔子而先於孟子。老子之學源出於《易》，而又別異於儒術，以自成一家之學」（《全集》四，頁223），《新論（語體文本）》亦曰：「老子之時代，當稍在孔子後，而前於孟子。他的學問，實從孔子《易傳》之思想而出，終乃別抒己見，以自成一家言，蓋孔氏之旁支，《易》家之別派也」、「老子之學出於《易》。其書實發明《易》義」（《全集》三，頁115、頁172），《示要》卷二亦曰：「《老子》者，《易經》之支庶也。其言道有曰：『有物混成，先天地生。……』此演《易》乾元之旨」（《全集》三，頁728），卷三又曰：「道家性命之旨，與陰陽之說，源出《大易》，此無可疑。……老聃稍後孔子」、「道家元是《易》之別派」（《全集》三，頁875、頁883），《新論（刪定本）》亦曰：「老學出於《易》，而多改變」（《全集》六，頁302），《原儒・原內聖》亦曰：「余斷定著《老子》之老聃其出生時代後於孔子，前於孟子。……至於著《老子》書之老聃，其出生當後於孔子」（《全集》六，頁651～652），《乾坤衍》亦曰「老氏曾學古《易》，當讀過孔子之《周易》」（《全集》七，頁522）。要之，熊氏謂道家乃源出《大易》，即孔子先於老子，老子乃孔子之後學；馬浮《泰和宜山會語合刻》之《泰和會語》「論六藝該攝一切學術」曰：「道家體大，觀變最深，故老子得於《易》為多」，《復性書院講錄》第一卷「通治羣經必讀諸書舉要・七易類」亦提及此；又錢穆《莊老通辨》上卷且曰：「《莊子》一書實在《老子》五千言之前。莊周以前，是否有老聃這一人，此刻且不論。但《老子》五千言，則決然是戰國末期的晚出書」、「以思想史發展之進程言，則孔、墨當在前，老莊當在

而論，《原儒・原內聖》曰：「余嘗疑《老子》云：『生而不有，為而不恃，長而不宰，是謂元德。』此義必本之《大易》。今《易經》雖不見此文，而其義則確出於《易》也」（《全集》六，頁571），案熊氏雖認為「此義必本之《大易》」、「其義則確出於《易》」，故以道家乃孔氏之旁支、《易》家之別派；但既是旁支、別派，則於《易》終是有隔。《示要》卷二即曰：「老子耽虛靜，於健德沒理會」（《全集》三，頁731），《原儒・原學統》亦曰：「道家學《易》，而終別乎儒」（《全集》六，頁352），故於道家之說，終是不滿，對其言本體之誤，批判亦多。《原儒・原內聖》又曰：

> 老云：「天地不仁，以萬物為芻狗」，明明與天德不類也。……老氏忿聖智之以百姓為芻狗，可謂慧冲而情深矣。顯矯之以放任、無為，願民之無知無欲，各自子立，而絕無裁成輔相之道，將使生民返諸幽冥。人道無成，而天德虧蔽，豈非老氏之大謬也歟？（《全集》六，頁572～573）〔註33〕

《體用論・贅語》亦曰：

> 老言混成，歸本虛無。其大謬一也。老莊皆以為道，是超越乎萬物之上。倘真知體用不二，則道即是萬物之自身，何至有太一、真宰在萬物之上乎？此其大謬二也。道家偏向虛靜中去領會道。……故老氏以柔弱為用，雖忿嫉統治階層而不敢為天下先，不肯革命。此其大謬三也。（《全集》七，頁5～6）

案道家以「天下萬物生於有」，而「有生於無」，即以「無」為本體，「無」亦即「太虛」，故王弼《老子注》云：「天下之物，皆以有為生。有之所始，以無為本。將欲全有，必反於無也」（四十章）。熊氏認為道家言本體之誤，即在「老言混成，歸本虛無」，亦即「計執實體是空洞寂寥，包含宇宙萬象」。其既「歸本虛無」，亦視虛無猶如天帝，乃高高在上，獨立而自存。故熊氏認

後」、「故當謂莊老較同時，同出孔孟之後，始得成條貫也」（《錢賓四先生全集》7，頁1、頁31、頁33）。案《老子》之作者問題，歷來頗多爭議，由此而來之孔、老先後問題，自是紛紜其說。熊氏之所言，殊乏實據，主觀意味極強，蓋其着重內容之探討，勝過於外在考據問題，乃就《易》、《老》之會通上言，故此視為其一己之見即可；陳榮捷《現代中國的宗教趨勢》且曰：「熊相信，道家實在是易經的一個分支，一個難以維護的新奇理論」（頁39），案陳說甚是。

〔註33〕案《原儒・原內聖》於此之後（《全集》六，頁584～604）亦多所批評老子，請參閱。

為「老莊皆以為道，是超越乎萬物之上」，此亦即「求絕對於相對之外」，皆脫離宇宙萬有，純任空想去造出一種宇宙實體。若此，道家所認為之道，既超越乎萬物之上，且歸本虛無，而神、氣皆依於太虛而生，故熊氏認為「道家偏向虛靜中去領會道」。是以道家所言之道，老子既歸本虛無，而莊子才大，亦不能免於此失，故其表現於人生，則如熊氏所言：「雖忿嫉統治階層而不敢為天下先」，而「不敢為天下先」即其三寶之一，是以「不肯革命」，不敢言消滅君主，故於「人道無成，而天德虧蔽」，既在道德價值上絕無法予以貞定得住，以致吾人之心靈生命遂復亦無所歸屬矣。此與孔子《大易》所創明革命思想，廢除統治階級，自是大異。故熊氏於老莊之說，皆不認同。

　　要之，熊氏認為儒與佛、道三家，誠然有別。三家在宇宙真理之探究與人生之終極關懷，各有造詣，甚至殊塗同歸，無須強分高下；但其所從入之路，則各不同，誠所謂「大道多歧」，而方便有多門，儒重在此而佛、道重在彼，亦無須為之諱也。佛、道二家，固於宇宙論及人生觀上見解迴異，但一言及本體，則佛家之「空」，道家之「無」，同歸虛靜寂滅，內絕妄念，外斷誘因，唯求內心靜止如水，生命直是收斂萎靡，此心若不安，則另求一心，以治其本心之病，只存有而不活動，有本體而無工夫，無法直承本體之縱貫的創生義，更遑論挺立出此一道德主體性，乃縱貫橫說、縱貫橫攝，不能彰顯圓教實義，即未可為圓教。至於孔子所創《大易》之乾元，乃存有之根源，具有主體能動性，而終是要發用，即存有即活動，即本體即工夫，自如其如地開顯其自己，從而挺立出本體之縱貫的創生義之道德主體性，乃是縱貫縱說、縱貫縱攝，於圓教之實義彰顯無遺，故可謂為圓教。而此圓教，即本《大易》生生不息健動無已之精神，於空寂而識生化之源，故無佛家歸於空寂之失，於虛靜而見剛健之德，故無道家流於虛靜之過，一切皆本於乾元創造之德性，剛健無止、生化不已，此即儒家根本精神之所在，是以動而愈出，原泉混混，從而「正德、利用、厚生」，故道德實踐、文化傳承及百姓福祉等皆得以發揮擴展。誠如《明心篇》曰：「余惟孔子敦仁日新之道，足以遍被人天而莫可違，俟諸未來之未來而無所惑」（《全集》七，頁 299），故熊氏之所歸心、宗主，確在孔子。佛、道二家既同歸於空、無，至於其極，必至天地毀、人道絕而後已，儒家則健動不息，善盡其天、人之道，合宇宙為一真實統一之完整機體，故《明心篇》曰：「吾儒體用不二、天人合一，此為探究宇宙人生諸大問題者不可違背之最高原理也」（《全集》七，頁 299），即熊氏雖頗稱

讚佛、道二家，但終以之為不究竟，而唯吾儒聖所言方是究極理境也。

　　以上佛、道二家本體之說，熊氏固不認可；而於西洋哲學本體之說，熊氏亦多所批判，認為西洋學術之來源，一為希臘思想，一為希伯來宗教思想，其〈答徐復觀〉曰：「其來自希臘者在哲學方面，為理智之向外追求；其來自宗教者，為情感上有超越萬有之神之信仰」（《十力語要初續》，《全集》五，頁57），《原儒·原內聖》亦曰：「其哲學上之一元唯心論則受希伯來宗教之影響為最深，偉大之唯心論者如黑格爾氏其所謂絕對精神，即上帝之變形也。……其哲學上之一元唯物論，當初祇是粗而未精之科學思想」（《全集》六，頁637），案希伯來宗教思想，以上帝為唯一之實在，為一切萬物之來源，即上帝乃「第一因」，唯心論者蓋皆受其影響。黑格爾所謂「絕對精神」，乃其絕對觀念論之主要概念，認為宇宙萬物之本質即精神，亦即心靈或思想，而其乃活動的，而非靜止，亦即唯一之絕對者即精神，實為自我存在之中心，而自我實現必臻於圓滿，精神必走出自己而後再回歸自己，乃一無所不包的決定之本性，此實無異「上帝之變形」，而人類有限生命亦唯亟求發現一切皆乃絕對精神之展現，從而發現生存之價值，如此，世界才能為吾人所理解而有其意義。希臘思想則較偏重探討物質宇宙，如泰利斯主張「宇宙的起源是水」，其後亦有主是火，亦有主是氣，亦有主乃一不限定之物，甚至有以宇宙即由水、火、土、氣四種原素構成者，皆以自然為唯一研究對象，而不究其來源，至蘇格拉底始漸向人生真理上加以探索，然唯物論者皆已受其影響。熊氏既以其源皆有所偏，則唯心唯物兩大宗承之而起，自亦必迷謬。《明心篇》曰：

> 從來哲人談本體，大都犯一種錯誤，皆以為本體是絕對的，故曰一元。唯心宗以精神為絕對，而拋去物質；唯物宗以物質為絕對，而斥棄心靈。（《全集》七，頁162）

《乾坤衍》亦曰：

> 唯心論者認為實體祇是精神性，唯物論者認為實體祇是物質性。……唯心論無可說明物質所由有，唯物論亦難說明心靈所由有。……唯心宗執定實體是單純的精神性，所以把精神或心靈拔出於萬物之上去，俾成為變形的天帝。……然而唯物宗把物質看作是一元的實體，易言之，即以宇宙實體為單純的物質性。（《全集》七，頁506～507）

熊氏以為唯心論者之迷謬，即在以精神為唯一，「認為實體祇是精神性」，否定物質，即「唯心宗以精神為絕對，而拋去物質」，故而執定精神現象以為萬物之本始，認為吾人之心靈絕不容置疑，而所有知識皆不能脫離心靈自我之思考作用而獨立存在，至於其極，且將「把精神或心靈拔出於萬物之上去，俾成為變形的天帝」；誠如《原儒‧原內聖》曰：「一，不辨體用是無本也。二，宇宙是以奇偶相反相成，而發展不已，唯心論者乃偏執精神一方面，而捨去物質一方面，即使精神陷於虛無之境，不獨片面之失而已也。三，《易》之精義，坤為理決不可搖也，若否認坤物則窮理者將徒任主觀虛造，而不知徵諸物。物理不明而人事得利者，未之有也」（《全集》六，頁 707），案唯心論之失，即因偏執精神，捨去物質，遂以為只有精神，而無物質，致使精神陷於虛無之境，故對於物質自是缺乏認識，唯以精神先在，是以以精神為本體，堅持唯心一元之說。如此一來，其必否認坤物，不承認物質之存在，只徒任主觀虛造，而不知徵諸物，然既已否定物質，則精神實亦無法存在，而唯僻執精神為唯一實在，且不承認物質為實有，是以只有精神作用，然卻只能作用於無何有之鄉，則又何可以心為唯一實在，故其實已不辨體用矣。熊氏對此，自不認可，蓋心必有待於物，精神必運作於物質之中，若只有心而無物，理定不成。而唯物論者之迷謬，即在以物質為唯一，「認為實體祇是物質性」，否定精神，即「唯物宗以物質為絕對，而斥棄心靈」，故而執定物質現象為萬物之本始，認為一切皆以物質為基礎，而人之所以有思想，亦不過只是物質條件加上腦汁分泌之作用而已，至於其極，則亦「必將以為精神從物質而生」；亦如《原儒‧原內聖》曰：「一曰，對於精神缺乏認識。二曰，心之發現確有待於物質之組織逐漸精密」（《全集》六，頁 713），案唯物論之失，即因由於心之發現，確有待於物質之組織逐漸精密，然當物質之組織尚未精密之時，則未易發現心之存在，亦即精神之存在，遂以為只有物質，而無精神，故對於精神自是缺乏認識，而唯以物質先在，是以以物質為本體，而持唯物一元之說。然事實並非如此，蓋洪濛未判，陽精固與元氣俱充，不可謂宇宙肇開，唯獨有物而無心，若無心之運作，則物又何可成就？故不可因心之運作，大有而無形，健動而不可以力稱，即無視其存在也。誠如《原儒‧原內聖》曰：「《大易》乾神坤質互相含，未有惟獨有精神而無物質之時，亦未有惟獨有物質而無精神之時」（《全集》六，頁 712），故心物同時而有，此理之所無可移矣。要之，唯心唯物兩大宗之迷謬，蓋以宇宙實體為單純性，

皆以其所主之心或物為唯一,即「以為本體是絕對的」,一則以精神為絕對,一則以物質為絕對。案若以精神為一元,則物質又從何而生?若以物質為一元,則精神亦從何而生?而若謂精神可生物質,或物質可生精神,此於因果律,既說不通,且有循理論證之謬。故唯心唯物之說,誠未為圓融也。熊氏且以二義駁之,《明心篇》曰:

> 第一義,絕對即是相對,相對即是絕對,斷乎無有超脫於相對而獨在之絕對也。一為無量,無量為一,斷乎未有超脫於無量世界而獨在之一也。……第二義,……唯心一元論執定本體是精神的,唯物一元論執定本體是物質的,兩說雖有異,而其以本體為單純性,則一也。(《全集》七,頁 162)

熊氏認為本體乃「絕對即是相對,相對即是絕對」,且具生命、物質種種複雜性,是以既「無有超脫於相對而獨在之絕對」,且亦絕不可輕斷其為單純性。故唯心與唯物二宗,由於不知本體具生命、物質種種複雜性,雖以心或物為本體,但卻以之為一元,皆偏執一方,而否定對方,認為本體乃單純性,以致無有變化、發展,其失誠不小也。而其之所以致誤之因,則如《乾坤衍》曰:「彼以剖析之術來求解決宇宙人生根本問題,遂乃將宇宙萬有發展不已、渾淪無間的全體,剖成分段來看」(《全集》七,頁 507),既一切皆以「剖析術」,則宇宙萬有皆成碎裂斷片,唯物論者固如此,唯心論者亦不免,故《乾坤衍》曰:「唯心宗不悟宇宙萬有是完整的全體,竟用剖析法將宇宙分裂開來,而執定精神現象一方面以為萬物之本始。唯物宗反對唯心,而執定物質現象一方面為萬物之本始。其用剖析術與唯心宗不異」(《全集》七,頁 509),如此,則心是心、物是物,以致永無交集而成各各獨立之體耳。

　　總之,熊氏反對佛、道、西洋哲學本體之說,而於儒家,經由第二、三兩章〈《易》學辨正(上)、(下)〉之探討,可見除孔子外,皆不贊同,即使最所傾心之陽明與船山,亦予駁斥。陽明言「即體而言,用在體;即用而言,體在用」,頗有即體即用、即用即體之意,但畢竟體先於用,誠乃偏重於體;而致良知之說,雖為熊氏所讚賞,但以良知為本體,則又為其所不認可。至於船山「乾坤並建」之說,亦與熊氏所言頗有相近處,但熊氏由乾坤之翕闢成變,而即用識體,六爻已足,船山則以乾坤嚮背陰陽十二位半見半隱,乾坤並建而捷立,須擴至於十二爻,頗易令人以為有二元論傾向。故真能得熊氏讚嘆者,洵不多覯,而其對古今中外諸哲人之言本體皆予駁斥,即因其皆

將體用離而為二。唐君毅〈論中西哲學中本體觀念之一種變遷〉即曰：「西洋哲學最初是離現象求本體逐漸有即現象求本體之趨向。中國哲學最初是即現象見本體逐漸卻有離現象求本體之趨向」（《中西哲學思想之比較論文集》，《唐君毅全集》卷十一，頁140），案西洋哲學雖已「逐漸有即現象求本體」，但此趨向是否已至其極，唐氏並未論及，而從其中語意窺之，恐仍以「離現象求本體」之成分居多，熊氏自不予認可；至於中國哲學「最初是即現象見本體」，此即孔子《周易》所已言，熊氏最所暢論之「即用識體」、「體用不二」，然其後「逐漸卻有離現象求本體」，此即「離現象求本體」之成分愈來愈多。可見孔子之道湮沒已久，而此正熊氏從《新論（文言文本）》以至於《乾坤衍》所一再反覆示意，力倡「體用不二」、「即用識體」而終身以之之故也！

第五節　結語

　　經由以上各節之探討，可見熊氏對體、用二字之釋義，有其殊特意，而「體用不二」之要旨，即本體與現象實不可析而為二，猶如大海水與眾漚無別無異，故體用本來不二，雖可分別而說，究不可破析為二。體即是用，用亦即體。由體而言，乾元必顯現翕闢兩大勢用，由用而言，翕闢成變而即用識體。亦即乾元本體自如其如地開顯其自己，乃一縱貫的創生義之道德主體性，雖必經由心靈意識之執取作用而成為有所執，然其終必超越過「執著性、對象化的存有」，進到「無執著性、未對象化的存有」，以兼含「縱貫的道德之創生」與「橫面的概念之執定」，一翕一闢，翕闢成變，而成就此一活生生的實存而有之生活世界。

　　又復應知，本體渾然無象，隱微難見，故於本體無可多說，至於其用，則繁然萬殊，有目皆睹，而唯於現象上見其變化，即由用上以顯體，故尤重在「即用識體」上。此乃熊氏從孔子《大易》抉發而得，確然正視自己，正視宇宙萬有，正視現實世界，是以不用向外而求，即於此現實世界成就裁成天地、輔相萬物之盛德大業。至於佛、道、西洋哲學本體之說，甚至歷來儒者亦不能免，皆以為有一獨立自存而超越乎萬有之上或潛隱於萬有之後之唯一實體，或名天帝、上帝，或稱第一因，或謂絕對精神等等，此實已將自身推出於外，未能肯認自己即是宇宙本體，而唯一味向外尋求。熊氏對此，皆予駁斥。

　　綜觀熊氏所有著作，其反覆示意者，即「體用不二」也。《新論》援佛入

儒，又由佛返儒，其所言者即是此也，至晚年大量刊落佛學內容，純從《大易》入手，其所言者亦是此也。誠如《原儒・原儒序》曰：「內聖外王大備之鴻規，本體現象不二，道器不二，天人不二，心物不二，理欲不二，動靜不二，知行不二，德慧知識不二，成己成物不二」（《全集》六，頁312～313），《體用論》亦曰：「本論以體用不二立宗。本原、現象不許離而為二，真實、變異不許離而為二，絕對、相對不許離而為二，心物不許離而為二，質力不許離而為二，天人不許離而為二」（《全集》七，頁143）〔註34〕，案學問貴在見道，「體用不二」即是熊氏所見之道。故《體用論》續曰：「惟本論體用不二之根本義，自信不為虛妄」（《全集》七，頁 143），《明心篇》亦曰：「余平生宗孔子《大易》，主張體用不二」（《全集》七，頁302），實已表明其心志，而此蓋亦為我中華文化思想之精髓所在。故於熊氏見道之說，誠應予重視，並加以推闡光大焉。

〔註34〕張光成《中國現代哲學的創生原點──熊十力體用思想研究》認為此乃「熊氏哲學體系的綱宗：體用不二體現為『六不二』」，即「本原、現象不二」、「真實、變異不二」、「絕對與相對不二」、「質力與質能不二」、「心物不二」及「天人不二」（頁119～128），請參閱。而究其實，亦不只此「六不二」而已，如《原儒・原儒序》所言即可證，而其極至則「內聖外王大備之鴻規」，即「內聖、外王不二」，如此才是真正之「體用不二」。

第六章　乾元性海

第一節　前言

　　熊氏開宗明義標出「體用不二」宗旨，既凸顯此乃孔子《周易》之精髓，亦是其中心思想所在。然若只是如此，則其說亦不值重視；蓋有宗旨，而無論證，亦將無法穩妥安立，是以宗旨固然重要，論證過程則尤顯精采。故熊氏揭示宗旨後，隨即加以論辯，證成其說。熊氏認為乾元之為本體，乃宇宙萬有之根源，實即一大性海，為一切大用流行之所自出，故常連稱之而謂之「乾元性海」。對於乾元之體悟經過，熊氏亦曾述及，《乾坤衍》曰：

> 乾元、坤元，余少年時初讀《易》，未得其解。少時尊重船山，急取其《易傳》讀之。又嫌其近于二元論，莫敢苟同。平生甚不喜漢《易》。宋人說《易》之書空虛、迂陋，彌覺可厭。……其後，反對佛氏將法性、法相剖作生滅與不生不滅兩界之論，又莫能印可西洋唯心唯物二宗之異執。余乃放捨舊聞，曠然流觀萬物，忽有體用不二之悟。……考驗吾平生所經歷，而深信孔子《周易》一經為真理之藏、大道之府也。（《全集》七，頁 557～558）

案熊氏自少時雖注意及乾元、坤元，但未得其解，此蓋學人所必經之過程也。而船山《周易內、外傳》主「乾坤並建」，熊氏則以其有二元論之虞；對於漢《易》象數之說，頗有無根空談之失，熊氏則甚不喜；而於宋《易》，如伊川《易傳》、朱子《周易本義》等，則不脫天帝與陰陽二氣之影響，熊氏亦不能

贊同〔註1〕。至於「佛氏將法性、法相剖作生滅與不生不滅兩界之論」，終歸於不生不滅之死體，以致反人生、毀宇宙，而「西洋唯心唯物二宗之異執」，即以心或物為唯一實在，但卻互相鄙棄對方之所持者，對於此等說法，自皆為熊氏所反對〔註2〕。熊氏爰乃曠然流觀，「忽有體用不二之悟」，而此正孔子《周易》所已言者。《乾坤衍》曰：

> 乾元者，乾之元。坤元者，坤之元。聖人肯定萬物真實，以萬物為主。故不可同於古代宗教之建立天帝，奉為創造世界、發育萬物之真主。而哲學家建立本體，以說明萬物所由生成者，亦未能脫去宗教之遺習。（《全集》七，頁558）

所謂「乾元者，乾之元」，即乾雖不即是元，但乾必有元，而乾之外亦無元，是以乾元者，即是乾之元；「坤元者，坤之元」，亦然。蓋孔子不肯建立一元，以統萬物，即乾元非是離乾而有，坤元亦非離坤而有。然乾元即是坤元，坤元即是乾元，就乾之勢用而言則曰乾元，就坤之勢用而言則曰坤元，而乾坤乃本體之兩大勢用，是以乾坤既是乾元之兩大勢用，亦是坤元之兩大勢用，故乾元即坤元，非是二元。乾元既非離乾而有，坤元亦非離坤而有，此即「聖人肯定萬物真實，以萬物為主」，乾元、坤元乃即乾、坤兩大勢用而有，而於乾、坤兩大勢用上即可識得乾元、坤元，蓋本體乃萬物之內在根源，而萬物以外，實無有獨立而自存之本體，故欲明乾元本體之性質，即不可離開萬物而逞臆妄說。至若「古代宗教之建立天帝」及「哲學家建立本體」，則向外推求，皆以乾元、坤元為離乾、坤而有，故有本體與現象斷為兩橛之失。

熊氏於乾元本體既深有所悟，即對之加以闡釋，《乾坤衍》曰：

> 余所以不憚反覆其辭者，約有六義：一、……二、一元實體之內部含藏複雜性，非單獨一性可成變動。三、肯定萬物有一元，但一元即是萬物自身本有之內在根源，不可將一元推出於萬物以外去。宗教家之上帝超越于萬物之上，而別為一世界以統萬物。哲學家建立實體，以說明萬物所由始者，其持論或雜于神道，則其過失亦同于宗教。孔子《周易》，攝一元以歸藏于萬物，於是萬物皆為造化主公，萬物皆有自生自育之力，皆有創造一切之威權。四、……五、……

〔註1〕關於熊氏對漢以後《易》學之批評，請參閱第三章〈《易》學辨正（下）〉。
〔註2〕關於熊氏對佛家及西洋哲學之批評，請參閱第五章〈體用不二〉第四節「反對佛、道、西洋哲學本體之說」相關部分。

六、……（《全集》七，頁 592～595）

此體用六義之第二點、第三點，即在對乾元本體之加以分疏，可謂乃熊氏之本體論。熊氏從兩方面以說明乾元本體，一、「一元實體之內部含藏複雜性」，此乾坤第一根本原理，亦即「本體含藏複雜性」，故而「由體起用」、「由體成用」、「原體顯用」；二、「肯定萬物有一元」，此乾坤第二根本原理，亦即從用的方面，再對本體加以肯定，所謂「用必有體」。此雖從兩方面以言，實則只是一義。而此推至其極，熊氏認為即是「天人不二」義，亦即中學於本體論中之特點所在。本章將順此以言，第二節「本體含藏複雜性」，第三節「肯定萬物有一元」，闡明熊氏言乾元本體所具性質之特色為何；第四節「天人不二」，推釋熊氏於本體論中所欲達至之境界。

第二節　本體含藏複雜性

熊氏之學，乃從孔子《周易》而來，其於乾坤二卦領會最深，故於其中自亦抉擇出甚多精意。《乾坤衍》曰：

> 今據二卦推明其旨，約舉四種根本原理，總括孔子《周易》綱要。
>
> 四種者：第一曰，宇宙實體是複雜性，非單純性。（《全集》七，頁505）〔註3〕

案本體就其德性而言，法爾清淨本然，又整全圓滿而不可剖割，乃純粹至精，實可謂之為單純性；但熊氏強調本體備萬理、含萬德、肇萬化，具無量之潛能，有翕、闢兩種勢用，是以謂其具複雜性，故以「宇宙實體是複雜性，非

〔註3〕案熊氏據乾坤二卦約舉出四種根本原理，然只於此明言第一原理為「本體含藏複雜性」，其餘則未言明，唯據其文及「體用六義」之說，當可歸納得出，即「肯定萬物有一元」、「肯定大用」及「用分翕闢」。此四種根本原理，《新論（文言文本）》實亦已抉發，唯其時尚藉由批判改造佛學以言，故未予彰明，至晚年幾部大著，已漸彰顯，尤其《乾坤衍》更予確定。又此四種根本原理之名稱，乃筆者據其意而定之。又方東美《中國人的人生觀》（《中國人生哲學》，頁185～194）、〈哲學三慧〉（《生生之德》，頁 201～204）、〈中國形上學中之宇宙與個人〉（同上，頁 356～358）及《中國哲學精神及其發展》，亦將《易經》歸納出數種原理，唯詳略則互有不同，而《中國哲學精神及其發展》最後出，所言最備，計含四大原理，一、「性之理（即生之理）」，此又含五義：（甲）育種成性義，（乙）開物成務義，（丙）創造不息義，（丁）變化通幾義，（戊）綿延長存義；二、「旁通之理」，此亦涵三義：初就邏輯上言，次就語意學上言，三就形上學言；三、「化育之理」；四、「創造生命即價值實現歷程之理」（上冊，頁 217～223），案此與熊氏所言，其意洵亦相通，可謂不謀而合。

單純性」，即「本體含藏複雜性」，乃乾坤第一根本原理。《明心篇·自序》亦曰：「首申三大義：一曰宇宙實體具有複雜性，非單純性；……」（《全集》七，頁 147），此既為三大通義之一，即熊氏肯定本體性質是複雜的，蓋其乃着重於即用識體，而用分翕闢，翕闢雖相反而正相成，故就其內部含藏無量潛能而言，則本體實含藏複雜性；而謂本體具心靈與物質等複雜性，並不意謂其為對立之二元，而實乃本體之兩方面勢用而已，故由翕闢成變以假說有心與物或精神與物質，是以唯是一元，無有二元。《乾坤衍》又曰：「如果是單純性，即實體內部本無矛盾，如何得起變動、成功用。猶復當知，宇宙萬有動而愈出，此其層出不窮之故，亦不得不推原於宇宙實體內部本含載複雜性」（《全集》七，頁 505～506），此即從宇宙萬有發展不已之全體，以探究本體之性質，而本體則絕非單純性，乃是具有複雜性。若本體是單純性，則必無法起變動、成功用？以其唯是單純一性，故毫無生機而日趨寂滅；而即因本體乃具複雜性，由物質層以進至生命層、心靈層，層層發展而向前邁進，是以宇宙萬有動而愈出，其進進而無已止。《乾坤衍》又曰：

> 惟依萬物發展之完整體，察其性質之不一，而判以乾坤兩大類。則由萬物之不一性，可知實體內部本來含藏複雜性故也。乾〈彖〉於乾，則稱乾之元。明乾性不成於偶然，定有其根源也。坤〈彖〉於坤，則稱坤之元。明坤性不成於偶然，亦定有其根源也。但此根源不在萬物以外。（《全集》七，頁 568）

熊氏認為孔子綜觀宇宙萬物，大略可判以乾坤兩大性質，亦即宇宙萬有實含有乾坤兩大勢用，而乾坤兩大勢用即從乾元、亦即坤元而來，故可知實體內部本含藏複雜性。蓋乾元本體乃一活體，其內部既含藏複雜性，實為一大性海，所有的大用，亦即乾與坤也，其之所以能流行，即皆由此一「乾元性海」中而流出，如此由體起用、由體成用、原體顯用，方可成變化，以顯現繁然萬殊之大用流行，可見本體內部決非一性而已。若是單純一性，則成一死體，何能由體起用乎？且再從即用識體方面以言，則用必有體，更加顯見，是以之所以稱乾之元，即「明乾性不成於偶然，定有其根源」，而以其定有根源故，故知乾性絕不可能成於偶然；坤元亦然。然體用雖分而實不可分，蓋實體乃萬物之內在根源，而不可妄計其在萬物之外，體即是用，用即是體，「體用不二」之義，因以成立。熊氏並舉譬以明，《乾坤衍》曰：

> 吾且舉一譬喻，如穀種子的性質不單純故，遂有生芽、生根榦、生

枝、生葉、開花與結成粒子的種種可能。若種子本無多樣性，則祇
能生芽而已，那得有根幹枝葉以及花和粒子等發展乎？世人有說種
子生了芽，種子便消滅。芽既生，而有根幹、有枝葉、有花和粒子
等，則皆是芽的發展而已。余謂此說甚誤。種子生了芽，種子的形
狀才消滅，而芽的形狀已新生。即此新芽的形狀，便是繼續過去的
種子而以新形出現。種子含藏的多樣性，亦隱與新芽相依俱存，故
種子不曾消滅也。新芽既生以後，根幹和枝葉以及花與粒子先後紛
然俱起，亦都是種子本來含有多樣性之開發也。(《全集》七，頁
506)

案「若種子本無多樣性，則祇能生芽而已，那得有根幹枝葉以及花和粒子等
發展乎」，此猶「如果是單純性，即實體內部本無矛盾，如何得起變動、成功
用」，可見本體誠非單純性，否則即成一死體矣；而「如穀種子的性質不單純
故，遂有生芽、生根幹、生枝、生葉、開花與結成粒子的種種可能」，斯即「宇
宙萬有動而愈出，此其層出不窮之故，亦不得不推原於宇宙實體內部本含載
複雜性」，可見本體含藏複雜性，其乃一活體是也。是以「本體含藏複雜性」，
亦猶「種子含藏的多樣性」一般。蓋種子若非含藏多樣性，只具生芽之單純
性，則種子只有生芽之可能，而無生根幹、生枝葉、……之種種可能，若此
則種子亦不成其為種子；然種子實含藏多樣性，故有生芽、生根幹、……之
種種可能，故種子洵乃一富含多樣性之生機體。質言之，種子即是一大乾元
性海，此性海中，含藏豐富之生機，所有多樣性之形態，芽、根幹、枝葉、
花及粒子，即由此乾元性海中自然而然地顯現為大用流行，而乾坤兩大勢用
亦即由此乾元性海中而流出。可見本體實含藏複雜性，故宇宙萬有才能由物
質層進至生命層，以至心靈層；若本體只是單純性，則宇宙萬有亦必只停留
在物質層而已，焉有生命層、心靈層之出現乎？

　　熊氏既肯定本體含藏複雜性，亦即「乾元性海」之為本體，實為一切大
用流行之所自出，此乃其據孔子《大易》深有體會而悟得者。而乾坤兩〈彖
傳〉開端之辭，更是綱要所在，《乾坤衍》曰：

　　乾之〈彖〉曰：「大哉乾元！萬物資始。」坤之〈彖〉曰：「至哉坤
元！萬物資生。」此二〈彖〉之主旨，亦聖經之弘綱也。始萬物者，
德莫高於乾元，故稱大。承乾生物者，德莫厚於坤元，故稱至。元
者，原也，宇宙實體之稱。乾，為生命和心靈諸現象。坤，為質和

能諸現象。(《全集》七,頁 523)

案「大哉乾元,萬物資始」與「至哉坤元,萬物資生」,自是含藏無量義。乾元之所以曰:「大哉」,即因「始萬物者,德莫高於乾元」,是以萬物皆憑藉乾元而得以「資始」,此其所以稱「大」也;坤元之所以曰:「至哉」,即因「承乾生物者,德莫厚於坤元」,是以萬物皆憑藉坤元而得以「資生」,此其所以稱「至」也。而乾元即坤元,坤元亦即乾元,可見萬物皆由此乾元性海而得以資始、資生。故再進一步言,其核心所在,即「乾元」、「坤元」是也。然此乾元、坤元,實乃一元,並非二元,所謂「元者,原也,宇宙實體之稱」,而之所以云乾元、坤元,蓋宇宙實體有此兩方面之勢用故。所謂「乾,為生命和心靈諸現象」,此乃闢之勢用,故就乾以言元,則曰乾元;而「坤,為質和能諸現象」,斯則翕之勢用,故就坤以言元,則曰坤元。此乃熊氏《易》學之特色所在,亦是《乾坤衍》立論之基礎,更是其「體用不二」論之核心意義、中心思想也。〔註4〕

熊氏既對乾元、坤元深有體悟,故加以推闡,《乾坤衍》曰:

> 乾元一詞,當釋以三義:一、乾不即是元。〔譬如眾漚各各有自相,不即是大海水。〕二、乾必有元。不可說乾是從空無中幻現故。〔……譬如眾漚不是憑空幻現,必有大海水為其本原。〕三、元者,乾之所由成。元成為乾,即為乾之實體。不可說乾以外,有超然獨存于外界之元。〔譬如大海水完全變成眾漚,故大海水即是眾漚的自身。不可說眾漚以外,有超然獨存的大海水。〕夫惟乾以外,無有獨存的元,故於乾而知其即是元。所以說乾元。(《全集》七,頁 523)

> 坤元一詞,亦具三義:一、坤不即是元。二、坤必有元。不可說坤是從空無中幻現故。三、元者,坤之所由成。元成為坤,即為坤之實體。不可說坤以外,有超然獨存于外界之元。既知坤以外無有獨存的元,故於坤而謂其即是元。所以有坤元之名。(《全集》七,頁

〔註4〕案熊氏之重視「乾元」、「坤元」,要亦非為無因,蓋乾之卦辭:「元亨利貞」,坤之卦辭亦然,其本是占筮之辭,乃「大通而利於正固」之意,而〈文言〉雖以「四德」言之,然均莫如〈象傳〉之以「元」字配合卦名「乾」字、「坤」字,而成「乾元」、「坤元」之來得富含哲理也。又關於「元亨利貞」之義,請參閱筆者《易》「元亨利貞」辨》(《鵝湖》第 512 期)。

523～524）

首先，「乾不即是元」、「坤不即是元」。案乾、坤二卦乃六十四卦之首，乾為天、坤為地，其之所以名乾、名坤，而不名天、名地，即因乾坤乃本體之兩大勢用，而天、地則較有本體意味。誠如孔穎達《周易正義》曰：「此乾卦本以象天，天乃積諸陽氣而成天，故此卦六爻，皆陽畫成卦也。此既象天，何不謂之天而謂之乾者？天者，定體之名；乾者，體用之稱，故〈說卦〉云：『乾，健也』，言天之體，以健為用，聖人作《易》，本以教人，欲使人法天之用，不法天之體，故名乾，不名天也」，伊川《易傳》亦曰：「乾，天也。天者天之形體，乾者天之性情。乾，健也，健而无息之謂乾」，案「此乾卦本以象天」，所謂「乾，天也」，然誠如孔氏所言，聖人作《易》以教人，乃「欲使人法天之用，不法天之體」，即法用不法體，職是之故，「故名乾，不名天也」，其之所以不謂之為「天」卦者，蓋「天者，定體之名」、「天者天之形體」，天之形體既是定體，則其指謂誠有一定而不可移易之意，而此一定而不可移易者，則易令人以之為本體，故而聖人「不法天之體」，是以「不謂之天」；而其之所以謂之為「乾」卦者，蓋「乾者，體用之稱」、「乾者天之性情」，乾既是指「體用」之稱而言，亦即天之性情，誠如〈說卦〉云：「乾，健也」，故其意謂乾實乃一作用，亦即「言天之體以健為用」、「乾，健也，健而无息之謂乾」，故而聖人「欲使人法天之用」，是以「謂之乾者」。坤卦亦然。可見乾坤兩卦，既「名乾不名天」，即是法天之用而不法天之體，是以乾坤實非本體之謂，而乃本體之兩大勢用，亦即乾、坤乃用也，非體也，故「乾不即是元」、「坤不即是元」，此猶「眾漚各各有自相，不即是大海水」。此中尤須注意者，即孔氏等以「天乃積諸陽氣而成」，蓋以乾坤為陰陽二氣，熊氏則認為乾坤非指陰陽二氣而言，而應為兩大勢用，《乾坤衍》曰：「乾為生命和心靈，萬物各各稟之以成性命。坤為質和能，萬物各各稟之以成形體。故坤不即是元，乾亦不即是元也」（《全集》七，頁565），案乾雖本為健之義，坤雖本為順之義，然此二種性質正表乾坤非為陰陽二氣，而乃兩大勢用，「乾為生命和心靈」，生命和心靈有健健不息之性質，是以「萬物各各稟之以成性命」，而「坤為質和能」，質和能有陰柔順成之性質，是以「萬物各各稟之以成形體」。故乾坤實乃表生命和心靈、質和能兩大勢用，而絕非如漢、宋及明、清諸《易》家

所以為之陰陽二氣也〔註5〕。其次，「乾必有元。不可說乾是從空無中幻現故」、「坤必有元。不可說坤是從空無中幻現故」。案乾雖不即是元，但「乾必有元」，若乾而無元，則乾亦不成其為乾，是以「不可說乾是從空無中幻現故」，蓋用必有體，有體才成用，絕無無體而有用，此猶「眾漚不是憑空幻現，必有大海水為其本原」；坤卦亦然。是以《乾坤衍》曰：「離乾坤即無萬物，離萬物亦無乾坤。故曰乾坤即萬物也。萬物之形與性，豈是無根無源，從空無中幻現得來乎？」（《全集》七，頁565）案萬物既稟乾以成性，即具有健健不息之性質，而可成為生命和心靈，既稟坤以成形，即具有陰柔順成之性質，而可成為質和能。是以乾坤亦即萬物，萬物亦即乾坤，而「離乾坤即無萬物，離萬物亦無乾坤」，以其不可相離，若相離則無彼此，故乾坤實即萬物也。萬物既皆稟乾坤以成性成形，而乾坤可顯現為繁然萬殊之大用流行，有目皆睹，粲然彰著，絕非從空無中幻現，乃是實然而存在者，是以「萬物之形與性，豈是無根無源」，而其必從乾元此一大性海中而來也。故《乾坤衍》續曰：「孔子作《周易》，創發乾坤首六十四卦之奧義，始揭示一元。元，猶俗云根源也。蓋以乾坤或萬物不是從空無中忽然幻現，定有根源故」（《全集》七，頁565），案萬物、乾坤既非從空無中幻現得來，絕非無根無源，蓋乾坤乃乾元本體之兩大勢用，是以乾坤、萬物之根源即乾元本體，亦即「以乾坤或萬物不是從空無中忽然幻現，定有根源故」，故謂「乾必有元」、「坤必有元」，而乾坤既必有其元，是以絕不可以乾坤乃空無而幻現者，亦可明矣。最後，「元者，乾之所由成。元成為乾，即為乾之實體。不可說乾以外，有超然獨存于外界之元。……」坤元亦然。案乾元者，即乾之元也，而乾雖不即是元，但乾必有其元，所謂「元者，乾之所由成」，而乾之外亦無有所謂之元也，即「元成為乾，即為乾之實體」，是以乾元者，即是乾之元也，故「不可說乾以外，有超然獨存于外界之元」，蓋即用而識體，本體亦絕不離於此用上而可向外別求，此猶「大海水完全變成眾漚，故大海水即是眾漚的自身」；坤元亦然。故乾元既非離乾而有，即乃乾之實體，而乾之外亦無元，是以「惟乾以外，無有獨

〔註5〕《乾坤衍》曰：「余釋乾為生命、心靈，坤為質和能。此義決定，遠在五十歲以前。正以其有孔子遺文可證耳」（《全集》七，頁 569），案熊氏「遠在五十歲以前」，即已根據孔子《周易》而決定「乾為生命、心靈，坤為質和能」，亦即自《新論（文言文本）》問世以來，甚至更早，以至晚年，皆是如此認定，始終一貫。

存的元，故於乾而知其即是元」，此其所以曰「乾元」也；坤元亦然〔註6〕。熊氏並從文法結構、脩辭法式之角度，予以說明，《乾坤衍》曰：「兩〈彖傳〉之乾元、坤元二名，正是以乾坤為主詞，而元之名乃依從于兩主詞而立。乾為主詞故，則以其所有之元稱為乾之元。故乾元一名，是以元依從於乾，乾為主詞故也。坤為主詞故，則以其所有之元稱為坤之元。故坤元一名，是以元依從於坤，坤為主詞故也」（《全集》七，頁 570），案熊氏認為乾元既非離乾而有，坤元亦非離坤而有，是以乾元、坤元之名，乃以乾坤為主，即「以乾坤為主詞」，以萬物統元也，而元則依於乾坤而有，即「元之名乃依從于兩主詞而立」，誠非以元統萬物也。是以孔子不肯建立一元，不以乾元、坤元以統萬物，蓋「乾元一名，是以元依從於乾，乾為主詞故」，故以乾坤或萬物以統元耳；亦即乾元與坤元，此二名之所以得立，即因用依主之例，以乾、坤為主詞，而其則依從於此兩主詞故也。然乾元即坤元，坤元即乾元，就乾之勢用而言，曰乾元，就坤之勢用而言，曰坤元。而乾坤既為本體之兩大勢用，是以乾坤即乾元之兩大勢用，亦是坤元之兩大勢用，故乾元即坤元，坤元即乾元，唯是一元，非為二元也。

　　熊氏既以三義明乾元、坤元，然此中最值注意者，即乾元與坤元，唯是一元，而非為二元也。蓋乾坤既為主詞，元則依從於乾坤，就乾以言元，則為乾元，就坤以言元，則為坤元，而乾元實即坤元，坤元亦即乾元，是以《乾坤衍》曰：「乾元、坤元，唯是一元，不可誤作二元。剋就乾而明示其元，則曰乾元；剋就坤而明示其元，則曰坤元。實則元，一而已」、「夫惟了悟乾坤一元者，則說坤之元即是乾之元，亦應說乾之元即是坤之元」（《全集》七，

〔註6〕熊氏對此強調有加，一再反覆示意，《乾坤衍》曰：「乾元者，乾之元，非謂乾即是元。但若悟到乾之元不是離乾而獨存，則一言乎乾而其元即在是，不妨說乾即是元也。坤元者，坤之元，非謂坤即是元。但若悟到坤之元不是離坤而獨存，則一言乎坤而其元即在是，不妨說坤即是元也」、「聖人以乾健、坤順，兩性相反相成，闡明大生廣生之盛。健順者，本為萬物實體內部所含藏之兩性。故於乾健之性而稱其有元，是曰乾之元；於坤順之性亦稱其有元，是曰坤之元。乾坤異性而皆稱其有元，明其為一元之所含藏也」（《全集》七，頁564、頁570），案以上所言，皆顯示乾雖不即是元，即「非謂乾即是元」，但乾必有元，蓋「健順者，本為萬物實體內部所含藏之兩性」，健者乾之性，順者坤之性，「故於乾健之性而稱其有元，是曰乾之元」，而乾之外亦無元，故乾元者，即是乾之元也，蓋「乾之元不是離乾而獨存，則一言乎乾而其元即在是，不妨說乾即是元也」；坤元亦然。

頁 524、頁 525），可見熊氏之持乾坤一元之說，甚是堅篤。《乾坤衍》曰：

> 元，一而已。焉得有二？……孔子《周易》之實體論，確然肯定有
> 一元。（《全集》七，頁 565～566）

案熊氏歸納孔子《周易》之義例，認為最重要者有三，而「乾坤互含」則最為首要〔註7〕。歷來儒者皆將乾坤二卦視為二物，斷為兩橛；熊氏則確認孔子《周易》有乾坤互含之例，蓋乾坤同本乎一元實體，實不可將乾坤剖作兩物。乾卦中既有坤象，坤卦中亦有乾象。是以舉乾即含坤，蓋言乾變，即乾幹運乎坤，故含有坤化，此乾含坤也；而言坤亦含乾，蓋言坤化，即坤含載乎乾，故含有乾變，此坤含乾也。舉乾即含坤，言坤亦含乾，乾坤既互相含受，可見乾坤確實互含。乾坤既互含，是以乾元實即坤元，坤元亦即乾元，蓋「元，一而已」，唯是一元，無有二元，此所謂「乾坤一元」也。熊氏唯恐此意不易為人知曉，故又特予說明，《乾坤衍》曰：

> 萬物各有的內在根源，即是萬物共有之一元。萬物共有之一元，即
> 是萬物各有的內在根源。萬物本來是互相聯繫、互相貫穿、互相含
> 入、互相流通，不可分割、不可隔絕之全體。故就全體來說，萬物
> 是共一根源。就每一物來說，每一物是各有內在根源。其實，根源
> 一而已矣。析義成說，則有萬物「共有」、「各有」之異其辭耳。（《全
> 集》七，頁 566）

夫若推致開來，又何止乾坤互含而已，實則「萬物本來是互相聯繫」，宇宙萬有誠為一整體，乃一「不可隔絕之全體」，而非碎裂片斷，故乾坤一元既是萬物各各自有之內在根源，同時亦是萬物彼此共有之根源。前者即所謂「各有」也，而「萬物各有的內在根源，即是萬物共有之一元」；至於後者即「共有」也，而「萬物共有之一元，即是萬物各有的內在根源」。案乾坤一體，而全體萬物亦是一體，「故就全體來說，萬物是共一根源」，蓋本體乃整全的，且非離吾人之內心而外在，而整全之本體既顯現為每一分，則每一分即來自於整全本體，此所以謂「共有」，即萬物統體一太極；而「就每一物來說，每一物是各有內在根源」，蓋每一分既皆得自整全之本體，故每一分又皆具足整全的，吾人之宇宙皆是整全本體之直接顯現，而整全之本體亦非超越於吾人之上而

〔註7〕關於熊氏對「乾坤互含」此義例之說明，請參閱第四章〈理論設準〉第四節「象與義例」相關部分。

獨在者，此所以謂「各有」，即一物各具一太極也〔註8〕。且不論共有或各有，
皆本於乾元，亦即坤元，故唯一元，非是二元，即乾坤一元是也〔註9〕。熊氏
並舉譬以明，《乾坤衍》曰：

> 譬如佛氏首說五識：一眼識、二耳識、三鼻識、四舌識、五身識。
> 實則識祇是一。唯就眼根，依于一識之作用而能視色，則立眼識之
> 名；就耳根，依于一識之作用而能聽聲，則立耳識之名；乃至身根，
> 依于一識之作用而有一切觸覺，則立身識之名。實則識唯是一。豈
> 可破析作五片乎？（《全集》七，頁524）

〔註8〕熊氏即批評莊子不明「共有」、「各有」之義，高談天地萬物共有，而忽視每一
物各有，故有二失，《乾坤衍》曰：「一、泛稱天地萬物共有，則生命將成為莽
蕩無依據。二、忽視天地萬物各各獨有生命，便陷於虛無主義。」（《全集》七，
頁658）

〔註9〕景海峰《熊十力》曰：「熊十力少時即喜易學，……在他二十四歲那年初讀《程
氏易傳》時，便留下了三點深刻的印象，其中『二是坤卦中說行地無疆謂健也
一段，由此引發了某種感悟，於此悟得坤以乾為體。坤之言，原實即乾元也，
坤不是別為一個源頭』」（頁70），又文中之「引文」出處，景氏加註曰：「《存
齋隨筆》，未刊稿」，案景氏引文中「坤之言」之「言」，應為「元」，蓋是手民
誤植；又此引文乃景氏據熊氏《存齋隨筆》未刊稿，唯《全集》七及台北鵝湖
版《存齋隨筆》，皆未見此文，蓋已刪去；抑乃見於熊氏他書，而為景氏誤引，
然此可能性極低，蓋景氏明言「《存齋隨筆》，未刊稿」，則與先此所出版之各
著，實則不易清混也。又《示要》卷一曰：「及閱《列子・天瑞篇》：『粥熊曰：
運轉無已，天地密移，疇覺之哉？』張處度注曰：『夫萬物與化為體，體隨化
而遷，……』至此，忽脫然神悟，喜曰：吾向以天地萬物，為離於吾之身心而
獨在也。而豈知天地與我並生，萬物與我為一耶？……偶閱《列子》忽爾觸悟，
天地萬物本吾一體，須向天地萬物同體處，即萬化大源處，認識本心。……余
讀《列子》，約在二十五歲左右」（《全集》三，頁630～634），案《列子》之
作者及其真偽問題，或以為乃偽書，甚至懷疑真有其人，但亦有持相反意見者；
請參閱嚴靈峯編《無求備齋列子集成》第十二冊「列子辨偽」、又其《列子辯
誣及其中心思想》之〈自序〉、正文（頁1～11）及「附錄」三「辯列子書不
後於莊子書」，周紹賢《列子要義》（頁1～17），莊萬壽《新譯列子讀本》（頁
1～26），楊伯峻《列子集釋》「附錄」三「辨偽文字輯略」，嚴北溟、嚴捷《列
子譯注・前言》，蕭登福《列子探微》（頁1～20），王強模《列子・前言》及
馬達《列子真偽考辨》等。唯就內容而論，其云「運轉無已」，《大戴禮記・
哀公問於孔子》亦有「貴其不已」之語，其云「天地密移，疇覺之哉？」張湛
（處度）則注曰：「此則莊子舟壑之義」，故不論其是否為偽書，皆我中華文化
之智慧結晶，此無可疑也。且書之真偽，無涉乎其價值問題，真的未必便佳，
偽的更可能有真金，是以於真中辨其偽，更須於偽中求其真。故熊氏由此而悟，
並不損其真實性；而其甚早即悟得坤元即乾元，乾元坤元唯是一元，且宇宙萬
物與我為一體，非是離於吾心之外而獨在者，並於往後著作，更加證成此說。

案人身雖有五識，此乃就五官分別而言，其作用實皆根源於心，是以「識祇是一」，即五官皆根源於心，而心只是一，「豈可破析作五片乎」，誠不可謂有五心也。至於唯識家將五識增至八識，以八識為各各獨立，有其各各不同之種子，熊氏自是極破其謬。要之，若將其破析為五，甚至破析為八，以為各各獨立，即以眼根、耳根為例，二者既互不相干，而各有其元，眼根有其元，即眼識也，耳根有其元，即耳識也，則視聽無由相通相濟，其餘亦然，以至手足、五臟、百體，甚至萬物全體，莫不皆然。故《乾坤衍》曰：

> 現象誠不得不分殊，而其元則一耳。唯就乾以言元，則稱乾元；就坤以言元，則稱坤元。亦猶眼等五根，所依之識本一。而就眼根以言識，則曰眼識；乃至就身根以言識，則曰身識。（《全集》七，頁524）

案人身雖有各個部位，此「現象誠不得不分殊」，目視耳聽，手持足行，雖各有所職，但非各自獨立，誠如陽明〈答顧東橋書〉曰：「目不恥其無聰，而耳之所涉，目必營焉；足不恥其無執，而手之所探，足必前焉」（《傳習錄》中），其乃互相含受，元氣充周，血脈條暢，以濟一身之用，故「其元則一」，如此方可相通相濟。是以「就乾以言元，則稱乾元」，此如「眼等五根，所依之識本一」，五根所依之識本一，則乾、坤所依之元，亦本來是一，非是二也，誠無可疑。

熊氏既以乾坤一元，故認為自古傳來之「太極圖」，應正名為「乾坤一元圖」。《乾坤衍》曰：

> 此圖表示一元實體之內部含藏乾陽、坤陰兩性，即性靈與質能複雜性皆緼于其中。全是乾坤兩〈象傳〉之旨。其名為「太極圖」，當是六國時術數家改易之名，其原名今不可考。余斷之以義，今當正名乾坤一元圖。（《全集》七，頁574）

對於「太極圖」與〈太極圖說〉，熊氏認為應分別以觀〔註10〕。濂溪〈太極圖說〉雖據「太極圖」而作，但於其上又加一圓圈，以為無極，則「無極而太極」，實易令人以為太極本於無極，太極之上更有無極。熊氏認為此乃深受道家「無」之思想之影響，是以反對。而「太極圖」，圖中之太極表示本是無對之全體，而其內含陰陽二性，正是乾坤二卦之義，昭示本體內含陰陽，含藏

〔註10〕關於熊氏對「太極圖」與〈太極圖說〉之辨，請參閱第三章《易》學辨正（下）第四節「辨流」相關部分。

複雜性，而非單純性，即「一元實體之內部含藏乾陽、坤陰兩性，即性靈與質能複雜性皆縕于其中」，此正深得乾坤二卦之旨。船山對「太極圖」亦極稱賞，其《周易內傳‧發例》曰：「乾坤並建，為《周易》之綱宗，……周子之圖，準此而立」、「太極一圖，所以開示乾坤並建之實，為人道之所自立」，故熊氏以「太極圖」實出自孔門，「全是乾坤兩〈象傳〉之旨」，亦非無據，且並斷之以義，認為實應正名為「乾坤一元圖」。案「太極圖」也好，「乾坤一元圖」也罷，甚至「太極圖」是否出自孔門，亦無所謂，凡此皆熊氏個人之見；其是非對錯，且姑勿論。然此皆在在表明，熊氏確信乾元即是坤元，坤元即是乾元，唯是一元，萬勿誤作二元，而乾元、坤元既是一元，此所以稱之為「乾坤一元」是也。

　　綜上所論，熊氏既直從《大易》揭出「乾元」，以為吾人本具固有而生生不息健動無已之本體，而以其乃一切大用流行之所自出，實為一大性海，故熊氏連稱之為「乾元性海」，且此即其所常言之本心、性智之謂，亦即《新論》中其義下所謂之「唯識」也。唯熊氏至晚年，則以「乾元」以取代「唯識」之說。案《新論（語體文本）‧新唯識論全部印行記》曰：

> 識者，心之異名。唯者，顯其殊特。即萬化之原而名以本心，是最殊特。言其勝用，則宰物而不為物役，亦足徵殊特。《新論》究萬殊而歸一本，要在反之此心，是故以唯識彰名。（《全集》三，頁3～4）

熊氏透過對佛家有宗之批判，既遮境執，復除識執，直接拈出「本心」，以代替有宗識心之執之「識」（即「習心」），已將有宗之識心，改造成本心，此本心力用殊特，可為萬化之原，亦即可為本體，而不再只是停留於用上之兩勢用之一而已。此本心宰物而不為物役，而宰字乃作主之意，非是宰制之宰，亦即本體能為現象之主；且本心能究萬殊而歸一本，萬殊即指現象，一本即指本體，亦即現象歸本於本體。因本心之力用殊特，可為萬象之體，故謂之「唯識」，然此「識」者，即是「本心」之心，乃是真實的，可作為本體的，與有宗「唯識」舊義已大不相同。要之，熊氏認為識與境只是用上之兩種勢用，亦即本心所顯現之用，由此可知，在識與境上，實有一本心可為其本體，然此本體並非是離識、境而有，亦即不離心、物二勢用而有，乃是不即不離的。熊氏此種方式，乃「義兼遮表」，即認為有宗之「唯識」並非了義，故由非正面或反面來撥除，此即「遮詮」法，然後即從正面以詮釋其所界定意義

下之「唯識」應是何義，斯則「表詮」法。而此乃熊氏經由對有宗與空宗之判別，予以明確界定，所謂「遮詮」，《新論（語體文本）》曰：「遮詮欲令人悟諸法本來皆空，故以緣起說破除諸法，即顯諸法都無自性」（《全集》三，頁 219），即對所詮釋之道理，無法直表，故針對其妄執處，想方設法以攻破之，令其自悟；所謂「表詮」，《新論（語體文本）》曰：「表詮承認諸法是有，而以緣起義來說明諸法所由成就」（《全集》三，頁 219），即對所詮釋之道理，予以直接宣示，使人一目瞭然。熊氏並將此二法融合，誠如《新論（文言文本）》曰：「遮撥謬執此動的勢用為從官境生者，而動的勢用非物質之作用，即於此而表示明白，故云義兼遮表」（《全集》二，頁 30），此方式雖「義兼遮表」，實則乃先遮後表也。唯熊氏雖藉助其說以言，但未必與佛家本義盡同。而此雖先遮而後表，既有破又有立，但仍不免令人誤解，以為熊氏所謂之唯識與有宗之唯識，其實無異，或雖有異然卻不易分清。且「義兼遮表」固然重要，而表尤重於遮，蓋有遮無表，不成其義，而無遮有表，則仍不失其之所以立論也。是以熊氏至晚年即揚棄《新論》「唯識」之義，而直接從《大易》乾元立說，雖云其亦是經由對歷代《易》學之辨正，再從而說出己意，猶似「義兼遮表」，然若與《新論》比對而觀，則《乾坤衍》已捨棄佛家之說，而從乾坤兩〈象傳〉以言，縱有辨正，皆是直從儒家入手，而大本一立，即直抒所見，實較《新論》之葛藤纏繞，更見出其份量。且其所直表之「乾元」，既為吾人本具固有而生生不息健動無已之本體，以其含藏複雜性，即乾坤兩大勢用，能起變化而成功用，實為一大性海，乃一活體，而非死體，其動而愈出而生機無限，乃吾人之所以成為一活生生的實存而有之內在根源，故可謂之為「存有的根源」。誠如林安梧《存有・意識與實踐》曰：

> 就「活生生的實存而有」這樣的存有而言，它是一種無執著性的、未對象化前的存有，這是境識俱泯、主客未分的狀態下的存有，從此再往上邁越，究極來說，這是「存有的根源」——「X」，它意味著存有無盡的開放性與可能性。這存有的根源——「X」，必然的要開顯其自己，它不停留在境識俱泯、主客未分的階段，它的開顯是由於「人」這個「活生生的實存而有」所喚醒的，從存有的根源——「X」開顯出來，就是從存有走出來，這是境識俱起、主客不分的。（頁 104）

案本體之能作為「存有的根源」——「X」，即因「X」——「它意味著存有無

盡的開放性與可能性」，故人之所以為人，人之所以可以成為一活生生的實存而有，即因人之作為存有實含「無盡的開放性與可能性」，是以「有為者，亦若是」，而「人皆可以為堯舜」，只要將自己作為存有所含無盡的開放性與可能性完全發揮出來，向此世界顯現即可。且此存有的根源──「Ｘ」，即乾元也，「必然的要開顯其自己」，將自己無盡的開放性與可能性發揮至極，此可謂之：「乾元開顯」，從存有走出來，向世界走進去，一切皆在此乾元開顯中得以喚醒、彰顯。可見乾元作為吾人本具固有而生生不息健動無已之本體，實是吾人之所以成為一活生生的實存而有之內在根源，而人之所以異於禽獸者之幾希，即此乾元是也。故禽獸無之，只能成其為一存在而已，而人則因此乾元而得以成其為一活生生的實存而有。是以乾〈彖〉以「大哉」稱乾元，而熊氏亦亟稱之，並以之代替昔之「唯識」之說，要非無因，實以乾元本體含藏複雜性，稱體起用，即存有即活動，故萬物皆資之以生，而乾坤兩大勢用，則起變化而成功用，由用顯體，即活動即存有，吾人生命即在此中得以開顯，成為一活生生的實存而有，而此世界亦因之而成為一活生生的實存而有之生活世界。

第三節　肯定萬物有一元

　　熊氏推明《周易》乾坤二卦之旨，抉擇精意，第一根本原理「本體含藏複雜性」既明，進而可探求第二根本原理。然其第二根本原理為何？即「肯定萬物有一元」。此從用之方面，對本體再予肯定，蓋「用必有體」，大用流行顯現為繁然萬殊之宇宙萬有，乃因渾然無象之本體能起變化而成功用，故萬物必有其元，所謂乾元性海是也，而有體必有用，用亦必有其體，體用雖分而實不可分，即於大用流行上識得必有本源，否則即無由起變化、成功用，而成無原之論矣。故《乾坤衍》曰：

> 聖人於乾元，言「萬物資始」；……始之為言，蓋推原宇宙太初、洪荒未啟時，萬物將由未形而始有形。其形之始也，蓋乾道變化，自然而有形耳。（《全集》七，頁525）

> 於坤元言「萬物資生」者：坤化成物。物既成，便有自力，而以形相生。蓋自乾道變化，坤乃承乾而成物，於是有萬物以形相生之事。（《全集》七，頁525～526）

案乾元之所以稱「大哉」，乃因始萬物者，德莫高於乾元，是以萬物皆憑藉乾元而得以「資始」，而「始」也者，其為何也？即「萬物將由未形而始有形」，蓋萬物將由此乾元性海而得以資始；坤元之所以稱「至哉」，則因承乾生物者，德莫厚於坤元，是以萬物皆憑藉坤元而得以「資生」，而「生」也者，其為何也？即「便有自力，而以形相生」，蓋萬物亦將由此乾元性海而得以資生。可見乾元、坤元乃可起變化、成功用，故萬物能資始與資生，而始者之「由未形而始有形」，亦即「乾道變化，自然而有形」，至於生者之「以形相生」，亦即「坤乃承乾而成物，於是有萬物以形相生之事」。故始與生之義，稍微有別。然雖稍別，但二者乃相反相成，缺一不可。《乾坤衍》即曰：

> 故乾道變化以始萬物者，是為先物之功。坤承乾而既成物，萬物乃以形相生。至此，則乾元潛在於萬物中而主導之，決不可求乾元于萬物之外。是故萬物資乎乾元而大始以後，遂以形相生，無已止。乾元亦遍在于萬物，無時而不為萬物之始也。（《全集》七，頁526）

案乾元之所以能萬物資始，雖無形體可見，乃因其代表生命和心靈等性質，是以微妙難窺，但「乾道變化以始萬物者，是為先物之功」，終不可廢，否則生命、心靈無由作用。坤元之所以能萬物資生，而使萬物粲然彰顯，即因「坤承乾而既成物，萬物乃以形相生」，是以其質和能等性質俱有作用可見。亦即坤元之所以能以形相生，即因乾道始物之功，即默運於萬物以形相生之中，此即乾道未嘗停其生生之幾，未嘗捨其剛健炤明升進諸德性而不以賦予於萬物，是以坤乃承乾而萬物得以以形相生，而此形中即有無形之剛健炤明升進諸德性在，故而成為一完具生命和心靈與質和能之全體。《明心篇》亦曰：「洪惟《大易》，以乾表示生命、心靈，以坤表示物質、能力。乾為陽性，明生命、心靈有剛健、炤明諸德性也。坤為陰性，明質、力之闇而無知也。乾坤同為一元之所成，一元不是超脫乾坤而獨在」（《全集》七，頁265～266）。是以乾元之所以萬物資始，即因「乾元潛在於萬物中而主導之，決不可求乾元于萬物之外」，故而萬物既資乎乾元而大始以後，遂以形相生，而無有已止，亦已含有坤元萬物資生之「遂以形相生」之意，而坤元之所以萬物資生，即因「乾元亦遍在于萬物，無時而不為萬物之始」，亦已含有乾元萬物資始之「遍在于萬物」之意。故始與生之義，稍不無別，而實一貫。乾元既可萬物資始，坤元則可萬物資生，亦即「本體含藏複雜性」，此乃從體之方面以言；而此義亦

即萬物皆憑藉乾元而得以資始，皆憑藉坤元而得以資生，萬物既憑藉乾元、坤元而得以資始、資生，而以形相生，生命和心靈與質和能等性質同時俱有，此乃從用之方面以言，尤可見出乾元本體之義。而「資始」、「資生」之「始」字、「生」字固重要，然兩「資」字亦不可輕忽，《乾坤衍》曰：

> 萬物「資始」、「資生」，此兩「資」字，皆訓為取。取之義，大矣哉！乾之〈象〉辭，說萬物資取於乾元，而成其大始。此其脩辭之法式，即明示萬物直將一元實體完全資取得來，以成就自己。易言之，萬物各各皆資取于一元，以立定自己大始之基，將發展無已。坤之〈象〉辭，說萬物資取於坤元，而承乾以成物。於是萬物得盡自力，盛弘化育，以形相生。備有乾坤「大生」、「廣生」之德於自己，豈不盛哉！（《全集》七，頁 527）

案兩「資」字，皆訓為「取」，即「資取」之意。萬物「資」始，即「萬物資取於乾元，而成其大始」，萬物「資」生，即萬物「資取於坤元，而成其大生」，可見萬物乃是主詞，其資取乾元、坤元以成其始其生，此「明示萬物直將一元實體完全資取得來」。萬物既資取於乾元以成其大始，即「萬物各各皆資取于一元」，故可由此「以立定自己大始之基」，從而「將發展無已」，且其將發展無已，以成其「大生」之德；又資取於坤元以成其大生，亦即「萬物得盡自力」，亦可由此「盛弘化育」，從而「以形相生」，且其必以形相生，以成其「廣生」之德。而其既將發展無已以成「大生」之德，且必以形相生以成「廣生」之德，故萬物洵「備有乾坤『大生』、『廣生』之德於自己」。是以一元實體固為根本，誠乃重要，故而萬物直將一元實體完全資取得來；然萬物既將一元實體完全資取得來，以成其始其生，而成大生、廣生之德，故而萬物乃是主詞，亦為重點所在。蓋一元實體其猶如天也，而萬物其猶人也，所謂「人能弘道，非道弘人」，唯有以萬物為主，而經由人之努力，亦即人方是真正之主體能動性，主動權乃在己而不在彼，而由吾人主體能動性之實踐，始能開啟一元實體其之所以為一元實體，方可由此以合天也。故《乾坤衍》曰：

> 綜觀兩〈象〉辭，可見《大易》立義，直捷肯定萬物，直捷以萬物為主。一元實體，萬物既資取之，即為自己所本有之自根自源，一元本是萬物之真實自體。萬物以外，無有超然獨存之一元。（《全集》七，頁 527）

熊氏認為《大易》「直捷肯定萬物，直捷以萬物為主」，此亦即肯定萬物乃真

實的。然而，推本溯源，萬物之所以真實不虛，即因將一元實體完全資取得來，故一元實體亦必是真實不虛。是以「一元實體，萬物既資取之，即為自己所本有之自根自源」，此實不僅直捷肯定萬物，直捷以萬物為主，而更「肯定萬物有一元」，蓋「一元本是萬物之真實自體」，猶如大海水乃眾漚之自身，而「萬物以外，無有超然獨存之一元」，此即眾漚以外亦無有獨存之大海水。而此乃熊氏從乾坤兩〈象傳〉開端之辭悟得而來，並極予強調，《乾坤衍》曰：

> 乾坤兩〈象傳〉，首言乾元、坤元，何耶？今略說二義：一曰，萬物之實體，其內部含藏複雜性。二曰，實體是萬物之內在根源，不可妄計實體在萬物以外。（《全集》七，頁 563）

> 余以二義釋乾元、坤元。二義者：一、實體內部含藏複雜性，決非一性。二、實體是萬物的內在根源，不可妄猜實體在萬物以外。（《全集》七，頁 567）

案「萬物之實體，其內部含藏複雜性」，即「本體含藏複雜性」，此亦是熊氏所常言之「乾元性海」，而一切大用流行即皆自此乾元性海中流出；至於「實體是萬物之內在根源，不可妄計實體在萬物以外」，即「肯定萬物有一元」，而由乾坤大用之流行顯現上，即可窺乾元此一大性海之真實无妄，洵非一虛體或死體也。又復應知，「本體含藏複雜性」，固是對本體之界定，此即從乾元性海本身以明其之所以為本體；而「肯定萬物有一元」，更是對本體之分疏，此即從大用流行方面以明其之所以為本體也。且必合此兩方面以言，更可見出乾元性海之為本體之周備完善。《乾坤衍》曰：

> 《大易》肯定萬物有元，顧獨以元攝歸萬物。即是萬物為主。而元，乃為萬物各有之元，亦是萬物共有之元。如此，則萬物統元，非元統萬物也。（《全集》七，頁 567）

> 余詳究孔子《周易》，其在宇宙論，本肯定有一元實體；但其持論之宗要，實以乾坤或萬物為主。而收攝一元實體，以歸藏於萬物。（《全集》七，頁 622）

案宗教家乃以天帝為主，故以萬物皆依帝力而生，此以天帝為一元實體，萬物皆依此一元而生，而哲學家則建元以統萬物，其思想頗雜於神道，此更以一元實體為萬物之所出，其與天帝神道觀念實無異也。熊氏則認為聖人之所以不曰一元生乾、生坤，即是不像宗教家或哲學家之建立一元而以統萬物，是以謂之「乾元」、「坤元」，即是直捷肯定萬物，直捷以萬物為主，直捷肯定

萬物有一元，而其之所以曰「元」者，「乃為萬物各有之元」，所謂一物各具
一太極，「亦是萬物共有之元」，所謂萬物統體一太極；且不論是「各有」或
「共有」，皆本於乾元，而乾元亦即坤元，悉皆「肯定有一元實體」，此乃根
本不同於宗教家之天帝與哲學家之一性論者。然此一元實體乃攝歸於萬物之
中，亦即萬有之本體，即是萬有之自身，萬有之自身，即是萬有之本體，亦
即一元實體乃乾坤或萬物之真實自體，而非離開乾坤或萬物而獨在，直捷肯
定以萬物為主，乃「以元攝歸萬物」，此即「收攝一元實體，以歸藏於萬物」，
而非如宗教家或哲學家之以一元實體為主。故肯定萬物有一元，其實不僅肯
定有一元實體，而更直捷肯定萬物，直捷以萬物為主。是以熊氏認為孔子《大
易》收攝一元實體，以歸藏於萬物，即以元攝歸於萬物，此即「以萬物統元」，
而宗教家或哲學家，則是「以元統萬物」；亦即孔子乃以萬物統元，「攝體歸
用」，而非以元統萬物，「攝用歸體」也。此實乃熊氏從孔子《大易》所抉發
出者，而與宗教家或哲學家最大差別之處。

　　且再進一步言，熊氏之「體用不二」論，雖云乃就「即用識體」而言，
但在《新論》中，其既盛言「攝用歸體」，頗甚重視本體，強調境不離識、離
識無境，質言之，即心外無體也。是以所謂「見心乃云見體」，其所重視之本
體，乃此「本心」，而此本心既是吾人本自具有，乃吾人反求自識之憑依，復
又通極於道體，而為宇宙萬有之根源。亦即本心乃是能變的，由此能變之本
心，而演化出此一具體外顯之宇宙世界，所謂「境識一體」、「境識不二」、「境
識俱起」，境識乃一起俱有，亦是一起俱滅，是以此一具體外顯之宇宙世界，
皆不離於此本心，實即在吾人本心之中，亦不出於吾人本心之外。故《新論
（語體文本）》「附錄」〈答問難〉曰：

> 《新論》根本意思，在遮遣法相而證會實體，超出知解而深窮神化，
> 伏除情識而透悟本心。（《全集》三，頁 498～499）

《新論（刪定本）·附錄》（《全集》六，頁 279）亦再重複此意，可見熊氏於
此實極着重於本心，以之為唯一之本體，而繁然萬殊之宇宙萬有，無非乃此
本心之所變現、顯影而已。此外在之宇宙世界縱或只一時存在，甚至有如剎
那之短暫，但熊氏認為「本心」畢竟真實不虛，因其並非「習心」，故此本心
之所貫注之宇宙世界，亦絕非虛無、空幻，即其亦是真實不虛。然而，問題
亦即在此。本心之真實不虛，並不必然保證宇宙萬有亦真實不虛；反之，若
本心之真實不虛，即保證宇宙萬有亦真實不虛，則熊氏於佛家之說，實毋庸

反對，而亦不須於「舊唯識」中，另創其「新唯識」也。蓋「佛氏本心」，以心為萬物萬事萬理之本，所謂「三界唯心，萬法唯識」，一切萬變萬化皆是心識之所變現，只此心識乃唯一真實，是以「攝用歸體」，此即法相家所立四重出體中之「攝相歸性體」，乃攝一切有為之萬差事相，使歸於唯一無為之真如實性，頗有以體為真而忽略大用之失，即以元統萬物，將萬物攝歸於一元實體之中，遂把一切萬事萬物的萬變萬化之客觀實在性掃蕩除盡，而成一空幻虛無之世界。此亦熊氏被認為與佛家相近，而有同趨於寂滅之所在，且其亦不諱言，若視之為一新的佛家，亦無不可。又《原儒・原學統》曰：「故道家之學在攝用歸體，以主一為究竟」、「關尹、老聃攝用歸體，遂『主之以太一』」（《全集》六，頁352、頁355），《乾坤衍》曰：「莊子之學亦是攝用歸體，其影響極壞」（《全集》七，頁549），即熊氏並以道家與佛家無異，皆主「攝用歸體」，而滯於空無也。而熊氏之言「攝用歸體」，乃在說明體之重要，實與佛、道二家有異，蓋其亦常言「融體歸用」〔註11〕、「會性入相」〔註12〕、「舉體成用」〔註13〕，故對於用自不會予以否定。然則，其既言「攝用歸體」，則必着重於體，忽略大用流行，頗有與佛家之說同歸於不生不滅之死體之嫌。是以熊氏後來即對「攝用歸體」加以否定，蓋既強調「即用顯體」，則重點乃在由用上而得以識體，所謂「融體歸用」、「會性入相」、「舉體成用」，乃以萬物統元，直捷肯定萬物，直捷以萬物為主，而將一元實體攝歸於萬物之中，此之謂「攝體歸用」耳。至《體用論》（《全集》七，頁19），熊氏雖猶言「攝用歸體」，此字面上不自覺之承襲《新論》，究其實，其亦曰：「余以為宇宙萬化、萬變、萬物、萬事，真真實實，活活躍躍，宏富無竭」（《全集》七，頁94），極強調大用，而完全肯定萬物真實，已有「攝體歸用」之意。故至《乾坤衍》則斷然言「攝體歸用」，而貶斥「攝用歸體」，其意亦即在此，企圖將本體論、宇宙論與人生論予以融通，以見其本心乃真實不虛，宇宙萬有亦真實不虛，而人生之一切種種，更顯其乃一活生生的實存而有之生活世界。《乾坤衍》曰：

〔註11〕《新論〔語體文本〕》曰：「本論談體用，有時須分疏，有時須融會，〔或融體歸用，或攝用歸體，皆融會之謂。〕」（《全集》三，頁254）

〔註12〕《新論〔語體文本〕》曰：「本論攝用歸體，故說功能即是真如；會性入相，故說真如亦名功能。」（《全集》三，頁247～248；又見《新論〔刪定本〕》，《全集》六，頁153～154）

〔註13〕〈為諸生授新唯識論開講詞〉曰：「攝用歸體，心物俱泯，一真無待；舉體成用，心物俱現，萬有紛若」、「《新論》明舉體成用，絕對即是相對；攝用歸體，相對即是絕對」（《摧惑顯宗記・附錄》，《全集》五，頁542、頁543）。

攝體歸用，則萬物皆有內在根源。既是真實不虛，自然變異日新，
萬物所以不倦於創造也。攝體歸用，即是將實體收歸萬物，方知萬
物真實。（《全集》七，頁548）

要之，熊氏於《新論》言「攝用歸體」，乃着重言本體乃真實的，故原體顯用，
用亦應是真實；其雖不至於否定大用，亦極反對宗教家或哲學家之妄想有一
超越於現象之外而獨存之實體，但其更肯認本心為唯一本體，仍着重於內聖
方面，將萬物攝歸於一元實體之中，雖凸顯吾人具縱貫的創生義之道德主體
性，卻忽略於現象之變化，故於外王方面，如何實行民主、發展科學等，頗
有不足，而用既廢，則體亦無實，似有體用各自分離之過。至《乾坤衍》則
駁斥「攝用歸體」，極言「攝體歸用」，而用既乃真實，則不僅用之各各所具
之相，亦應是真實，且由大用流行即可識得乾元性海之本體，復應亦是真實
不虛，即用真而體亦真，自無體用剖作二界之失。是以「攝體歸用」，亦即「攝
性歸相」、「攝真歸俗」，以萬物統元，將一元實體攝歸於萬物之中，即以現象
為主，肯定現象真實，方知萬物亦是真實，一切皆以萬物、現象為主，落實
於政治、社會等人生論上，而本體既原是萬物、現象之自體，則本體自應是
真實不虛，既由內聖以開出外王，且由外王以成就內聖，此非只承認體、性
為真，而更加強調用、相、俗，以之皆為真實，由此而見體與用皆具體可識，
而非虛無空幻，且體即是用，用即是體，即體即用，即用即體，必得如此，
方成其為一內聖與外王亦不二之「體用不二」論也。〔註14〕

〔註14〕案熊氏於《新論（刪定本）‧附錄》（《全集》六，頁279）及《體用論》（《全
集》七，頁19）皆言「攝用歸體」，蓋在強調體之重要，然至此時，則肯認孔
子《周易》乃「攝體歸用」，而非「攝用歸體」，而「攝用歸體」乃佛、道二
家之說，兩者有絕大不同。對於熊氏前後所言，應分別而觀，善予理解，方
不致誤。請參閱第一章〈最後定論〉第四節「體用六義」、第五章〈體用不二〉
第二節『體』、『用』釋義及第七章〈大用流行〉第二節「肯定大用」相關
部分。又張岱年〈憶熊十力先生〉即曰：「他於30年代提出自己的獨特的哲
學理論『新唯識論』，到50年代至60年代，更重發新見，提出『攝體歸用』
的實體學說」、「熊先生早年依據佛學，宣揚『離識無境』、『諸行無實』（見《新
唯識論》），晚年捨佛歸《易》，明確肯定萬物真實，他說：『宇宙萬化，萬變
萬物萬事，真真實實，活活躍躍，宏富無竭，……』（《體用論》）於是提出『攝
體歸用』之說：『攝體歸用，則萬物皆有內在根源，……』（《乾坤衍》）」（《張
岱年全集》第八卷，頁449、頁450），張光成《中國現代哲學的創生原點》
亦曰：「這樣，他早年《新唯識論》的『攝用歸體』就演進為『攝體歸用』。
邏輯地說，如果說本體是真實的，那麼舉體成用，用也應是真實的。而用既
是真實的，那用之各具之相亦應是真實的。這樣，在《體用論》、《原儒》、《乾

然而，此中關鍵之所在，熊氏認為即須對《大易》之脩辭法式，應有相當認識。《乾坤衍》曰：

> 聖人本肯定萬物有元，但不許以元為超脫萬物而獨存。故其修辭，不曰由一元生乾與坤，是不許以一元統萬物也。乾〈象〉曰乾元，則元是乾所有之元。坤〈象〉曰坤元，則元亦是坤所有之元。聖人以一元依從於乾坤，即是不以一元統萬物，任萬物之同於大通。（《全集》七，頁 570～571）

案熊氏認為孔子「以一元依從於乾坤」，即以乾坤統元，而乾坤即萬物，故即以萬物統元，蓋以萬物為主也，是以「肯定萬物有元」，而萬物雖有元，「但不許以元為超脫萬物而獨存」，若離於萬物即無所謂之元也。而既以萬物統元，絕非由一元生乾與坤，蓋既以萬物為主，而乾坤亦即萬物，故是以乾坤統元，而非由一元生乾與坤。既非一元實體以生乾與坤，即不以一元統萬物，蓋其乃以萬物或乾坤以統元也。要之，以萬物統元，而非以元統萬物，誠乃孔子《大易》之大關鍵處所在。亦即孔子誠非以元統萬物，相反地，即將元攝歸於萬物，乃攝體歸用，既不廢用以立體，則用實而體亦真，而絕非攝用歸體，則雖立體而廢用，而用既廢則體亦無實。且其既以萬物統元，故能直捷肯定萬物，直捷以萬物為主，肯定萬物乃真實不虛耳。熊氏極強調《大易》之脩辭法式，以其甚為特別，《乾坤衍》續曰：

> 乾元、坤元二名，以一元依從于乾坤，隱寓不許以一元統萬物之密意，千古莫得解人。《大易》一經，貫穿名、數、性、靈、質、力，而成茲偉典。（《全集》七，頁 571）

案熊氏認為「《大易》一經，貫穿名、數、性、靈、質、力」，蓋名數以為經，即陰陽、卦爻、七八九六等等之謂，而性靈質力以為緯，即陰陽、卦爻等所傳達之意義，是以廣宇長宙之中，陰陽相盪，性靈與質力相推，非質、力無以見性、靈，非性、靈無以呈質、力，而凡質力者即坤也，凡性靈者即乾也，而融性靈質力於陰陽名數之中，則性靈與質力並不相對立，且由乾坤翕闢成變而即用識體，以見天地萬物實為一體，既相感通，又相涵攝，且是相覆載，即此可見《大易》之道，執簡御繁，而無所不包。故若不明瞭《大易》之脩

坤衍》等著作中就完成了它的邏輯的圓滿化——會體歸用。會體歸用即是『實體收歸萬物』」（頁 28）。又郭齊勇《熊十力與中國傳統文化》（頁 93～94、頁 110 註 3）、《熊十力思想研究》（頁 87～99）、景海峰《熊十力》（頁 206～210）及吳汝鈞《純粹力動現象學》（頁 10～12）亦論及此，請參閱。

辭法式，則於其弘綱要旨自無法悟入，而對乾元、坤元二名之義例，自必無法理解。而於乾元、坤元，若不識其實為一元，卻以之為二元，則於乾元此一大性海，乃一切大用流行之所自出之意，則必未由識得。而於乾、坤，若不識其乃大用流行之兩大勢用，則於翕闢成變而即用識體之意，亦必不可得知矣。

由上可見，必於《大易》之脩辭法式徹底明瞭，則於其義理方能真正體會。《乾坤衍》曰：

> 孔子惟不肯建元，以統萬物。故必說實體是萬物之內在根源，萬物以外，無有獨存之實體，遂成體用不二之論。此義本不列第二，而以首明實體內部含藏複雜性故，故以此義次之。體用不二，即是實體不在萬物以外。實體不在萬物以外，則欲明了實體之性質者，必不可離開萬物而逞臆妄說。（《全集》七，頁 567）

案「肯定萬物有一元」本不列第二，以先明「本體含藏複雜性」故，是以列第二，但此亦不損其重要性，蓋孔子不肯建元，以統萬物，即不以元統萬物，乃以萬物為主，直捷肯定萬物，而以元攝歸萬物，即以萬物統元也。可見以元統萬物與以萬物統元，兩者誠有大異。以元統萬物，亦即「攝用歸體」，故用既廢而體亦不實，而以萬物統元，亦即「攝體歸用」，則即其用而識其體亦真。以元統萬物，則以一元實體為主，勢將遺萬物而不知，而唯向外推求另一物，以為自身之本體，是以空有內聖，而無外王；以萬物統元，則直捷肯定萬物，以萬物為主，既不遺萬物，同時亦肯定萬物有一元，即於外王中，而成就內聖。要之，熊氏認為本體含藏複雜性，乾元乃吾人本具固有而生生不息健動無已之本體，乃吾人之所以成為一活生生的實存而有之內在根源，此「存有的根源」──「X」，自是不容忽略，故列為第一義。但其從另一方面，更肯定萬物有一元，而此雖列第二義，實則尤較第一義為重要。蓋乾元必得開顯，存有的根源──「X」，必然地要開顯其自己，使自己無盡之開放性與可能性完全發揮，通極於道，從存有走出來，向世界走進去，而就此一活生生的實存而有之生活世界中，喚醒、彰顯吾人，使吾人成為一活生生的實存而有。以第一義而言，即本體含藏複雜性，故能稱體起用，即存有即活動，由此固可顯乾元乃一活體，而非死體，其乃是能活動的；但從第二義言，即肯定萬物有一元，由乾坤兩大勢用翕闢成變，而起變化、成功用，是以由用顯體，即活動即存有，則更可顯出此一宇宙萬有乃是真實無妄，是以直捷

肯定萬物，直捷以萬物為主，直捷肯定萬物有一元，而此一元實體即攝歸於萬物之中。故本體含藏複雜性，「即存有即活動」，猶強調其本體義，而肯定萬物有一元，「即活動即存有」，則強調其作用義。衡以象山、陽明「心即理」之說，就着重在本體義，故說為「理」，就着重在作用義，故說為「心」，而象山、陽明並不言「理即心」，而曰「心即理」，即重在作用義上說，所謂「心即理」者，亦即「即活動即存有」也。可見「即活動即存有」乃是「即存有即活動」之充分必要條件，若無此義，則第一義亦不成。是以熊氏之言乾元本體，即「存有的根源」——「X」，必以二義，是以若不肯定萬物有一元，即不先肯定萬物真實，以萬物為主，則本體之所以含藏複雜性，亦必盡成空談。換言之，必先肯定此世界乃一活生生的實存而有之生活世界，而非虛幻無實，吾人才能將本具固有而生生不息健動無已之乾元，自如其如地發揮出其無盡的開放性與可能性來，而使自己成為一活生生的實存而有。或者再換另一方式以言，此二義乃是互相補足，即存有而即活動，即活動而即存有，兩者缺一不可，故本體含藏複雜性與肯定萬物有一元，同是對乾元此一存有的根源之不同方面的兩種說明，而其殊途同歸，皆所以表明乾元性海此一含有無量義之義也。

　　誠然，以上二義俱備，則乾元本體之義更顯，而以元攝歸於萬物，即以萬物統元，攝體歸用，非如佛家之攝用歸體，是以直捷肯定萬物，乃以萬物為主，既可免於遺萬物而不知，而唯向外推求之失，且能由此而通向於外王，以開顯出此一活生生的實存而有之生活世界。《乾坤衍》即曰：「是故就內聖學言，根本反對宗教之天帝及哲學之雜於神道思想者。要歸於克治小己之私、宏其天地萬物一體之量。就外王學言，根本消滅統治。『首出庶物』，以裁成天地、輔相萬物為大業。以『群龍無首』，為人道『皇極』」（《全集》七，頁571），職是之故，內聖、外王兼備，本體、萬物俱予肯定，自無宗教家或哲學家遺萬物而空求本體之失也。由於熊氏所謂之「體用不二」，乃要求內聖與外王兼備之不二，乾元性海必顯現為大用流行，蓋大用若不流行，則此性海亦只成一死海而已，而乾元既無法開顯，即絕不可能達致「羣龍无首」之境界。是以熊氏進一步加以發揮，認為乾坤兩〈象傳〉開端之辭十六字，既如此之重要，已將本體分疏清楚，而於萬物亦直捷予以肯定，故其後之辭，亦皆是此十六字之發揮。「大哉乾元，萬物資始」，是以能「乃統天」；「至哉坤元，萬物資生」，故能「乃順承天」。此「乃統天」與「乃順承天」之義，亦

甚重要，《乾坤衍》曰：

> 統者，統御之謂。九家訓為繼、鄭玄訓為本，皆為古宗教思想所迷，不可從。……天者，蒼然大圜中無量諸天體，是物質凝成之大物也。而先民則於此，認為上帝的形體。……孔子反對古術數家以乾為天之陽氣，以坤為天之陰氣。而說乾為心靈，坤為物質。故孔子言乾統天者，即是心靈統御物質。（《全集》七，頁534～535）

案「乃統天」之「統」字，《九家易》訓為「繼」（見李氏《周易集解》卷第一），鄭玄訓為「本」（見陸氏《經典釋文》卷第二），其意實同，亦即乾元乃繼承天，乃本於天之意，若此，則「天」乃乾元之所本，則此天無疑更在乾元之上，猶如太極之上更有一無極，乃指「上帝的形體」而言，而對之則起超越感，並申皈依之心，熊氏以此「皆為古宗教思想所迷」，故不可從。熊氏認為天者非指上帝之形體，乃「蒼然大圜中無量諸天體，是物質凝成之大物」，是以「統」字即不可訓為「繼」或「本」，而是「統御」之謂，故乃統天，即「心靈統御物質」。熊氏進一步認為，乃統天與乃順承天之「天」，其義有別，《乾坤衍》曰：

> 乾〈象〉統天之天字，本謂諸天體，即太空之無量大物也。其云統天者，謂心靈統御諸天大物也。……萬物本來同一大生命，充沛流行，無間無熄。斡運乎無量物質世界中者，偉哉，其惟大生乎！故曰心靈統御物質也。（《全集》七，頁596）

> 「乃順承天」者：此中天字與乾〈象〉統天之天字，互不同所指。乾〈象〉統天，謂乾道統御坤物也。……坤卦中言「順承天」。此「天」字則不是指坤物而名之，乃是指乾道而名之也。（《全集》七，頁637～638）

案「乃統天」之「天」與「乃順承天」之「天」，歷來諸《易》家大抵皆以為同意，即指與地相對之天而言。若此，則乾元統御天，坤元則順承於天，即天統御地、地順承天，天地既隔絕，終必至〈繫辭傳〉所云：「天尊地卑」及〈說卦傳〉所云：「天地定位」，而斷為兩橛。熊氏則認為此兩「天」字，其所指稱者實有異也，切勿將之等同。「乃統天」之「天」，固是「本謂諸天體，即太空之無量大物」；是以「乃統天」之意，即「心靈統御物質」、「乾道統御坤物」，《乾坤衍》即總結曰：「乾卦說『統天』，是乾統御坤，陽統御陰，生命心靈統御物質」（《全集》七，頁638）。而「乃順承天」之「天」，則不可如

「乃統天」之「天」而釋為太空之無量大物，即此兩天字實「互不同所指」，蓋「此『天』字則不是指坤物而名之」，而應是「指乾道而名之」；是以「乃順承天」之意，即諸天大物順承心靈、坤物順承乾道，《乾坤衍》亦總結曰：「坤卦說『順承天』，是坤順以承乾，陰順以承陽，物質順承生命心靈」（《全集》七，頁 638）。熊氏此解，誠甚合理，兩天字確實互不同所指，而乾元乃統天、坤元乃順承天之意，亦因之以顯。乾乃生命、心靈，其性剛健、生生、昭明、自勝而不至於化成物，而坤化成物，然物成則發展偏勝，生命力乃為物質所錮閉而不得顯，是以乾道幹運乎坤物之中而轉化之，坤物則順承乾道之化而與之俱升，亦即生命力即默運乎物質之中，終能改造閉塞重濁之物而為生機體，因之生命遂出現，故而宇宙之發展，才可由物質層先凝成，而後有生命層、心靈層之相繼出現，廣宇長宙亦因之得以穩妥安立。要之，乾元統天之「天」，乃諸天體之謂，而坤元順承天之「天」，則指乾元而言，故其意即「乾陽統坤陰，而坤陰順承乾陽」，此亦即乾統坤承也，是以乾元尤有主導之功，既可統御諸天大物，亦可幹運於坤物之中，是以所謂「心靈統御物質」、「乾道統御坤物」，即可從兩方面言，《乾坤衍》曰：

> 云何心統物？姑從兩方略言之。兩方者：一、從宇宙發展言。二、從心主動以開物之事實言。（《全集》七，頁 535）

> 總之，統天之義，大概就心靈統御諸天體、大物而說。實亦通指生命幹運物質而言。（《全集》七，頁 597）

案一、「從宇宙發展言」，亦即指心靈能統御諸天體大物而言，二、「從心主動以開物之事實言」，亦即指生命能幹運於物質之中而言。此雖分從兩方面言，而其實乃相貫通的。然乾陽雖統坤陰，生命力雖統物質，而坤陰即順承乾陽，物質即順承生命力，誠如《乾坤衍》曰：「夫惟乾陽統御坤陰而陰與陽同功，生命心靈統御物質而物與靈合德」（《全集》七，頁 639～640），是以坤陰與乾陽同功，坤元亦即乾元，兩者缺一不可，而要皆不可廢，此宇宙人生之所以成立，而方有裁成天地，輔相萬物，恢弘乾道統坤之大業可言。然要成此乾道統坤之大業，則貴在吾人在根本致力處毋以心為形役；蓋吾人常不能存養心靈，以為獨立體之主宰，反而將獨立體任意役使，摧毀心靈，造作種種罪惡，此即心為形役。故熊氏認為切須毋以心為形役，誠如《乾坤衍》曰：「人若能返求其本心之所安，常存養此心，俾其得主宰乎獨立體」（《全集》七，頁 639），此則心靈能作自我主宰，既不為形所役，且能主宰乎形。由此更進

一步，尤須善用吾人已發展極盛之心靈作用，亦如《乾坤衍》曰：「吾人肯運用此心之明幾，……即足以裁成天地，變化、改造、操縱乎萬物」（《全集》七，頁 597），若此，則乾道統坤之大業既可恢弘，而裁成天地、輔相萬物之功亦可成就，所謂「人能弘道，非道弘人」，唯有吾人稟著剛健、生生、炤明、自勝而不至於化成物之生命、心靈，以統御、幹運於坤陰之質和能之中，而轉化之以與之俱升，亦即翕闢成變、乾統坤承，乾闢既主動以開導坤，坤翕則亦承乾而起化，以是陰與陽同功，物與靈合德，如此則造化之機自當生生不息，文化慧命亦將永續常存矣。

第四節　天人不二

綜上所言，熊氏從兩方面說明乾元本體，一、「本體含藏複雜性」，此乾坤第一根本原理，即「由體起用」、「由體成用」、「原體顯用」，所謂即存有即活動，即本體即工夫；二、「肯定萬物有一元」，此乾坤第二根本原理，即「用必有體」，即活動即存有，即工夫即本體，從用的方面再對本體加以肯定。此兩根本原理，從兩方面加以分疏乾元本體，實則唯是一義，體即是用，用即是體，「體用不二」是也。而此推至其極，即是中學於本體論中特點所在之「天人不二」義；另一義則是中學於宇宙論中特點所在之「心物不二」義。《原儒・原內聖》即曰：「然開端頗欲將中學特點，略舉其二：一曰中學在本體論中之天人不二義；二曰中學在宇宙論中之心物不二義」（《全集》六，頁 556～557），熊氏認為經由孔子制作《大易》，創明「體用不二」思想，而此二義始發揮光大，故此實可視為孔子之創作也。〔註 15〕

案歷來儒者大抵常以「天人合一」為言，唐君毅〈如何了解中國哲學上天人合一之根本觀念〉即曰：「天人合一是中國哲學上的中心觀念……所以在中國哲學上一直流行著，天人合德，天人不二，……」（《中西哲學思想之比較論文集》，《唐君毅全集》卷十一，頁 128），〈中國哲學中天人關係論之演變〉

〔註 15〕《原儒・原儒序》曰：「〈原內聖篇〉約分三段，從開端至談天人為第一段，談心物為第二段，總論孔子之人生思想與宇宙論而特詳於《大易》是為第三段」（《全集》六，頁 312），據此，則第一段言「天人不二」義，第二段言「心物不二」義，第三段則總結以言孔子《大易》，而「天人不二」與「心物不二」二義，皆包含於其中，乃中學於本體論與宇宙論之特點所在，即此益可見《大易》之重要。又此節先言熊氏之論「天人不二」義，至其論「心物不二」義，則於第七章〈大用流行〉第四節「心物不二」言之。

亦曰：「然在中國哲學中則一向持天人合一之觀念，宇宙人生素未分為二」（同上，頁282），即此可見「天人合一」之重要，而「天人合一」，實亦即「天人不二」也。但唐氏〈如何了解中國哲學上天人合一之根本觀念〉續曰：「天指宇宙，人指人，……人如此之小，宇宙如彼之大，如何能合一？」（同上，頁128）誠然，則孔子是否即認為「天人合一」？此皆易啟人疑竇。而之所以如此，即因對「天人合一」此一觀念有所誤解，誠如馮滬祥《天人合一》曰：

> 有人誤以為，「天」只是物質性的天，甚至只能代表氮氣與氧氣，因而「天」「人」怎麼可能合一？……還有人誤認為，「天人合一」會妨礙科學進展，所以人類應以征服自然為能事。殊不知近代西方正因這種「天人二分」，過份強調征服自然，已經造成種種環境危機。……很多人至今仍誤認為人類應為世界中心，所以自命可以駕凌萬物之上，對萬物均可奴役做為己用。殊不知這種「天人對立」的人類本位主義，已經造成嚴重的生態破壞；……（頁3～5）

案「天人合一」之天，並非如唯物論者所認為的物質性之天，且其更重要之義，即應是精神象徵之義理天，如此一來，人才能有所提升，進而以人心上通天心，並以此仁心悲憫萬物，即可由精神象徵之義理天，擴展至物質性之天，才不致以人為世界之中心，且能平等地對待宇宙萬物，方可避免「天人二分」、「天人對立」等弊端。《周易》乾〈文言〉曰：「夫大人者，與天地合其德，與日月合其明，與四時合其序，與鬼神合其吉凶」，《孟子·盡心上》亦曰：「夫君子所過者化，所存者神，上下與天地同流」，《莊子》亦曰：「天地與我並生，而萬物與我為一」（〈齊物論〉）、「內直者，與天為徒」（〈人間世〉）等，可見不論儒、道皆早已有「天人合一」之說〔註16〕。故孔子若真有贊《易》

〔註16〕案韋政通編《中國哲學辭典大全》收有陳榮捷〈天人合一〉一條文（頁147～149），其開頭曰：「儒家天人合一之思想，上源於《易經·乾卦傳》之『與天地合其德』與《中庸》之『與天地參』。較早于《莊子》之『與天為徒』。至宋而為理學一基本觀念，歷元明清而無異說」（頁147），後陳氏編著《中國哲學文獻選編（上）》第一章〈人文精神之發展〉亦收錄此條文（頁38～40），且於此章開頭曰：「中國哲學史的特色，一言以蔽之，可以說是人文主義，但此種人文主義並不否認或忽略超越力量，而是主張天人可以合一」（頁29），可見中國思想肇端之初，「天人合一」即是居於主流地位之思潮也。又《中庸》曰：「自誠明，謂之性；自明誠，謂之教。誠則明矣，明則誠矣」，王天恨《四書白話句解》（頁55）及謝冰瑩等《新譯四書讀本》（頁49）皆謂此章乃子思發明「天人合一」之要義；若此，則在子思之前，必已有此思想，亦可斷矣。又方東美《中國形上學中之宇宙與個人》即謂乾〈文言〉之說乃「強調人性

之事，則「夫大人者，與天地合其德」之語，即可證孔子實有天人合一之說。
至於天人如何合一，誠如《孟子·盡心上》曰：「盡其心者，知其性也。……
存其心，養其性，所以事天也」，〈中庸〉亦曰：「唯天下至誠，為能盡其性；……
可以贊天地之化育，則可以與天地參矣」，此等說法雖能道出其所以然，但太
過直接，以致對於具體步驟之說明，似嫌籠統。孟子雖又謹嚴大人、小人之
別，《孟子·告子上》即曰：「從其大體為大人，從其小體為小人」，但仍稍簡。
荀子則在孟子之基礎上，向前邁進，《荀子·哀公》藉哀公之問而孔子答以「人
有五儀」，即「有庸人、有士、有君子、有賢人、有大聖」等五品，而至大聖
則可「知通乎大道，應變而不窮，辨乎萬物之情性者也」，則頗能道出其具體
步驟，可見聖人乃可努力以達致者，即「人皆可以為堯舜」也。《大戴禮記·
哀公問五義》亦藉哀公問政而孔子對以所謂「庸人」、「士」、「君子」、「賢人」
及「聖人」等五義，而至聖人則可「配乎天地，參乎日月，雜於雲蜺，總要
萬物」，此承荀子而來，其意更顯。要之，人確可經由理性之發展，致其「存
養」、「盡性」等功夫，而逐步地超昇，由庸人以至於士、君子、賢人，最後
發展至聖人境界，而既達致聖人境界，故能稱理而行，德配天地，妙贊化育，
而與天地參，此無異即與天合德，亦即天人可以合一。而不論孟子、荀子，
以至《大戴禮記》，皆啟自孔子，故謂孔子有此觀念，亦不為過。又 1973 年
12 月長沙馬王堆出土帛書，及 1993 年 10 月荊門郭店楚墓出土竹簡中，皆有
〈五行篇〉，其言「五行」，乃指「仁、智、義、禮、聖」（此帛書順序），亦
即「仁、義、禮、智、聖」（此楚簡順序），而非「金、木、水、火、土」，則

之內在價值畲含闡弘、發揚光大，妙與宇宙秩序合德無間。（……簡言之，是
謂『天人合德』。）」（《生生之德》，頁 354）《新儒家哲學十八講》亦曰：「綜
觀中國的學術思想，先秦時講『天人合德』，漢儒雖陋，也要講『天人合一』，
下逮宋明清儒，尤重『明天人之際』，講『天人不二』」（頁 81），張岱年《中
國哲學大綱》亦曰：「關於人與宇宙之關係，中國哲學中有一特異的學說，即
天人合一論」（《張岱年全集》第二卷，頁 202），《中國倫理思想研究》亦曰：
「『天人合一』觀念，源遠流長，在思想史上有一個發展演變的過程」（同上
第三卷，頁 637），〈中國哲學中「天人合一」思想的剖析〉亦曰：「中國傳統
哲學，從先秦時代至明清時期，大多數（不是全部）哲學家都宣揚一個基本
觀點，即『天人合一』」（同上第五卷，頁 610），韋政通〈人與自然的關係──
─和諧宇宙觀的現代反思〉亦曰：「天人合德的思想，是原始儒家在長期的人
文思想的運動中所得的重要成果之一」（《中國思想傳統的創造轉化》，頁 280），
李澤厚《中國古代思想史論》亦曰：「『天人合一』觀念成熟在先秦。《左傳》
中有許多論述，孔、孟、老、莊……都從不同角度不同方面提出了這種觀念」
（頁 339）。

從德目方面立論，而為天人「如何」合一提供一有力佐證。許倬雲《中國文化的發展過程》曰：

> 五行不是金、木、水、火、土五種元素，而是仁、義、禮、智、聖五項德目，其中仁、義、禮、智在同一個層次，聖居更高的層次。《五行篇》是佚書，它的出現有助解決天人之際如何交匯的難題。荀子將孟子與子思歸為一家，以為這一家的思想為討論五行。龐樸以為《五行篇》是子思、孟子後學討論五行的著作。（頁11）〔註17〕

案「五行說」在古代即有種種異說〔註18〕，然以指「金木水火土」為最盛行；而今之所出土之〈五行篇〉，不論帛書或楚簡，其所云之「五行」，則絕非指「金木水火土」而言，而乃「仁義禮智聖」之謂，故此又多一解矣。且細究其實，《荀子·非十二子》即謂子思、孟子「案往舊造說，謂之五行」，楊倞注曰：「五行：五常，仁、義、禮、智、信是也」，又鄭玄之注〈中庸〉「天命之謂性」曰：「天命，謂天所命生人者也，是謂性。命木神則仁，金神則義，火神則禮，水神則信，土神則知」，皆以五行為「五常」也。梁啟雄《荀子簡釋》（頁63）及北京大學哲學系之《荀子新注》（頁81）等皆從楊倞之說，又章太炎〈子思孟軻五行說〉亦曰：「五常之義舊矣，雖子思始倡之，亦無損」（《文錄》卷一），梁氏《荀子簡釋》亦採章說，蓋以子思、孟子確有五行之說。案此所云「仁、義、禮、智、信」，雖非帛書、楚簡所謂之「仁、義、禮、智、聖」，誠有「聖」、「信」異字之別，但大致上，則應可等同視之。然則，荀子之說，是否即正確無誤？是又不然。若子思、孟子果造「五常」之說，然《荀子·非十二子》續曰：「甚僻違而無類，幽隱而無說，閉約而無解」，此實與其前所謂之「五行」，亦即「五常」，頗嫌互相矛盾。梁啟超即曰：「今子思書雖佚，然孟子書則實無五行之說」（見梁氏《荀子簡釋》，頁63），錢穆《國史大綱（上）》亦謂此乃「以晚起五行學說根本要義實導源孟子，非孟子

〔註17〕許氏於此之前有云：「先秦儒家常談『天命』、『天道』；然而，天與人之間的會合始終不見於古書的討論」（同上），案此實不無可疑，蓋《荀子·哀公》、《大戴禮記·哀公問五義》實已言及。又龐樸之說，見其《帛書五行篇研究》及《竹帛《五行》篇校注及研究》二書。又關於〈五行篇〉之內容大意，請參閱龐樸前揭二書、魏啟鵬《簡帛《五行》箋釋》、劉信芳《簡帛五行解詁》、涂宗流、劉祖信《郭店楚簡先秦儒家佚書校釋》之《《五行》通釋》、劉釗《郭店楚簡校釋》之〈五行〉及黃俊傑《孟子思想史論（卷一）》（頁48～50、頁56、頁69～89、頁501～511）等。

〔註18〕請參閱方東美《中國哲學精神及其發展（上）》（頁137～142）。

自身即有五行學說也」(《錢賓四先生全集》27，頁 392)，方東美《中國哲學精神及其發展（上）》亦曰：「五行說，對孔、孟、荀所代表之原始儒家，毫無重要性可言。考之三家著錄，殆無談五行者」(頁 137)〔註 19〕。而鄭玄之注，是否即為〈中庸〉之本義，洵亦頗值商榷，如錢穆〈中庸新義申釋〉曰：「鄭〈注〉以仁、義、禮、智、信五常釋性，此正是東漢人意見。此一意見，便已與先秦時代人說性字本義大異其趣」(《中國學術思想史論叢（一）》，《錢賓四先生全集》18，頁 120～121)，方氏《中國哲學精神及其發展（上）》亦曰：「該說顯屬盛行於秦漢之際，騰宣於陰陽家、雜家、陽儒陰雜者流之口，彼等實已變竄原始儒家精神之真面目矣」(頁 137～138)〔註 20〕。且不論如何，縱子思、孟子或無五行之思想，但馬王堆帛書及郭店竹簡之出土，及如龐樸所言〈五行篇〉乃子思、孟子後學討論五行之作，則可證孟子後之儒家確有「仁義禮智聖」五行之說。許氏《中國文化的發展過程》續曰：

> 五行的前四項：仁、義、禮、智只是善人的行為，第五項能夠體認德，以德性形於內始達到聖的層次。善是人的層次，德是天的層次。
>
> 德而內化，德而形於內，人遂得由仁、義、禮、智的融通提昇到天的層次。(頁 11)

案前四項「仁、義、禮、智只是善人的行為」，此「善是人的層次」，至於「第五項能夠體認德，以德性形於內始達到聖的層次」，此「德是天的層次」。而即由前四項屬於人之層次之仁義禮智之加以修養，即「德而內化，德而形於內」，而達致第五項屬於天之層次之聖，亦即「人遂得由仁、義、禮、智的融通提昇到天的層次」，是以經此四德之內化，人性由是超凡入聖而回到天然，而天人得以交匯，故能「天人合一」。是以子思、孟子及其後學，既皆承自孔子，故視此為孔子思想，而其已有「天人合一」觀念，亦無不可。其後，誠如許氏《中國文化的發展過程》又曰：「宋明陸王心性之學其實也是由這條線索發展出來的」(同上)，此如明道〈識仁篇〉曰：「仁者，渾然與物同體」，象山亦曰：「宇宙便是吾心，吾心即是宇宙」，陽明〈答顧東橋書〉亦曰：「夫

〔註 19〕案錢穆所謂「五行學說」，據其上下文意，即「五行相生相剋」之說，則似誤解荀子乃指「五常」之原意；而方氏雖未言明為何種五行之說，但依其對五行說所作之分析（見《中國哲學精神及其發展（上）》，頁 137～142），則亦絕非指五常而言。唯二氏於此，雖未細辨，但無害其大意也。

〔註 20〕上引方氏兩段引文之意，其〈原始儒家思想之因襲與創造〉(《方東美先生演講集》，頁 178)及〈儒家哲學：孔子哲學〉(同上，頁 231～232)亦已言及。

聖人之心，以天地萬物為一體」，〈大學問〉亦曰：「大人者，以天地萬物為一
體者也」，且究其實，歷代儒者皆盛言天人合一，而文天祥〈正氣歌〉中所提
及人物及其史蹟，以至於其自身之成仁取義，皆是最佳範例。可見「天人合
一」，不僅理論上如此，且是吾人生命情操之具體顯現。王宗文《心物合一哲
學建構之探討》亦曰：「中國儒家哲學，自孔子以來，即是天人合一之學」（頁
38），案孔子之時，中國哲學之最早發生及其重心所在，當為人生論也，而其
之思想來源，即「天人合一」觀耳。故於「天人合一」之說，又何疑寶之有？
又唐君毅〈中國哲學中天人關係論之演變〉亦曰：「先秦儒家自人心上下與天
地同流處，言天人合一，可名之曰天人通德論」（《中西哲學思想之比較論文
集》，《唐君毅全集》卷十一，頁 287），可見人雖如此之小，宇宙則如彼之大，
但卻是可以合一，蓋盡人性之善，即可體現本體之善，而本體亦即於人性中
以顯見。故「天人合一」說，並無邏輯上之問題，乃可以成立的〔註 21〕。唐

〔註 21〕 案唐氏於其《中國文化之精神價值·自序》中，對《中西哲學思想之比較論
文集》之出版「深致不滿」（同上卷四之一，頁 3），即對集中諸文不甚滿意，
蓋「當時余所謂天人合一之天，唯是指自然生命現象之全，或一切變化流行
之現象之全。……對東方思想中之佛家之唯識般若，及孟子、陸、王所謂天
人合德之本心或良知，亦無所會」（同上，頁 4），雖然，但以其所言仍甚有理，
且若將其所言自然之天，轉化為乃心性義理之天，即孔孟陸王所謂之本心或
良知，則更可證明天人合一實乃儒家思想之核心觀念，故此微引，應無不可。
又錢穆之著作繁多，屢言「天人合一」為中國文化所欲達致之最高境界，乃
中國人最主要之人生觀，且孔子即已有此觀念，如《中國思想史》即曰：「孔
子思想，雖說承接春秋，但在其思想之內在深處，實有一個極深邃的天人合
一觀之傾向」（《錢賓四先生全集》24，頁 82），〈中庸新義〉亦曰：「『天人合
一』之說，中國古人雖未明白暢言之，然可謂在古人心中，早已有此義蘊涵
蓄。下逮孔孟，始深闡此義」（《中國學術思想史論叢（一）》，同上 18，頁 89），
而其最後遺稿〈中國文化對人類未來可有的貢獻〉對此體會最深：「中國人認
為天命就表露在人生上，離開人生，也就無從來講天命。離開天命，也就無
從來講人生。所以中國古人認為『人生』與『天命』最高貴最偉大處，便在
能把他們兩者和合為一」、「倘孔子一生全可由孔子自己一人作主宰，不關天
命，則孔子的天命和他的人生便分為二。離開天命，專論孔子個人的私生活，
則孔子一生的意義與價值就減少了。就此而言，孔子的人生即是天命，天命
也即是人生，雙方意義價值無窮」（《世界局勢與中國文化》，同上 43，頁 420、
頁 422），錢說可謂詳明而懇切，孔子之自身既已天人合一，又何可謂其無此
觀念？且此益見天人之關係奧妙非常，其間並無「隱」、「現」之別，此非邏
輯上之辯證問題，乃吾人道德心性當下體認之問題，當下體現，現前即是，
則即隱即現、即現即隱，隱現不二，毫無間隔，天即人、人即天，故天人合
一，洵無庸置疑！又劉述先於 1986 年 7 月第五屆國際中國哲學會會議之講辭

氏《中國文化之精神價值》更曰：「及孔子發天人合一之義，孟子發性善之義以後，即使人更不復外人而求天」（同上卷四之一，頁71），人既不復外人以求天，並可與天合一，甚至人與人、人與物以至於人與自然皆和諧並存、彼此旁通，而無天人二分、天人對立等失。

　　對於「天人合一」，熊氏自是認可，但其更常言「天人不二」。案熊氏亦深知苟求其異，則天人誠有相反之處，《原儒・緒言》即曰：「天道高明悠久無窮，而人生陷於有對之域，不得無窮」、「萬物誠有可資益於人，其危害於人者則尤多而且厲」（《全集》六，頁320）；然若就其同者而言，則所謂「天人合一」、「天人不二」，誠亦無可推翻。而此二者，蓋謂天、人雖有別，而由人之努力以契合於天，是以天人合一，此亦即天人不二。唯「天人合一」，仍以天人畢竟有別，而「天人不二」，則直從根本上言，更加強調即天即人，即人即天，而無須有待於合也。誠如明道曰：「天人本無二，不必言合」（《河南

〈由功能統一的觀點看《周易》思想的四個層面〉，及其後〈由天人合一新釋看人與自然的關係〉亦再強調：「我由發展的觀點看出《周易》思想隱涵著四個層面，天人合一恰正是貫串它們的一個中心的理念」（《大陸與海外——傳統的反省與轉化》，頁274），〈對於《易》的理解與定位〉（《永恆與現在》，頁85）亦重複此意，而〈天人交感的兩種不同模式〉亦曰：「孔孟思想的確肯定天人之間有十分緊密的關係」（《哲學思考漫步》，頁214），《論儒家哲學的三個大時代》亦曰：「由於孔子是中國文化有象徵性的人物，以上我們用了不少篇幅闡發他的思想綱領：兼顧『仁內禮外』與『天人合一』的一貫之道」（頁19），「我則花了很多力氣闡明《論語》之中其實隱涵了一條『天人合一』一貫之道的線索，到《易傳》才暢發出來」（頁46），可見孔子或《大易》確有此觀念。又林義正《孔子學說探微》認為後儒特別發揮孔子「七十而從心所欲」此一階段，乃「由人通天，至天人合一境界之學」（頁30），〈《論語》「夫子之文章」章之研究〉亦曰：「從子貢的口中，讓作者推斷孔子晚年的確有談及人性如何由天道而來，以及人性如何參合天道的言論，而這正是後來《易傳》《中庸》《孟子》《荀子》等『與天地參』思想的根源」（《文史哲學報》第42期，頁31），可見孔子晚年誠有此思想。又張子良《先秦儒家天人思想研究》、周長耀《天人論集》（頁14～25）、楊政河《中國哲學之精髓與創化》（頁92～156）、張世英《天人之際——中西哲學的困惑與選擇》、傅佩榮《儒家哲學新論》（頁119～165）、朱立元編《天人合一：中華審美文化之魂》、羅光《中西天人合一論》、趙載光《天人合一的文化智慧——中國傳統生態文化與哲學》、徐文珊〈天人合一思想與人生——中國的人生哲學探討〉、徐照華〈論天人合一之文化思想〉、姜允明〈從「心體」的形上意義申論宋明心學中天人合一的理論基礎〉（《心學的現代詮釋》，頁79～114）、鄭宗義〈從實踐的形上學到多元宗教觀——「天人合一」的現代重釋〉、李杜〈「天人合一」論〉及汪治平〈「天人合一」解〉（《佔畢居論文集》，頁2～24）等，皆論及天人合一，請參閱。

程氏遺書》卷第六「二先生語六」）、「道一也，未有盡人而不盡天者也。以天人為二，非道也」（《河南程氏粹言》卷第一）、「天人無二，不必以合為言；性無內外，不可以分語」（同上卷第二）〔註22〕，所謂「以天人為二，非道也」，是以根本「不必言合」，言「合」猶是多餘，蓋「天人本無二」也。可見熊氏所謂「天人不二」，實能直探根源，且亦包含「天人合一」，故言天人合一，無異即在言天人不二。牟宗三《圓善論》亦曰：「大人之德與天地之德是合一的；不但是合一的，而且就只有一」（《牟宗三先生全集》22，頁138）。誠如林安梧〈中國文化的哲學觀〉曰：

> 中國人講天人合一，其實這還不夠，應該講天人不二，這意思就是說人與宇宙有一種內在的同一性，所以著重點在於你怎樣去開發那個內在最根源的動源，並認為那個動源就是整個宇宙最根本的動源，……（見羅鳳珠編《人文學導論》，頁284～285）〔註23〕

案言天人合一，着重點則在天，仍以宇宙最根本之動源乃在「天道」那方面，而非在吾人身上，亦即主動權在彼而不在己，且由天之所賦予，吾人才被動地擁有此動源；至於言天人不二，則重點拉回至吾人身上，吾人之「本心」、「良知」，即具有與宇宙內在同一性之最根本之動源，即主動權乃在己而不在彼，並必由吾人本心、良知之開發，宇宙最根本之動源遂亦因之而開啟矣。

要之，天人合一既是中國學術上之中心觀念，亦即天人不二誠為中學於本體論中之特點所在，且亦是中學與西學極端相反之處。《原儒·原內聖》曰：

> 西學談本體要不外以思維術，層層推究，推至最後，乃臆定有唯一

〔註22〕以上諸引文，雖未可遽斷為明道語或伊川語，但衡之二程思想，明道〈識仁篇〉曰：「仁者，渾然與物同體」，〈定性書〉亦曰：「夫天地之常，以其心普萬物而無心；聖人之常，以其情順萬事而無情」，故此應乃明道語為較可能。且如方東美《中國哲學精神及其發展（下）》曰：「在理論上，伊川固力倡人人與天為一體，蓋其同受命於天也。然而在實際上，夫唯聖人，具道兼理，為能與天合一。聖人所以能與天為一體者，合道與理也。就行事言，天人兀自有別，人恆為惡欲諸誘所勝，致失其理，而與天相違矣。故總而言之，天人一而不一。斯即打破其邏輯一貫之旨，復使其徘徊於孟荀之間，同時主張、並否定『天人合一』云」（頁79），此可反證以上諸引文乃明道語為較可能。而縱使其為伊川語，卻冠之以明道，蓋亦無妨，此以兄統弟之意，故寬泛視之可也。
〔註23〕又林氏《中國宗教與意義治療》亦曰：「就中國人來說『人』是不離天的，中國長久以來就認為『天人不二』，即使只就文字的構造來講的話，『人』跟『天』本來就是一脈相傳的，有它的血緣關係，天人不二，這一點在整個中國文化裡面，是非常重要的。」（頁29）

實在，名之為第一因。又或以為一切物之本體，終是知識之所不可
親證，遂自縛於不可知論。（《全集》六，頁 566）

案熊氏認為西洋哲學皆以本體乃客觀存在，故以天人兩不相涉，亦即天人離
而為二；《明心篇》即曰：「談本體而不悟即人即天、即天即人，便不能悟到
天道待人能而始得完成，是於天、於人，兩無所知也」（《全集》七 285）。誠
如唐君毅〈如何了解中國哲學上天人合一之根本觀念〉曰：「從西洋唯物論自
然主義上講，……人是整個宇宙之一部，部份決不能等於全體，所以宇宙與
人亦決不能說合一」（《中西哲學思想之比較論文集》，《唐君毅全集》卷十一，
頁 128），此言唯物論者之不足；其又續曰：「唯心論者要證明人之心，即通於
上帝之心，要用極吃力的論證來逼人相信，而且個人之心，無論如何仍只算
上帝心之一部份」（同上），此言唯心論者之失耳；又其〈中國哲學中天人關
係論之演變〉亦曰：「西洋哲學，大率自天人對立之觀點出發。所謂天人對立，
即將宇宙人生先視為二，一方為客觀宇宙，一方為主觀人生，二者相持相拒」
（同上，頁 282），可見西洋哲學，不論唯心論或唯物論者，確皆有天人二分、
天人對立之虞，其雖努力欲超越此二元之對立，以求內界與外界之統一，而
終不可得也。至於中國哲人，大抵皆本《易》以言「天人不二」也。《原儒·
原內聖》即曰：

善言天者，必有驗於人。此言天人本不二。故善言天道者，必即人
道而徵驗之。《易》贊乾元曰：「元者，善之長也」，……惟人也，能
即物以窮理，反己以據德，而總持之，以實現天道於己身，而成人
道，立人極。……是故徵驗之人道，而知萬德萬理之端，一皆乾元
性海所固有，易言之，即天道所本具。（《全集》六，頁 567～568）

案「善言天者，必有驗於人」，其之所以如此，蓋「人能弘道，非道弘人」，
而亦唯於人之弘道上，才能真知其是否冥契天道，是以即此可知「天人本不
二」也。若以《大易》之贊乾元「元者，善之長也」而言，此即人道能範圍
天地、曲成萬物，皆循乎理而可行，據於德而可久，《明心篇》亦曰：「宇宙
萬有，不是如幻如化，不是從空無中忽然生有，是故言天道。天道成萬物，
萬物以外無有天，是故尊人道」（《全集》七 284～285）。而亦必驗之於人道，
乃所以見天道，蓋既思參造化而能默契道妙，自於天道見得分明；若以《大
易》之贊乾元而言，此即唯吾人能即物窮理、反己據德，以實現天道，《明心
篇》亦曰：「唯人也，性靈發露，良知顯現，仁德流行，陽明統御陰闇，乃與

天地合德,與日月合明,與四時合序,與鬼神合吉凶,始盡人道以完成天道
矣」(《全集》七 285)。故天道、人道本不異,本自合德,此即天人合一,亦
即天人不二也。誠如唐君毅〈如何了解中國哲學上天人合一之根本觀念〉曰:
「中國哲人不是把天人合一這一觀念當作論題而以一定的嚴整的推理步驟加
以證明,而只是用許多話去指點暗示這天人合一的道理,或用其他許多的道
理來涵攝天人合一之意」(《中西哲學思想之比較論文集》,《唐君毅全集》卷
十一,頁 129),可見中國哲人縱對本體之界說,各有不同,且大多出之以「指
點暗示」之方式,而非視其為一論題而加以推理,所謂無系統相之系統相,
但總之於天人之關係,則皆以為天人合一,即天人不二也。

　　然則,對於「天人不二」之說,能深入發揮者,誠不多覯;而揚雄《法
言・重黎》「天不人不因,人不天不成」之說,最為熊氏所稱讚,《原儒・原
內聖》曰:

> 何言乎人不天不因?人生非幻化,乃本乎一誠而立。誠者天道也,
> 若不有天則人將何所因而得生乎?故曰人不天不因。何言乎天不人
> 不成?天有其理,而充之自人。不有人充之,則理亦虛矣。天有其
> 德,而體之自人。不有人體之,則德不流矣。然則,天若不有人,
> 其理虛,其德不流,是天猶未能成其為天也,故曰天不人不成。(《全
> 集》六,頁 569~570)

案揚雄本作「天不人不因,人不天不成」,應劭《風俗通義・皇霸》作「天非
人不因,人非天不成」,字雖稍異,而義無別,熊氏則作「人不天不因,天不
人不成」,未知是否誤引,或是故意改文以使其意更顯。蓋若將「因」、「成」
二字互換,即是揚雄原文;甚或即使不換,而「因」與「成」二字實乃互文
見義,故亦無妨。據李軌注曰:「天人合應,功業乃隆」,則揚雄之意,似偏
重「天人合一」,甚至是漢人所常云之「天人相應」。而熊氏則意在引其說以
明「天人不二」義,故此亦隨順熊氏以言。所謂「人不天不因」,天者,即乾
元之謂,乃存有之根源,而即存有即活動,是以人才能成為一活生生的實存
而有,蓋「誠者天道也,若不有天則人將何所因而得生乎」,此即本乎天道而
立,人生才不致幻化,故曰:「人不天不因」。至於「天不人不成」,即因人乃
一活生生的實存而有,必然地要開顯其自己之無盡的開放性與可能性,從存
有走出來,向世界走進去,使此一活生生之生活世界得以穩立,亦即「天有
其理,而充之自人」,即此可見人之所以為人,誠有無限之潛能,而由人之自

我充實，即可實現天道，故曰：「天不人不成」。是以「人不天不因」，亦即即天即人，「天不人不成」，亦即即人即天，而天即人、人即天，天人相因相成，未可遠離，故爾天人不二，又有何疑！《原儒‧原內聖》續曰：「揚子此說，實本於《大易》『裁成天地，輔相萬物』，〈中庸〉『位天地、育萬物』，與《論語》『人能弘道』諸義」（《全集》六，頁570），故對揚雄極讚賞，而此益可見熊氏以「天人不二」，實為孔子《大易》本體論之最終歸宿所在。

　　「天人不二」既是中學於本體論中特點所在，亦是最終歸宿之處，誠如《原儒‧原內聖》曰：

> 其特點略言以二：一曰絕無宗教迷情。二曰絕無形而上學家戲論。……儒者以天道為人與物所以生所以成之因。其所謂因乃近取諸身，遠取諸物，而體認得人與物皆固有內在之大寶藏，乃推出去而說為天為道，說為人與物所以生成之因。由體認之極深極廣而發見吾人內在之大寶藏，即是天地萬物內在之大寶藏；天地萬物內在之大寶藏亦即是吾人內在之大寶藏。（《全集》六，頁578）

熊氏認為儒者之言「天人不二」，其一「絕無宗教迷情」，若有宗教迷情，則必如《原儒‧原內聖》曰：「離人而覓天，則佛教之反人生，而求圓成大寶藏於空寂之鄉，一神教之立主宰於萬物之上，西哲談本體者，向外推求第一因，皆陷於倒妄而不自覺也」（《全集》六，頁581）；其二「絕無形而上學家戲論」，若有形而上學家戲論，亦必如《原儒‧原內聖》曰：「若祇承認萬物實在，而否認萬物之內自本因，易言之，即否認天，則宇宙人生無根源，斷無是理」（《全集》六，頁581）。而儒者天人不二之本體論，既絕無宗教迷情，亦絕無形而上學家戲論，是以「以天道為人與物所以生所以成之因」，蓋其所謂之因，即由吾人體認得人與物本皆固有內在之大寶藏，而將此內在之大寶藏，推擴出去而說為天、為道，以其為人與物所以生所以成之因，此即「人不天不因」；而「由體認之極深極廣而發見吾人內在之大寶藏，即是天地萬物內在之大寶藏」，蓋天地萬物內在之大寶藏，亦即是吾人內在之大寶藏，故須吾人主動予以發掘，而由發掘吾人內在之大寶藏，同時即使天地萬物內在之大寶藏顯現無遺，斯則「天不人不成」也。既然「人不天不因」、「天不人不成」，故天即人，人即天，此謂之「天人不二」。《原儒‧原內聖》續曰：

> 天人雖有分，畢竟不二。一言乎天，便是對人而得名。然天實不離萬物與人而獨在，且必待萬物發展已至於人，而天始得仗人以完成

其天道。人未出現時，天且未成，而可離人以覓天乎？……一言乎
人，便是對天而得名。然人與萬物不可憑空忽然而起，實皆以天為
其內自本因，亦謂之大寶藏，是為萬物與吾人發展無窮之所自出故。
（《全集》六，頁581）

案天即人，人即天，天人雖有對而實無對，雖無對而實有對。夫「即」字之
義，固可有多解；而天即人、人即天之「即」，非是「就是」、「等於」之意亦
明矣，而是從作用上、功能上言，其運作之效應，可以含括彼此。《尚書·皋
陶謨》且謂：「天工人其代之」，此所謂天工，非僅只是指被造所生之機械宇
宙，更是指大自然本身即是充滿盎然生意之一大生機，乃一創造能生之自然，
故由此創造能生前進不已而言，人則秉之以生，進而與之參贊化育，此「天
即人」也；而天工既由人以代之，此實亦唯人為能，非其他物類之所能，觀
《易·大象》「君子以自強不息」、「君子以厚德載物」……等等即可知，人確
可成就偉大之道德人格，故由人之參贊化育，適足以圓成此宇宙整體之大全，
此「人即天」也。此乃一種雙向關係，而非單向的，即上天既向下貫注予吾
人以生命，賦予高尚之人性，而吾人亦本此以向上溯源至創造之根源，默契
道妙，以實踐天道。熊氏所謂「天人不二」之所以「不二」，亦是就此「即」
字之「含括彼此」之雙向關係而言。而之所以言其有對，乃因「一言乎天，
便是對人而得名」，而相對地，「一言乎人，便是對天而得名」，此其有對也；
之所以言其無對，蓋「天實不離萬物與人而獨在，且必待萬物發展已至於人，
而天始得仗人以完成其天道」，亦即若無人之出現，則天必定不能有所成，此
可見絕不可離人而覓天，而「人與萬物不可憑空忽然而起，實皆以天為其內
自本因」，亦即天乃人之根源，若無天，則人亦不成其為人，此可見亦不可離
天而言人。既不可離人而覓天，亦不可離天而言人，可見天人非是相對的，
而此即其無對也。是以即有對而即無對，即無對而即有對，故「天人雖有分，
畢竟不二」，此其所以為「天人不二」也。郭齊勇《熊十力與中國傳統文化》
即曰：「熊十力的『天人合一』的思維模式具有如下四個特徵：有機的系統觀、
辯證的發展觀、主體的能動觀、整體的綜合觀」（頁182），案此所謂「天人合
一」，亦即「天人不二」也。可見「天人不二」之說，確為內聖學之根柢，由
此而體用、翕闢、心物、道器、理欲、動靜、知行、德慧知識、成己與成物、
格物與致知等等皆不二也；而其四大特徵，更使古老之模式換上新裝，是以

經典既處處透顯生機，而人生之大寶藏亦時時不斷地源源而出焉〔註24〕。故《明心篇》曰：「孔子言『天道』，又曰『人能弘道』。天人二義，實為孔子內聖學之綱領」（《全集》七，頁271），案此天人二義，予以會通之，則原是一義，即「天人不二」也。且若不明瞭「天人不二」，即於內聖學之根柢，既一無所知，則於外王學之規模，又何能詳悉？故必於此內聖學根柢，務求完全知悉，方能由內聖而外王。熊氏之暢言「體用不二」，而之所以推至其極，以「天人不二」義即中學於本體論中之特點，其用意即在此，且此義實亦深邃而至極矣。

第五節　結語

　　經由以上各節之探討，可見熊氏推明孔子《周易》乾坤二卦之旨，約舉出四種根本原理，其第一根本原理「本體含藏複雜性」及第二根本原理「肯定萬物有一元」，即在說明分疏乾元本體之義。熊氏透過對乾元、坤元之釋義，認為乾元即是坤元，坤元亦即乾元，唯是一元，無有二元。蓋就乾之勢用而言則曰乾元，雖然乾不即是元，但乾必有元，即乾元非是離乾而有，而元者乃乾之所由成，則乾之外亦無有超然獨存於外界之元；坤元亦然。故乾坤乃乾元本體之兩大勢用，而乾元即是坤元，非是二元。是以「本體含藏複雜性」，乾元乃是存有的根源，乃吾人本具固有而生生不息健動無已之本體，含藏乾坤兩大勢用，故能「由體起用」、「由體成用」、「原體顯用」，即存有而即活動，即本體而即工夫，以成為一活生生的實存而有。

　　乾元既非離乾而有，坤元亦非離坤而有，乾元、坤元乃即乾坤兩大勢用而有，故於乾坤兩大勢用上即可識得乾元、坤元，蓋本體乃萬物之內在根源，而萬物以外，實無有獨立而自存之本體。是以「肯定萬物有一元」，更從用的方面，再對本體加以肯定，所謂「用必有體」，即活動而即存有，即工夫而即

〔註24〕張光成《中國現代哲學的創生原點》（頁126～127）及王汝華《熊十力易學思想之研究》（頁234～242）、《熊十力學術思想中的一聖二王》（頁181～185）亦論及熊氏之「天人不二」說，請參閱。又《困學記・陳白沙先生紀念》載熊氏十六、七歲時讀白沙〈禽獸說〉，即「頓悟吾生之真」，其曰：「當時頓悟血氣之軀非我也，只此心此理方是真我。血氣一團宛然成軀小之物，而此心此理則周遍乎一切物之中，無定在而無所不在，是夐然絕待也。……此乃《易》之所謂大人。大人與天合德，即人即天也。天者，真我，非超越乎吾人與萬物而獨在，如宗教家所謂神也」（《十力語要初續》，《全集》五，頁280），可見熊氏之有此思想，其時甚早也。

本體，故欲明乾元本體之性質，即不可離萬物而妄加推求。此乃強調本體之作用義，蓋乾元開顯，存有必然地要開顯其自己，而通極於道，成為一活生生的實存而有。故熊氏認為孔子不肯建元而以元統萬物，乃以元攝歸萬物而以萬物統元，即以萬物為主，直捷肯定萬物，乃「攝體歸用」，而非如佛家之「攝用歸體」，是以既可不遺萬物，且肯定萬物有一元，即於外王中成就內聖，於內聖中亦已含外王，內聖外王既皆兼備，本體、萬物亦俱予肯定，而此世界，亦才成其為一活生生的實存而有之生活世界。

　　熊氏既從以上二義以說明分疏乾元本體，所謂「由體起用」，而「用必有體」，是以體即是用，用即是體，亦即「體用不二」是也。而此推至其極，即「天人不二」義，天即是人，人即是天，即人即天，即天即人，天道即表現在人道上，而除卻人道亦無由展露天道，所謂「人不天不因，天不人不成」，或「天不人不因，人不天不成」，蓋天人相因相成，非可遠離，是以天人雖有分，畢竟則不二。而此「天人不二」義，即是中學於本體論中之特點所在，既絕無宗教迷情，亦絕無形而上學家戲論，既以天道為人與物所以生所以成之因，即由此而體認得人與物皆固有內在之大寶藏，再進一步，由體認之極深極廣而發見吾人內在之大寶藏，即是天地萬物內在之大寶藏，天地萬物內在之大寶藏亦即是吾人內在之大寶藏，即將天道與人道和合起來，且既不可離開人道以言天道，蓋離開人道即無天道可言，亦不可離開天道以言人道，蓋離開天道亦無人道可言。是以唯有於此微乎微乎之天人之際，稟天道以善盡人道，盡人道以完成天道，則於天人兩不虧欠，而內聖學之根柢即在此也。故此「天人不二」之義，關係實屬重大，唯於此知之甚悉，毫無疑慮，才能清楚自己之天命所在，而人生之目的，即在發現自己之天命，努力以實踐天道，如此，人生之價值方能彰顯光大，成為一活生生的實存而有，而宇宙亦可穩妥安立，成為一活生生的實存而有之生活世界，是以人與宇宙，皆顯現其無窮無盡之真實意義來。

第七章　大用流行

第一節　前言

　　熊氏既以「本體含藏複雜性」與「肯定萬物有一元」說明乾元本體，以其乃宇宙萬有之根源，為一切大用流行之所自出，即乾元性海可顯現為大用流行，而在大用流行上而識得乾元性海。故「乾元性海」，固是熊氏所常言，而「大用流行」，則更為其所強調，蓋有體必有用，若無用，則何以成其體？且熊氏言「體用不二」，乃就「即用識體」而言，此益可見「大用流行」之重要也。《乾坤衍》即曰：

> 余書發明《大易》體用不二義，本以現象為主，此是吾書根底。須識得此意。乾為心靈，坤為物質，乾坤皆現象也。現象有心物兩方面，而不可拆裂心物為各各獨立之兩物。物的方面有力引起心。心的方面有力主動以符合於物則，而動不失宜。（《全集》七，頁678）

案熊氏言「體用不二」，尤着重在「即用識體」上，誠如所言：「余書發明《大易》體用不二義，本以現象為主」，此即「即用識體」之義，而既「本以現象為主」，即肯定現象，由現象之大用流行上即可識得本體，且此大用或現象，則可大別為兩方面，即「乾為心靈，坤為物質」，故乾坤皆屬現象，乾乃闢勢，坤乃翕勢，是以「不可拆裂心物為各各獨立之兩物」，然雖如此，而就其勢用而言，由於乾坤心物兩大勢用之作用，心之方面，即闢勢也，則有力主動以符合於物則而動不失宜，物之方面，即翕勢也，則有力以引起心，是以翕闢成變，而大用流行不已。故熊氏對於體固然着重，而於用則更加強調，《乾坤

衍》曰:「吾書不承認有離開現象而獨在的實體,祇收攝實體以歸藏於現象,說為現象之內在根源。故曰現象為主」(《全集》七,頁 678),其既以現象為主,乃「攝體歸用」,以萬物統元,而非「攝用歸體」,以元統萬物,則本體洵不能與現象並論,即「體」之意義與地位,相對地隱而不彰,乃不得已之方便施設之一觀念,而唯有「用」,始是唯一之真實存在,故「體用不二」既重在「即用識體」上以言,由用以顯體,則本體無可多說,而完全落實於此「用」上也。

　　熊氏既以大用流行為其書根底,故對之之闡釋亦不遺餘力,《乾坤衍》曰:

　　余所以不憚反覆其辭者,約有六義:一、……二、……三、……四、宇宙萬有,從無始以趨於無盡之未來,是為發展不已的全體。哲學方法,當以綜觀大全為主,而分析之術可以兼用。西學唯心、唯物之分,是剖割宇宙,逞臆取捨,不應事理。五、乾坤之實體是一,而其性互異,遂判為兩方面。乾坤兩性之異,乃其實體內部之矛盾也。乾主動開坤,坤承乾起化,卒乃化除矛盾,而歸合一。宇宙大變化,固原于實體之內部有矛盾,要歸於保合太和,乃利貞。此人道所取則也。六、……(《全集》七,頁 592~595)

此體用六義之第四點、第五點,即在對乾坤兩大勢用之加以分疏,乃重在大用流行上言,可謂乃熊氏之宇宙論。熊氏於第四點言「宇宙萬有,從無始以趨於無盡之未來,是為發展不已的全體」,而「宇宙萬有為發展不已的全體」,實已含「肯定現象真實」之意,此為闡明大用之兩原則,即「肯定大用」也,乃乾坤第三根本原理。第五點言「乾坤之實體是一,而其性互異,遂判為兩方面」,即「用分翕闢」也,乃乾坤第四根本原理。而此又可細究之:「乾坤兩性之異,乃其實體內部之矛盾」,兩性互異,相反相成,即「翕闢成變」,乃其根本原則;而「乾主動開坤,坤承乾起化」,即「乾統坤承」,則其最大原則也。以上四、五兩點所言,雖從兩方面以言,實則只是一義。而此推至其極,熊氏認為即中學於宇宙論中之特點所在,即「心物不二」義。本章將順此以言,第二節「肯定大用」,第三節「用分翕闢」,闡明熊氏言乾坤兩大勢用所具性質之特色為何;第四節「心物不二」,推釋熊氏於宇宙論中所欲達至之極則。

第二節　肯定大用

　　熊氏推明孔子《周易》乾坤二卦之旨,其所抉發之精意,約舉出四種根

本原理，其第一根本原理「本體含藏複雜性」及第二根本原理「肯定萬物有一元」既明，則可進一步探求第三根本原理。乾坤第三根本原理為何？即「肯定大用」。究其實，從第二根本原理「肯定萬物有一元」即可推知，既已肯定萬物有一元，則其先決條件亦必先「肯定萬物」，萬物亦即現象，亦即大用，則肯定萬物，即「肯定大用」也。《乾坤衍》曰：「肯定現象真實、萬物真實，以萬物或現象為主。此是第一原則。肯定宇宙是從過去到今以疾趨未來，為發展不已的全體，學者當綜觀其大全，不宜割裂現象妄有取捨。此是第二原則」（《全集》七，頁 555），此即「肯定現象真實」與「宇宙萬有為發展不已的全體」，而雖是兩原則，實亦只是一原則而已，且由此即可見現象是真實的，大用是要流行而發展不已的，此即「肯定大用」，而於大用流行上即可識得本體，從而即可闡明實體。

首先，關於「肯定大用」之第一原則，即「肯定現象真實」，《乾坤衍》曰：

> 孔子洞見體用不二，即實體不是離開現象而獨在。……若真見實體不是離開現象而獨在者，便不可偏向實體上說真實，偏向現象上說變異，因其將實體現象剖作兩重世界故也。學者真正了解實體不是離開現象而獨在，當然要肯定現象真實。肯定現象真實，即是以現象為主，實體元是現象的自體，所以現象真實不虛。反之，如偏向實體上說真實，偏向現象上說變異，則不獨有體用剖作二界之大過，而且以實體為主更有佛家攝用歸體、攝相歸性、攝俗歸真之巨迷。
> （《全集》七，頁 546～547）

案除無原之論者外，凡是以本體乃實有者，大抵皆以其為真實，無容置疑，而於現象，則認為既是可變異的，故非真實。熊氏認為以本體為真實，此無可非議，然以現象則是變異，此則有誤，即不肯定現象真實，此非僅有「體用剖作二界」之虞，而更甚者，只承認實體，以實體為主，而於變異之現象，則予否認，則必成佛家「攝用歸體、攝相歸性、攝俗歸真」之失。此不只將體用剖作二界，偏向實體上說真實，偏向現象上說變異，甚且只承認體、性為真，而否認用、相、俗，以之為虛幻，如此一來，唯剩有不生不滅而毫無變化之本體而已，則其必為一死體也。《原儒・原學統》即曰：「攝用歸體，將只求證會本體，皈依本體，將對本體起超越感，而於無意中忘卻本體是吾人自性，……雖復不承認本體為有人格之神，而確已將本體從吾人自身推向

外去」（《全集》六，頁352），可見自《原儒》起，熊氏已否定「攝用歸體」。
蓋孔子《周易》乃認為「實體不是離開現象而獨在」，以實體乃現象之真實自
體，非是離開現象而獨在，而現象以外，亦決定無有超越於現象之外而獨存
之實體。且此實體，既為現象之真實自體，故為一活體也，而絕非一不生不
滅而毫無變化之死體耳。是以孔子《周易》「肯定現象真實，即是以現象為主」，
既不將體用剖作二界，而與佛家攝用歸體、攝相歸性、攝俗歸真更是有別，
乃是「攝體歸用、攝性歸相、攝真歸俗」，不僅承認體、性為真，而「實體元
是現象的自體，所以現象真實不虛」，故更加強調用、相、俗，以之為真實，
亦即體、用皆是真實無疑。可見孔子「攝體歸用」之說，與哲學家甚或佛家
之「攝用歸體」，確然有別。船山《思問錄・內篇》即曰：「佛、老之初，皆
立體而廢用。用既廢，則體亦無實。故其既也，體不立而一因乎用，莊生所
謂『寓諸庸』，釋氏所謂『行起解滅』是也。君子不廢用以立體，則致曲有誠。
誠立而用自行。逮其用也，左右逢原而皆其真體」，所謂「佛、老之初，皆立
體而廢用」，亦即「攝用歸體」，以元統萬物，而其最終必「用既廢，則體亦
無實」；而儒家則「不廢用以立體，則致曲有誠」，亦即「攝體歸用」，以萬物
統元，是以「逮其用也，左右逢原而皆其真體」。熊氏對此強調有加，《乾坤
衍》曰：

> 余玩孔子之《易》，是肯定現象真實，即以現象為主。可以說是攝體
> 歸用。（《全集》七，頁547）

案若能明白萬物與現象，雖是二名，其實則一，蓋現象即是萬物之通稱，而
現象、萬物亦即用也，是以實體變動即是其功用，即以萬物或現象祇是尅就
實體變動之功用，而予以萬物或現象之名字，是以肯定現象真實，而以現象
為主，則其必定要「攝體歸用」；且由肯定萬物、現象之真實，同時即肯定實
體亦是真實；蓋實體即在萬物之中，其並非在現象之外，是以萬物、現象之
中即含有實體也。故孔子《周易》「肯定現象真實，即以現象為主」，此實是
一大根本重要之創見，乃以萬物統元，而非以元統萬物，亦即攝體歸用，以
見《大易》生生不息健動無已之意，而非攝用歸體，此則佛、老之說也。《乾
坤衍》續曰：

> 攝體歸用，元是反對哲學家妄想有超越現象而獨存的實體。於是正
> 確闡明實體是現象的真實自體，易言之實體是萬物各各的內在根源。
> 萬物所由始、所由生及所由發展不已者，此非有外力為其因，而萬

物各各通有內在根源，則其所由始、所由生與所由發展之故也。攝
用歸體者，如佛氏之歸於寂滅，老氏之返于虛無，有種種惡影響。（《全
集》七，頁 548）

要之，**攝體歸用**，乃「反對哲學家妄想有超越現象而獨存的實體」，蓋萬物必
皆有其內在之根源，然此內在根源之實體必收歸於萬物，故「正確闡明實體
是現象的真實自體」，即以萬物統元，則不僅現象真實，萬物真實，即使人生
亦是真實，自然變異日新，以至世界皆是真實不已，此萬物之所以不倦於創
造也。故《乾坤衍》且盛讚曰：「惟孔子《周易》攝體歸用，即將實體收入于
萬物與吾人身上來。萬物、人生才是真實，不空虛，不幻妄」（《全集》七，
頁 550）；此則誠如船山《周易外傳》卷二曰：「故善言道者，由用以得體」。
反之，若不能肯定現象真實，而以現象為主，則必至於「攝用歸體」，而以元
統萬物，則必將萬物之真實自體，推出於萬物以外，而成一大顛倒見，誠如
佛氏將用收歸於體，即把用予以消除，而用既消除，則唯剩下體而已，唯只
承認不生不滅之實體，則此無用之體，即成一不生不滅之死體，「佛氏之歸於
寂滅，老氏之返于虛無」，皆是如此，而與宇宙人生之造化生機無有交涉矣。
此外，《乾坤衍》又曰：「莊子以萬物皆任造物者之所為，一切不由自力作主」、
「宋以來小康之儒每有納萬殊于一本之意，亦受佛教影響也」（《全集》七，
頁 548、頁 549），蓋皆主攝用歸體，而不悟無對即是有對，是以不免將萬物
之真實自體，向外推出去而說為無對，以一如幻如化不生不滅之實體，說為
宇宙之實體，而反對大用流行，故最終唯「歸於寂滅」、「返于虛無」，以致反
人生、毀宇宙，而無與於造化之妙；此亦誠如船山《周易外傳》卷二所言：「不
善言道者，妄立一體而消用以從之」。而此中，自以佛氏即把用消除了，以致
只承認不生不滅之實體，且此不生不滅之實體，究其實，亦不過一死體而已，
硬是將攝用歸體之說發展至最極端。可見「攝體歸用」與「攝用歸體」，誠有
大異。佛家攝用歸體、攝相歸性、攝俗歸真，只承認本體，而捨棄大用，而
其所謂之本體，就空宗而言，即成一平鋪的真如，就有宗而言，則又成「雙
重本體」，此與儒家之縱貫的創生義，自是有別。夫空宗乃以性空緣起說為中
心，則其所謂本體，實乃一平鋪而無創生意義之真如，雖能超越有宗之以阿
賴耶識緣起為中心之識心之執，不執着於法相，雖能「破相顯性」，超越有宗
「執著性、對象化的存有」此一層次，而進至一「無執著性、未對象化的存
有」之層次，但其終究只是一平鋪而橫面立說之體用一如，雖破相顯性，最

後卻是相破而性亦破而不顯，性既不顯，則其必不能真正正視於相這一方面，亦即忽略「執著性、對象化的存有」此一層次，如此一來，談體而遺用，頗有以世界為虛幻空無之虞，亦即否定世界，唯成一反人生、毀宇宙之「世界虛無論」而已。而有宗則停留於以阿賴耶識緣起為中心之構造論，既以真如為本體，又視種子能起現行，不僅有「雙重本體」之過，且又成「種現二分」之失，而其既執著於識心之執，故於宇宙世界只是一橫面的執取，亦只能就概念層次予以說明，而並無超越性、根源性的說明，亦即於吾人實踐體證之學無所安立。縱使其於「執著性、對象化的存有」此層次頗能道及，但於「無執著性、未對象化的存有」此一層次，則終究未能觸及，更遑論於「存有的根源」──「X」能有所體會？誠如景海峰《熊十力》曰：「熊十力的體用不二、攝體歸用之說，不但肯定了宇宙萬物的真實存在，從本體意義上論證了體用的辯證關係，而且使體用範疇超出了有關宇宙生成問題的素樸直觀範圍，含有了更多的認識論上的意義」（頁 209），案「攝用歸體」，既把用消除，則體亦不存，此即本是求體而廢用，以致用廢而體亦空；而「攝體歸用」，則不僅將離用而獨在之實體意義，予以解消，蓋必無離用之體而可稱為體者，否則即成一無原論矣，且將此作為創造的本源之實體功能，亦予清除，此即意謂唯有用也，乃唯一之真實存在耳。蓋用若是真實不虛，則由大用流行而可識得之乾元本體，亦應是真實不虛，所謂用真而體亦真；且由大用流行所顯現繁然萬殊之宇宙萬有，其所各具之相，復應亦真實不虛，而為一活生生之實存而有之生活世界。故必攝體歸用，將實體收歸於萬物，一切以萬物為主，一切以現象為主，如此方知萬物乃真實的，故必「肯定現象真實」，而此正乃「肯定大用」之第一原則也。〔註1〕

其次，至於「肯定大用」之第二原則，即「宇宙萬有為發展不已的全體」，《乾坤衍》曰：

> 萬物是從過去到現在以趨於未來，發展不已的全體。惟綜觀其大全，
> 方可了解，物之出現雖有先後，而後出之物與先出之物，性質既不

〔註1〕 案熊氏認為「攝用歸體」乃佛、道二家之說，孔子《大易》則主張「攝體歸用」，兩者有異；又其於《新論》亦言「攝用歸體」，蓋在強調體之重要，絕非否定用，此觀其言「融體歸用」、「會性入相」、「舉體成用」等即可知，至《乾坤衍》則斷然以孔子《周易》乃「攝體歸用」，並非「攝用歸體」。請參閱第一章〈最後定論〉第四節「體用六義」、第五章〈體用不二〉第二節「『體』、『用』釋義」及第六章〈乾元性海〉第三節「肯定萬物有一元」相關部分。

同，且後物、先物彼此所率由之軌則亦互異。是故綜觀萬物發展之
完形，便可悟到物無先後，其出生都不偶然。萬物同資取乎一元實
體，以成其始，以弘其生。(《全集》七，頁 550)

案「萬物是從過去到現在以趨於未來，發展不已的全體」，即「宇宙萬有為發
展不已的全體」之意，而此乃「肯定大用」之第二原則也。熊氏認為宇宙萬
有既為發展不已之全體，而物之出現必有先後之別，其所率由之軌則既互異，
而其出生亦皆不偶然，故得成就宇宙萬有之全體。可見宇宙萬有為發展不已
之全體，是能顯為大用流行，而大用之所以能流行，乃因「萬物同資取乎一
元實體」，即萬物皆憑藉乾元而得「以成其始」，皆憑藉坤元而得「以弘其生」，
而乾元即坤元，坤元亦即乾元，可見萬物皆由此乾元性海而得以資始、資生，
以成其大用流行之功也。且復應知，熊氏既認為宇宙萬有為發展不已之全體，
故應從整體發展以綜觀其大全，而不應如哲學家以剖析術以分析之。誠如《乾
坤衍》曰：「剖析法，將宇宙發展不已的全體裂成片段，故說生物未出現以前
本來無心。殊不知物質既是一元，心靈從何而生？」(《全集》七，頁 509) 案
聖人綜觀宇宙發展不已之全體，洞見宇宙根源，不至於執現象之一方以為本
始，故不會誤用剖析術。而若只純任剖析術，此失自不小，必將宇宙全體裂
成片段，物質、心靈斷為二橛，而以「生物未出現以前本來無心」，故以物質
在先，心靈在後，亦即物質產生心靈。熊氏即認為物質、心靈既斷為二橛，
而「物質既是一元」，即物是物、心是心，則「心靈從何而生」，蓋無既不能
生有，而物質亦絕不能產生心靈。同樣地，亦不可以心靈在先，物質在後，
亦即心靈產生物質，其理由亦與前述所言相同，故心靈亦絕不能產生物質。
由此可見，唯心論與唯物論之所以有此失，即因不能從整體發展以綜觀其大
全也。

　　熊氏既以宇宙萬有為發展不已的全體，故應從全體着眼，即可明瞭二事，
《乾坤衍》曰：

一事，無不能生有，宇宙萬有定有根源。何以故？明見萬有不是如
幻，故知有根源。但根源即是萬有之實體，不是超脫萬有而獨存。……
二事，變不孤起，物理、人事，隨在可徵。宇宙開闢，必由於實體
內部隱含矛盾，即有兩相反的性質蘊伏動機，遂成變化。(《全集》
七，頁 508～509)

案「無不能生有」，乃一切萬事萬物最根本之原理，此為任何人皆不能否定者，

而無既不能生有，「明見萬有不是如幻，故知有根源」，則有必從有而來，「但根源即是萬有之實體，不是超脫萬有而獨存」，即宇宙萬有乃從宇宙萬有之自身而來，宇宙萬有之自身即是宇宙萬有之本體，是以「宇宙萬有定有根源」，其根源即宇宙萬有之自身；《體用論》即曰：「宇宙，萬變、萬化、萬物、萬事之發生，必率由一大定則，曰不能無中生有」（《全集》七，頁130）。而「變不孤起」，亦是一切萬事萬物運行之法則，此亦任何人所不能反對者，所謂獨陽不生，孤陰不成，蓋實體乃具複雜性，而非單獨一性，才能陰陽和合，動而愈出，兩者實缺一不可；《乾坤衍》即曰：「實體非固定性，元是變動不居。即從其變動不居，名之為功用。……不是由實體變動了，又別造出一種世界，名為現象也」（《全集》七，頁510）。由此二事，「無不能生有」，則「宇宙萬有定有根源」，而實體確含無數可能性，不可以單純之性質視之，故謂其具複雜性，誠無可疑；《乾坤衍》即曰：「實體含藏無數的可能，故不可以單純的性質去猜疑他，祇可說他具有複雜性。惟其有複雜性故，則其變動而成為宇宙萬有，較然不一樣。或默運而無形，或『太素』而成擬」（《全集》七，頁508），可見生命之流，既無定在而無所不在，最終則一步步地打破物質之錮閉而有生機體出現。乾乃生命和精神，坤則為物質和能力，宇宙萬有只此兩方面，而生命之流遂生生不息矣。故自植物以至於低等動物，再由此以至於高等動物，而上極乎聰明睿智之人類。且「變不孤起」，此蓋「由於實體內部隱含矛盾」，可見實體誠非固定性，而「其有複雜性故，則其變動而成為宇宙萬有」，此理所固然。是以本體含藏複雜性，確然可信，而由於本體含藏複雜性，故可由體起用，由體成用，原體顯用，以顯現繁然萬殊之大用流行。要之，本體實含藏複雜性，非只是單純一性，且由綜觀宇宙萬有為發展不已的全體，肯定大用，而「無不能生有」，是以大用必有本體也；而本體既可起變動而成功用，且由綜觀宇宙萬有為發展不已的全體，肯定大用，而「變不孤起」，故大用所本之本體必含藏複雜性也。

除上兩法則外，熊氏認為宇宙萬有為發展不已的全體，復有「本隱之顯」一法則，《原儒‧原內聖》亦曰：「中國學術思想其源出於《大易》，……三大原則者：……三、本隱之顯」（《全集》六，頁636～637），案「本隱之顯」得列其一，即此可見其重要。《體用論》曰：

宇宙是發展無已止。聖人體會此理於仰觀俯察之際，遂於《大易》揭示宇宙發展之法則，曰「本隱之顯」。……乾卦初爻，取象於潛龍。

潛之為言，隱而未見也。實體變成大用，本含藏無量可能。初爻「潛龍」之象，即示此義。三百八十四爻之萬變萬化，皆自乾之初爻而起。乾初，潛隱而未見，乃無量的發展之母也。生物未出現時，無機物組織太簡單，精神潛運無機物中隱微而不能發現。猶如宇宙泰初濛然大荒，物質亦隱微不曾發現。此皆乾初潛隱之象也。（《全集》七，頁133）

熊氏認為孔子作《大易》，發現宇宙萬有發展之全體必依循一些法則，除「無不能生有」及「變不孤起」外，又有「本隱之顯」此一大法則。案熊氏歸納出《周易》之三大義例，其第二例即「乾初爻二義，坤初爻三例」，而乾初之義則重在「隱藏」，坤初之義則重在「隱微」〔註2〕。此所謂「本隱之顯」，則由乾卦初爻「潛龍，勿用」最可見出，蓋「潛之為言，隱而未見」，其雖隱藏未見，但實含藏無限潛能，此即「實體變成大用，本含藏無量可能」，是以一旦出潛離隱，即會見龍在田、或躍在淵，以至於飛龍在天，故「潛龍」之象，雖潛隱未見，而實含無量之發展可能性。雖然生物未出現之時，無機物組織太簡單，精神潛運於其中，則隱微而不能發現，但由於「潛龍」之「潛」，乃「隱藏」之義，不易為人所知，故必依「本隱之顯」此一大法則，推隱至顯，即可知矣。蓋乾道雖隱微，然有大生之力以主變，導坤而成物，故於乾初之時，雖隱藏於物質中無所作為，然坤陰則承乾起化，實自有權能，而物之凝成，究是坤之自力所為，故乾初亦只能「潛龍勿用」；然其雖暫隱藏，卻有導坤以成物之能，此則終不容忽略，而宇宙萬有亦因之得以發展不已。此「本隱之顯」法則，可由物質與心靈、精神之關係加以說明。熊氏認為心靈、精神有其特殊作用，《體用論》曰：

一義，物質有封畛不待說，而精神無封畛。孟子曰：「上下與天地同流。」此以精神之在吾身言之，確不限定在吾身，乃包通上天下地周流無間。……二義，精神之運行其速度不可推測。……物質運動可測其遲速、強弱等等度數。精神之運行則不可測。（《全集》七，頁132）

案物質有封畛，此人所易知，而精神無封畛，此則不易知；物質之運行，有其度數，此亦人所易知，而「精神之運行其速度不可推測」，此尤不易知。此

〔註2〕關於熊氏對「乾初爻二義，坤初爻三例」此義例之說明，請參閱第四章〈理論設準〉第四節「象與義例」相關部分。

蓋精神雖有特殊作用，但其隱微無形，是以既無封畛，而其運行之速度亦不可推測〔註3〕。誠如《乾坤衍》曰：「聖人固已預知來世，將有疑宇宙泰初惟有坤而無乾、惟有陰而無陽、惟有物質而無生命心靈，故取譬於潛龍初隱、馴至乎見與躍、以極乎飛也」（《全集》七，頁 509），亦即宇宙萬有為發展不已的全體，其之所以能發展不已乃依「本隱之顯」之一大法則，亦即指心靈之隱微幹運於物質之中，而終使物質得以彰顯。可見心靈、精神誠乃隱藏未見，易為物質所掩蓋，但其實含藏無限之潛能，洵不容忽略，故《體用論》曰：「汝本無法否認精神。但以為物先在、心後現，遂至妄計精神為物質之副產物」、「余不敢輕信精神是物質之副產物者，則以精神與物質之間，不能有因果關係，以其絕無類似處故耳」（《全集》七，頁 130、頁 131）。是以熊氏反對一般哲學家，尤其唯物一元論者以物質產生心靈之說，《乾坤衍》即曰：「一、就現象言，物質產生非物質的東西，將毀壞因果律。……二、就現象言，難我者，謂宇宙太初本無心靈。彼自信其說為不誤。實則，彼之於心靈，尚無真了解。……第三，就實體言，實體非超脫乎萬物而獨在，乃是萬物內在的根源」（《全集》七，頁 536～544），案熊氏認為物質產生心靈之說，其一「將毀壞因果律」，蓋物質與心靈並無直接因果關係可言；《乾坤衍》又曰：「若將物質當作實體，如唯物一元之論，則此一元實體既固定於一性。如何得有變動，成功用？此可疑者一也。又物質如何產生非物質的東西？明明破壞因果律。此可疑者二也」（《全集》七，頁 552）。其二「彼之於心靈，尚無真了解」，蓋其以物質為主，而不知心靈之作用，雖似隱藏未見，實則甚為特殊；《乾坤衍》又曰：「如真正了解心靈：（一）應當體會知、情、意三方面，究以堅強的意志力為基本作用」（《全集》七，頁 539），案知、情、意三者之關係，雖仍不易釐然分別，然「知」則猶如我知道某事是對的，「情」即我喜歡作某事，「意」即我選擇作某事，顯然地，「選擇」實較「知道」、「喜歡」更居於主導作用，我「選擇」即意謂著「堅強的意志力」有其自由抉擇之向度，此可見心靈確有特殊作用。其三彼猶不明瞭「實體非超脫乎萬物而獨在，乃

〔註3〕對此，熊氏並舉例以明，《體用論》曰：「如吾人見白瓶時，每以為一見而即有白瓶的知覺。實則正見白瓶之一剎那頃，凡記憶、想像、推求等等作用均未參加，此際見與白瓶渾然無分，而可曰一見白瓶即起知覺乎？及其有白瓶的知覺，則多數的心作用，都已集聚，極其複雜，似須經歷多時而後可能。然吾人乃自以為一見白瓶即起知覺，若不曾經一瞬而即能者。此無他故，祇是精神之運行迅速至極，故若未歷一瞬而即能耳。」（《全集》七，頁132）。

是萬物內在的根源」，故不知心靈與物質即是宇宙萬物發展不已的全體。是以生命、心靈與質和能，實同稟一元實體，原非兩物，兩者缺一不可，否則宇宙萬物無由發展不已。故精神誠非由物質產生，則物質產生心靈之說，其為謬誤則不待言，其故即因不知兩者為何物也。

　　由上可知，宇宙萬有為發展不已的全體，其之所以能發展不已乃依「無不能生有」、「變不孤起」及「本隱之顯」等法則，而宇宙萬有既發展不已，是以宇宙能有萬變、萬化、萬物、萬事之發生，而物界得以發展成立。至於物界發展演進之階層次序，熊氏亦言及之，《原儒·原內聖》曰：「物界演進約分二層。一、質礙層。……二、生機體層。……此層復分為四，曰植物機體層，曰低等動物機體層，曰高等動物機體層，曰人類機體層」（《全集》六，頁718～719），《體用論》（《全集》七，頁20）亦如此認為。然至《明心篇》，則略有所改變，其曰：「學者有言『宇宙發展約分三層。最先，無機物出現，即是物質層成就；其次，生物出現，即是生命層成就；又次，動物乃至人類出現，即是心靈層成就』云云」（《全集》七，頁156），案此雖為當時學者之意見，熊氏則大抵認同，且從原來之兩層，即「質礙層」、「生機體層」，而易為三層，即「物質層」、「生命層」及「心靈層」，此至《乾坤衍》則更確定，其曰：

> 自無始，洪荒肇啟，物質宇宙凝成，是物質層出現最先。其後，有生物出生。由植物而進至低等動物乃至高等動物，上極乎人類，于是有生命出生。剛健如諸天運轉，光明如太陽。含藏萬有如大海，活潑潑地如鳶飛魚躍。偉哉！生命層成就。宇宙無復閉塞、重濁之象，而「大生」「廣生」之幾，周遍乎太空矣。生命層既成就，同時即有心靈發現。但植物時期，心靈乍露，猶甚隱微。惟自高等動物以往，進至于人，則心靈煥發。如日之升，赫然大明。德用至盛，莫得而稱矣。……心靈層成就，宇宙之發展庶乎近於完成。（《全集》七，頁546）〔註4〕

案前後兩種說法，雖有小異，但大致上並不衝突。熊氏之意，蓋認為宇宙發

〔註4〕《乾坤衍》又曰：「諦觀宇宙發展之序，不妨大別之為三層：曰物質層，曰生命層，曰心靈層」「宇宙發展，約分三層：一曰，物質層。……二曰，生命層。……」（《全集》七，頁584～585、頁668），案由前一則，更可見熊氏對其主張之肯定；至於後一則，熊氏只言及物質層、生命層，並未言及第三層，當是漏列，而據前所引文，則應為「心靈層」無疑。

展、物界演進，大抵可分為三層，一、物質層，亦即質礙層，乃指有具體形狀而卻無生命者言，諸如土石等等皆是，而其既無生活機能可說，故亦無所謂心之作用，自不待言〔註5〕；二、生命層；三、心靈層。而後兩層合之，亦即生機體層，而「此層復分為四，曰植物機體層，曰低等動物機體層，曰高等動物機體層，曰人類機體層」，此即指物體具有生命者而言。案熊氏所作分類，亦甚合理。如植物屬「植物機體層」，此自無可疑。而就動物以言，則大致上可分成四等，即最末一層，只有細胞，而無神經，亦無頭腦，是以既無記憶，亦無思想可言，甚至連疼痛之感覺亦無；再上一等，即第三層次，則有細胞、神經，卻無記憶、思想，即使知曉疼痛，但亦不甚畏懼；以上最末一層及第三層，蓋可包含於熊氏所謂「低等動物機體層」中。再上一等，即第二層次，不僅有細胞、神經，亦有些許記憶，並可簡易思考，即思想簡單，對於疼痛，甚至死亡，亦能稍微體會得到，此蓋除人以外之靈長類動物；此第二層，即熊氏所謂「高等動物機體層」也。最後，即最高一層，無疑即指人而言，不僅有靈長類動物所有之特徵，且其心靈已發展到極至，以致能創造出文明來；此最高層，即熊氏所謂「人類機體層」也。而於熊氏之說，或亦有懷疑者，如梁漱溟〈讀熊著各書書後〉曰：「熊先生短於科學知識，原應當從嘿謝短；却不求甚解，逞臆妄談，是其一貫作風」（《憶熊十力先生》，頁10），案梁說亦甚恰當，唯熊氏誠非生物學家，其說蓋襲取當時中外相關學說而言，實不必深究其是非對錯，而此亦不過表示其見解而已。至於生機體層演進之過程，則如《原儒・原內聖》曰：「一曰，由粗大而趨適當。二曰，由簡單而趨複雜。三曰，由重濁而趨微妙」（《全集》六，頁 720～721），《體用論》亦曰：「一曰，由固定而趨行動。……二曰，由伏行而直立。……三曰，神經系與大腦之構造，日益繁密精銳」（《全集》七，頁 135～136），案此亦視

〔註5〕《原儒・原內聖》曰：「物界之發展必須經過質礙層，而後有生機體層，此乃莊子所謂『惡乎然？然於然』也。余考大乘有宗義。質礙層對於生機體，得作五種因。五因者：一、起因，二、依因，三、隨轉因，四、持因，五、養因。起因者，謂質礙層若未起，生機體必不能起，故說質礙層為生機體起因。依因者，謂生機體依據質礙層而得生故。隨轉因者，謂若質礙層變異生機體亦隨變異故。持因者，謂生機體剎剎故滅新生，由質礙層持之不絕故。養因者，謂由質礙層諸可資生之物，養彼生機體令其增長故。如上五因，與《易・序卦》云『有天地然後萬物生焉』。其大旨亦相通也」（《全集》六，頁 723～724），案有宗五因之說，是否即與《易・序卦》所云之旨相通，此姑勿論；但由此亦可見，所謂之「質礙層」，即「物質層」，其雖為最低下之一層，然而誠甚重要，洵不容忽視也。

為熊氏之看法即可。而不論依循前說或後說，要之，由質礙層以至生機體層，或由物質層以至生命層而至心靈層，則無可置疑。且亦唯至心靈出現，才能產生文化、歷史……等，而人才能成為一真實之活生生的實存而有，方可顯出其價值意義。故熊氏認為宇宙萬有乃真實無疑，物界發展亦確然存在；而物界既得以發展不已，顯其繁然萬殊之狀，此亦即「肯定大用」之極至也。

　　綜上所言，熊氏已跳脫出《新論》純粹哲理思辯之框架，而注意及於宇宙萬物之生成變化。蓋就存有之根源而言，其必能自如其如地開顯其自己，甚至可以開顯為一切之萬有，而其亦是一切萬有之所以存在之理，故萬有之所以存在之理之亦必會歸於此存有的根源，形成一迴返往復之辯證也。在《新論》中，熊氏自亦不會否定宇宙萬有之存在，但因其偏重於建構其「體用不二」論，頗有空談義理之嫌，故其雖否定佛家歸於寂滅之說，但其所言，則常被認為與佛家所言實無異也，熊氏亦曾說若視之為一「新的佛家」亦無不可，是以《新論》雖縱言即用識體、翕闢成變，但於宇宙萬有如何施設、穩立，則所言無多，故亦流於虛幻、空無，以致有與佛家同歸於寂滅之嫌也。至晚年著作，尤其《乾坤衍》，從《大易》入手，強調作為存有的根源之乾元，乃一活生生而能活動之活體，即存有即活動，為一縱貫的創生義下之道德主體性，生生不息健動無已，自如其如地開顯其自己，開顯成宇宙萬有，宇宙萬有皆是真實無妄，非是幻跡而已。顯然地，熊氏已意識到不能光有理論構架，只言道德心性，誠然有所不足，而更須肯定萬物，對此世界予以重視，甚至要開出科學知識，以施設穩立此一活生生的實存而有之生活世界。是以熊氏認為佛家攝用歸體、攝相歸性、攝俗歸真，雖能破相顯性，但終究則成談體而遺用，蕩相遣執，相破而性亦不存，而將作為存有的根源之本體，予以遮撥掉，只成一如如不動之真如死體而已；或者只能橫面地執取，唯成各各獨立而互不相干之現行而已，種子自種子，現行自現行，以偏概全，本體與現象斷為兩片，而於存有的根源必無法自如其如地開顯，更無法望其成為一縱貫的創生義之道德主體性。孔子《大易》則不然，乃肯定現象真實、萬物真實，即以萬物或現象為主，而宇宙亦是從過去到今以急趨未來之發展不已的全體，此乃「肯定大用」，是以攝體歸用、攝性歸相、攝真歸俗，而此亦即「即用識體」也。筆者《熊十力《新唯識論》研究》即曰：「熊氏實已將靜態之發散，一轉而為動態之創生，由翕闢成變之用上，而見本體原是生生不

已流行不息之真機，本體之大用顯現無遺，攝體歸用而又即用識體，實成一辯證的動態之創生。於此動態之創生過程中，即於用上而識體，現象界與本體界融合為一，故無體用分而為二之失」（頁 55），案存有的根源必自如其如地開顯其自己，並開顯為一切之萬有，既是縱貫的道德之創生，故能超越「執著性、對象化的存有」，而向「無執著性、未對象化的存有」邁進，以觸及到「存有的根源」自身；而一方面，其亦兼含橫面的概念之執定，存有的根源一經開顯，必經此一「執著性、對象化的存有」之轉折，從而執定之，而此「執著性、對象化的存有」實則亦無異於「無執著性、未對象化的存有」，一翕一闢，翕闢同時，無有先後，故成變化，蓋此兩者乃是存有的根源自如其如地開顯其自己而已，由「無執著性、未對象化的存有」以見其實為一縱貫的道德之創生，由「執著性、對象化的存有」以見其實為一橫面的概念之執定，存有的根源實即兼含此二層面之存有，此亦即「由翕闢成變之用上，而見本體原是生生不已流行不息之真機，本體之大用顯現無遺，攝體歸用而又即用識體」，此一迴返往復之動態創生過程之辯證，實乃熊氏為當代新儒學所奠定之極重要而又最基本之規模也。

第三節　用分翕闢

　　熊氏推明孔子《周易》乾坤二卦之旨，其於大用流行方面，既已說明第三根本原理「肯定大用」，則可進一步探求第四根本原理。乾坤第四根本原理為何？即「用分翕闢」。蓋既肯定必有大用，而大用必得流行，然其如何起變化而成功用，即因有乾坤兩大勢用，乾乃闢勢，坤為翕勢，亦即乾元本體實含其性互異之乾坤兩大勢用。此「用分翕闢」，又可細分為兩原則。乾坤兩性互異，相反相成，即「翕闢成變」，此其根本原則；而乾能主動開坤，坤則承乾起化，即「乾統坤承」，斯乃最大原則。此兩原則，實亦只是一原則而已。案對宇宙萬有之變動，熊氏亦曾思及，《乾坤衍》曰：

> 綜觀宇宙，從無始至今趨於無盡之未來，本是變動不居的全體。其變動也，或如佛氏所謂一團迷暗勢力，亂衝亂動歟？抑隱存有目的，而以剛健大力，奔赴無盡之前途，浩然直往，永不退墮，以非無鵠，故不厭倦歟？（《全集》七，頁 581）

案「佛氏所謂一團迷暗勢力」，即佛家視無明為源頭，而人生唯是一團迷暗，

且亦亂衝亂動，終則歸於寂滅，以至於毀生人之性，此自為熊氏所常批判者〔註6〕；而「隱存有目的」，即目的論者之說，認為宇宙皆按一定秩序而存在，事物皆向著目標而運動，而作為秩序之制定者，其最高之源泉，蓋亦即上帝，此亦是熊氏所不能認同者〔註7〕。然宇宙萬有，亦即實體，其如何變動？《原儒‧原內聖》曰：「孔子作《易》，首以陰陽成變解決宇宙論中之心物問題，蓋本其所觀測於萬物萬事萬化者，莫不由乎辯證法」、「中國學術思想其源出於《大易》，……三大原則者：……二、陰陽成變。……」（《全集》六，頁603、頁636～637），案「陰陽成變」，即「翕闢成變」，亦列其一，即此可見其重要；而實體之所以能變動，即由「翕闢成變」，及由此而來之「乾統坤承」。《乾坤衍》曰：

> 聖人於乾道，說萬物「資始」者，何？始，有二義：一、乾道，主動以導坤。故乾稱大生，坤曰廣生。坤之廣生，乾為其導也。萬物資取于乾道，坤與乾合德，萬物始生。此為第一義。二、……坤為物質，化成萬物者，固是坤之所為。然據孔子《周易》之例，坤不獨化，必待乾之力主動起變以開導坤，坤乃承乾而化與乾同功，乃得凝成萬物。（《全集》七，頁579）

案所言二義，雖頗相近，但仍各有所重。所謂「乾道，主動以導坤」，此強調其相反相成，即「翕闢成變」也。《體用論》即曰：「尅就大用而言，闢，是健動、升進、開發之勢，所謂精神是也。翕，是凝斂、攝聚，而有趨於固閉之勢，所謂物質是也」、「翕，動而凝也；闢，動而升也。凝者，為質為物。升者，為精為神」（《全集》七，頁99、頁108），《乾坤衍》亦曰：「實體是一，其變動即為兩。兩者，乾與坤，是稱功用。乾坤，即是功用之兩方面」（《全集》七，頁662），案熊氏認為實體變動，必有其軌範，而孔子作《易》，即本於實測，從而悟得「陰陽成變」此一辯證法，亦即「翕闢成變」，以解決宇宙論中之心物問題。蓋實體是一，其變動之軌範即「一變為兩」，所謂「兩」者，

〔註6〕關於熊氏對佛家「迷暗」之說之批評，請參閱第五章〈體用不二〉第四節「反對佛、道、西洋哲學本體之說」相關部分。

〔註7〕《乾坤衍》即曰：「目的緣於有意。譬如人有所行動，必其意想中有目的，故動。未有無的而動者也。……乾，無意想，不得謂其變化有目的。此其大不可通者一也。宇宙大變化，故故不留，新新而起，不由預定。設若乾道變化有目的者，即是萬變萬化萬物萬事，一切都由預定，何有變化可說乎？此其大不可通者二也。」（《全集》七，頁583～584）

即乾坤兩大功用，乾則闢也，乃「健動、升進、開發之勢」，故「動而升也」、「為精為神」，坤則翕也，乃「凝歛、攝聚，而有趨於固閉之勢」，故「動而凝也」、「為質為物」，是以乾闢坤翕相反相成以成變，而大用流行，宇宙萬有得以顯現。孔子既首以「翕闢成變」解決宇宙論中之心物問題，然「坤不獨化，必待乾之力主動起變以開導坤，坤乃承乾而化與乾同功，乃得凝成萬物」，故伴隨而來者，更有「乾統坤承」此一最大原則。要之，「翕闢成變」與「乾統坤承」，蓋為用分翕闢大用流行之運行軌則。

　　熊氏認為孔子《大易》確是由乎「翕闢成變」此一辯證法，此從「乾以知來，坤以藏往」即可明〔註8〕。關於「乾以知來」，《乾坤衍》曰：

> 乾無意想，即無知識。然乾有炤明性，非迷暗也。故云知。……乾
> 之疾趨于未來也，本無預定之目的。而以其不迷暗故，自然有隨緣
> 作主之勢用，決不是亂衝亂動。（《全集》七，頁584）

〔註8〕案《乾坤衍》曰：「余謂上句『神以知來』，神字當是乾字，而誤為神。然神者精神，非上帝，尚無大失。下句『知以藏往』，知字當是坤字，而誤為知。虞翻注此處云：『乾神知來，坤知藏往。來，謂先心。往，謂藏密也。』李道平疏曰：『聖人取七、八、九、六之數，知來而藏往。未來者以此知之，故來謂先心。已往者以此藏之，故往謂藏密。蓋《易》例，以未來者屬乾，已往者屬坤。』云云。按虞、李皆就占卜解釋，是乃大謬」（《全集》七，頁580～581），據〈繫辭傳〉上第十一章曰：「聖人以此洗心，退藏於密，吉凶與民同患，神以知來，知以藏往，其孰能與於此哉」，熊氏認為「神以知來，知以藏往」之「神」與「知」，應為「乾」與「坤」之誤，是以此句應為「乾以知來，坤以藏往」。案〈繫辭傳〉此段文字頗多謬誤，如「聖人以此洗心」之「洗」字，亦有儒者認為乃「先」字之誤，即「洗心」應為「先心」，故虞翻注曰：「以著神知來，故以先心」（見李氏《周易集解》卷第十四），陸德明《經典釋文》卷第二亦曰：「京、荀、虞、董、張、蜀才作先，石經同」，李道平《周易集解纂疏》卷八亦曰：「尋古洗濯字皆作『洒』，無作『洗』者，蔡邕《石經》及京荀虞董遇張璠蜀才皆作『先』，今從之」。至於「神以知來，知以藏往」，是否如熊氏所言應為「乾以知來，坤以藏往」，此則頗難遽斷。誠然，熊氏隨意改經，不免失之輕率。且此兩句，實亦不須改字，而「神」字即有「乾」字之意，「知」字即有「坤」字之意。蓋「神以知來」，虞翻注云：「乾神知來」，故「神以知來」無異即是「乾以知來」；而「知以藏往」，虞翻注云：「坤知藏往」，故「知以藏往」不啻即是「坤以藏往」。又衡之以〈繫辭傳〉上第一章：「乾知大始，坤作成物」，其句式語法正相同。是以「神以知來，知以藏往」，如作「乾以知來，坤以藏往」，亦無不可。此即「神以知來，知以藏往」即是「乾以知來，坤以藏往」之意，故熊氏實亦無須改字解經。唯熊氏雖有此失，然其作「乾以知來，坤以藏往」，而予發揮，亦可見其於此實有會心。至於虞翻、李道平之注，乃漢《易》家象數之言，其是非對錯且姑勿論，而自不為熊氏所贊同。今則且順熊氏以為言。

案乾之所以能知來，即因「乾無意想，即無知識」，而所謂「無意想」，即非如目的論者之所言，其乃「本無預定之目的」；且因「乾有焆明性，非迷暗也」，而所謂「有焆明性」，即其亦非如佛氏所謂一團迷暗勢力而亂衝亂動，而是「自然有隨緣作主之勢用」。是以乾以知來，健健無息，進進無已，新新而不守其故，對於生命之流，心靈之運，可奔赴於無盡之未來，故乾常為未來作開導因，既流注於未來，亦不宿於過去，而復不住於現在，能以大生之力主動導坤，以凝成物質世界，而其豈有窮盡？〔註9〕至於「坤以藏往」，《乾坤衍》曰：

> 乾性健健，而坤有惰性。乾主進，而坤喜退。乾主創造，而坤樂因循。是故乾道雖以大生之健力，開導乎坤，坤不得不順以承乾而起化，然坤並非完全改易其惰性以從乾。（《全集》七，頁588）

> 坤，一方承乾起化，捨棄萬物之各種個體，不憚於創新；另一方保留萬物之各種類型，不廢已往成績，俾創生的各種個體諸新物，仍以舊類型出現。（《全集》七，頁589）〔註10〕

案坤之所以能藏往，蓋其本與乾道相反，是以乾雖主動而導坤，而「坤不得不順以承乾而起化」，蓋坤與乾同為乾元之兩大勢用，自亦有其作用，乃承乾起化以凝成萬物，所謂坤作成物也。然則，坤雖承乾起化，但「坤並非完全

〔註9〕熊氏認為乾卦六爻，正表明此意，《乾坤衍》曰：「故乾卦初爻，取『潛龍勿用』之象。以譬喻乾道值勿用之緣，惟有榦運于物質中，隱藏以大畜而已。此即隨勿用之緣，而有以自主也。二爻，『見龍』。以譬喻乾道榦運乎物質，卒得有發生生物之條件，物質改造為生機體。生命、心靈自此一躍而出現。此亦乾道之隨緣作主也。三爻，『乾乾』。取象於有龍德之君子，以譬喻乾道健而又健，如龍之屈伸，健德益固，終必躍。四爻，『或躍在淵』。則自高等動物出現時，生命、心靈已躍而將近乎天，仍退而在淵。五爻，『飛龍在天』。此即人類出現時，生命、心靈發展達于最高級。其進而又進，極乎高飛大躍，故取『飛龍』之象。發展抵于最高級，故云在天。是故綜上各爻而觀之，乾之發展每到一步，即隨所值之緣，皆有進而又進之表現，未嘗停滯于某一階段。極乎五爻，飛躍在天。終不升上爻者何耶？則以生命、心靈之發展，畢竟無有止境。故以飛龍在天，明其極盛。而贊揚止于五爻，不至乎上。上爻，盛極而窮之地也。生命豈有窮乎？心靈之運，豈有盡乎？」（《全集》七，頁586～587）可見乾卦前五爻，乃在闡明乾道發展至於極盛，生命、心靈已達於最高級；至於為何「贊揚止于五爻，不至乎上」？此誠如熊氏所歸納《周易》之三大義例，其最後一例即「諸卦上爻往往別明他事」，而此益可見生命、心靈豈有窮盡乎！又關於熊氏對「諸卦上爻往往別明他事」此義例之說明，請參閱第四章〈理論設準〉第四節「象與義例」相關部分。

〔註10〕案以上關於「乾以知來，坤以藏往」引文之義，《原儒・原內聖》（《全集》六，頁734～737）亦已言及，請參閱。

改易其惰性以從乾」，蓋乾為闢勢，乃「存有的開顯」，具動而升也之功能，為一縱貫的道德之創生，有其開導之勢用，而坤為翕勢，乃「存有的執定」，具動而凝也之功能，為一橫面的概念之執定，有其攝聚之勢用，是以「一方承乾起化，捨棄萬物之各種個體，不憚於創新」，此可見坤本有其柔順之特性，而「另一方保留萬物之各種類型，不廢已往成績，俾創生的各種個體諸新物，仍以舊類型出現」，此可見其亦有坤作成物之特性。故坤與乾同功，「存有的開顯」與「存有的執定」，乃存有的根源——「Ｘ」之自如其如地開顯其自己之兩方面，此兩者乃同時並存，缺一不可，洵未可強分軒輊焉。

由上可見，「乾以知來，坤以藏往」，其意即是乾坤相反相成「翕闢成變」之意。乾既為闢勢，稱體而起，乃「存有的開顯」，亦即為「無執著性、未對象化的存有」；坤則為翕勢，承乾起化，為「存有的執定」，亦即為「執著性、對象化的存有」。《乾坤衍》曰：

> 聖人於乾卦，稱乾為精。精者，言其至真而無形，其動也至健而不可見其造作之迹。此乾道所以有精之稱也。聖人於坤卦，稱坤為理。坤有實質，而凝成萬物。物之成也，非由于質之雜亂堆集，必依于理乃得成耳。（《全集》七，頁 589～590）

> 乾是主動，導坤。坤是承乾起化，而成物。故推究萬物所由始，不能不謂其資取于乾方成其始。坤有實質故，能凝而成物。萬物資取于坤以有其形體，而乾道實幹運乎形體之中。（《全集》七，頁 591～592）

所謂「乾以知來」之「乾」，誠如熊氏所言：「聖人於乾卦，稱乾為精」，既稱為精，則其有力以主導坤而起變動，所謂「言其至真而無形，其動也至健而不可見其造作之迹」，即其雖隱藏而實含幹運之機，是以「乾是主動，導坤」，故〈繫辭傳〉曰：「夫乾，其靜也專，其動也直，是以大生焉」；而以其其靜也專，其動也直，是以誠如《乾坤衍》曰：「靜專則含蓄深厚，動直則發用勇悍。故曰『是以大生』」（《全集》七，頁 656）。至於「坤以藏往」之「坤」，亦如熊氏所言：「聖人於坤卦，稱坤為理」，既稱為理，則其承乾而有凝歛攝聚之能，所謂「坤有實質，而凝成萬物」，即其雖隱微而其勢則必盛大，是以「坤是承乾起化，而成物」，故〈繫辭傳〉曰：「夫坤，其靜也翕，其動也闢，是以廣生焉」；而以其其靜也翕，其動也闢，是以誠如《乾坤衍》曰：「質和能無炤明之性，承乾主導，生長遂茂。故曰『是以廣生』」（《全集》七，頁 657）。故「乾以知來，坤以藏

往」，即如《乾坤衍》曰：「乾以至精而常為未來開其端，宇宙所以無盡。坤藏往而載眾理，物理世界所以不可厭離」（《全集》七，頁590），可見由於乾坤相反相成「翕闢成變」，而「宇宙所以無盡」，故宇宙乃真實無疑，而「物理世界所以不可厭離」，故物理世界亦非是虛幻，是以「翕闢成變」確是宇宙萬有之本體其之所以變動之最根本原則〔註11〕。林安梧《存有·意識與實踐》即認為翕闢成變乃「存有開顯的動勢」，其曰：「顯然的，這裏熊氏一方面強調本體（恆轉）是以『翕、闢』這對範疇展開的，而另一方面則又以為『翕闢成變』當以『闢』作為首出者，翕必當順服於闢，而且又以『闢』來表示人的『心』」（頁121～122），此翕闢成變既是「存有開顯的動勢」，其動勢不僅依相反相成之軌則而行，而闢勢尤為特出，蓋依「闢」而行，即是如其為本體之顯現，故若無闢勢之主導，則本體亦無由如其為本體地顯現。是以尤須注意者，即乾坤相反相成，雖以翕闢成變為其根本原則，然其既非如一上一下之相反對，亦無有一先一後之次第可言，而乃同時俱起，才說翕即有闢，才說闢即有翕，即翕闢同時，無有先後。而闢則運乎翕之中，能轉之以俱升，是以闢之勢用又較翕為殊特。蓋翕闢雖是乾元本體之兩大勢用，實乃構成本體之不可分之整體，故從本體上而言，兩者無可區分，但因闢乃據本體而發動者，有主動特出之作用，是以從作用上則有區分，亦即兩勢用有分殊也。《乾坤衍》曰：

> 孔子《周易》本以乾陽坤陰，相反相成，為其根本原則。但與此原則密切相關者，更有乾陽統坤陰，坤陰承乾陽之最大原則。（《全集》七，頁612）

> 乾坤異性，而相反相成。乾起變導坤，坤承乾而化，其要在遵循乾統坤之天則。（《全集》七，頁613）

熊氏認為乾坤相反相成，除以翕闢成變為其根本原則外，更有「乾陽統坤陰，坤陰承乾陽」之最大原則，此即「乾統坤承」，所謂乾闢主動以開導坤，坤翕則承乾而起化也。案乾坤乃六十二卦之父母，而此二卦，又以乾卦為最要，此《大易》之所以首乾也。蓋乾既以剛健、中正、純粹諸德，以主導乎坤，

〔註11〕案嚴復譯赫胥黎《天演論》，卷上導言二〈廣義〉案語有「翕以聚質，闢以散力」之說，或疑與熊氏「翕闢說」相合；但熊氏斷然否認，故於《新論（語體文本）·功能上、下》（《全集》三，頁151～275）辨之甚明，於《示要》卷三亦曰：「有引嚴又陵《天演界說》，翕以聚質，闢以散力等語，謂此為《新論》翕闢之說所本，此乃大謬」（《全集》三，頁944），《明心篇》「附錄」〈答友人〉亦曰：「根本不相合」、「全不同」（《全集》七，頁315）。

而坤則承乾以起化，而與乾合德，此即「乾起變導坤，坤承乾而化」，所謂乾統坤，坤承乾，性靈統物質，物質隨性靈而轉，故「乾統坤承」實為乾坤大用變化之最大原則。而「乾統坤承」此一最大原則，實從乾坤相反相成「翕闢成變」此一根本原則而來，兩者密切相關，實是一體兩面，而「乾統坤承」此一最大原則又尤為重要也。〔註12〕

綜上所言，大用流行，而用分翕闢，即因乾坤兩大勢用，乾乃闢勢，坤為翕勢，此「用分翕闢」，其根本原則即「翕闢成變」，其性互異而相反相成，而其最大原則即「乾統坤承」，乾能主動開坤，坤則承乾起化。然翕闢成變，乾統坤承，其變化乃非常迅速莫測，剎那剎那生滅滅生，無有暫停，此即所謂「剎那生滅」義也〔註13〕。《原儒・原內聖》曰：

> 云何說剎那生滅？……依佛氏說，凡物於一剎那頃纔生起，即於此剎那頃便壞滅，實無有暫住者，故亦說為剎那滅。(《全集》六，頁726)

案所謂剎那頃生起隨即剎那頃壞滅，而剎那頃壞滅亦隨即剎那頃生起，誠可謂難以言說而不可思議者。因其實不易為人明瞭，故《原儒・原內聖》續曰：

> 一曰、前後剎那相緊接，其中間無有空隙，即是前滅後生之間無空隙，所以剎那剎那、生滅滅生、不斷絕也。如前後剎之間有空隙，

〔註12〕熊氏並就人事取譬，《乾坤衍》曰：「如孔子主張天下為公之大道，決定消滅天下為私之毒物。公私兩方陣營本相反，不妨說為對立。實則公的一方是乾道、是為主，以開導私的一方者。私的一方是坤道、是當順承於主，而完全革去其舊惡。如此，則私方本不可與公方對立，祗當去私以歸公。私方去私歸公，才是公道普遍盛行。昔之兩方陣營，今皆合一於公道之下，創開公道發展的新局面。不是別有第三方，收拾乾坤對立之局而圖合一也」(《全集》七，頁613)，案此以公私為譬，甚為精當，乾乃公的一方，坤則私的一方，是以「公的一方是乾道、是為主，以開導私的一方者」，即乾闢主動以開導坤，而「私的一方是坤道、是當順承於主，而完全革去其舊惡」，即坤翕則承乾而起化，若明乎此，則可知乾坤翕闢非可僅是看作對立，其實其亦以乾闢為主，主動以導坤，坤則承乾而起化，「昔之兩方陣營，今皆合一於公道之下」，即翕闢成變、乾統坤承，如是才能起變化而成功用，而大用得以流行，從而顯現為繁然萬殊之宇宙萬有。

〔註13〕案「剎那」乃佛家專有名詞，誠如《原儒・原內聖》曰：「佛家小乘分析時間至極短促，方名剎那，如《大毗婆沙論》卷一百三十六說：『壯士彈指頃，經六十四剎那。』其云六十四，不知如何計算，現時鐘錶猶無可推定剎那量，況古無計時之具乎？或曰：毗婆沙說不可泥解，壯士彈指猛疾，猶經六十四剎那，可見剎那量是短促至極，不可數計耳」(《全集》六，頁725)，據《大毗婆沙論》所言，猶難說明其義，然總之，其乃形容時間之「短促至極」也。

則前物滅已，即便中斷，無可與後剎密接，即無新生之物與前相續矣。……二曰，宇宙進展不是如一條直道向前，而是多方面或旁蹊曲徑。轉折多端，卻無礙於前進。(《全集》六，頁726～727)

熊氏以二義加以補充，其一、「前後剎那相緊接」，即前滅後生之間絕無空隙，故剎那剎那生滅滅生，而無有斷絕；其二、「宇宙進展不是如一條直道向前」，而其轉折雖多端，卻無礙於前進。唯此前滅後生，其相續之形則甚不一致，《原儒・原內聖》續曰：

有後剎新生之物恰與前剎方滅之物極相似者，如吾人睹今日之天地以為猶是昨日之天地，實則昨日至今，已經無量數剎那，天地即經無量數改易。何可曰今之天地，猶是昨之天地乎？但今者新生之天地，與以前之天地相似相續故，遂見為猶昨耳。……復有後剎新生之物雖與前剎方滅之物緊相接續，然後剎新物與前剎方滅之物竟無相似處，而別為一類型，如淮橘成枳即是一例。(《全集》六，頁727)

所謂「有後剎新生之物恰與前剎方滅之物極相似者」，此猶「睹今日之天地以為猶是昨日之天地」，案昨日至今，已經無量數剎那，天地實經無量數改易，但在質上則未有大變化，猶是昨日天地；而「有後剎新生之物雖與前剎方滅之物緊相接續，然後剎新物與前剎方滅之物竟無相似處」，此猶「淮橘成枳」，案此亦已經無量數剎那，後剎新物雖承前剎方滅之物而起，但在質上卻產生重大變化，完全改變原貌，不似原先之狀。如是而「剎那生滅」義，方可清晰顯明〔註14〕。蓋宇宙萬有，既是大用流行，此造化之所以生生不息，故翕

〔註14〕熊氏並舉例以明，《原儒・原內聖》曰：「余年十一，侍先父其相公遊山。先父語從遊者曰：齊景公與諸大夫遊勞山，樂甚！喟然曰：『使古而無死，吾可保此樂矣。』晏子對曰：『古而無死，古人之樂也，君何有焉？』先父命不肖述懷，不肖曰：悲自古皆有死，而傷己將不得保勞山之樂，景公之昏也。因古人之死，而幸己得有旦夕之樂，晏子亦未達乎。兒所欲知者，死生之故耳。先父笑而撫吾頂。孔子語子路曰：『未知生，焉知死。』夫怖死者，小己之私也，知生則與造化為一，何死之有？吾年五十後後，庶幾有悟也。造化者，大用流行之稱」(《全集》六，頁728)，案景公不達「剎那生滅」義，怖死傷己，其問政於孔子，孔子答以「君君、臣臣、父父、子子」等「正名」大義，而其卻曰：「善哉！信如君不君、臣不臣、父不父、子不子，雖有粟，吾得而食諸？」(《論語・顏淵》)可見景公只關心自己「吾可保此樂矣」否？「吾得而食諸」否？故於「造化者，大用流行之稱」，自無所悟入。而晏子之對，只是駁斥景公，未能予開解，亦未達此理。熊氏則自年少即識此義，而至五十後，體悟更深。

闢成變，乾統坤承，剎那剎那生滅滅生，才生即滅，方滅又生，而滅滅不住，故故不留，正所以生生不已，新新而起。

此「剎那生滅」義，雖是佛家專有名詞，但熊氏認為孔子《周易》早已言之，然兩者則各有所重，且極相對反；而老、莊雖亦稍窺及之，但卻未能洞徹。《原儒·原內聖》曰：

> 《易》曰：「唯神也，故不疾而速，不行而至。」此正明乾神健動之實也，而其理微矣。莊子而後，解者鮮矣。學絕而求徵於外，大乘剎那生滅義，其為〈易大傳〉闡明健動之注疏歟。……要至佛家才單刀直入，拿定剎那義來說。然佛氏是出世法，雖明明見到剎那生滅，而實着重於滅之方面，非着重於生之方面也。（《全集》六，頁725～726）

《體用論》亦曰：

> 凡物剎那滅，佛氏與吾儒《大易》都見此理。老、莊深達《易》旨，然余獨宗《易》，究與二氏殊趣。夫剎那剎那滅，實即剎那剎那捨故生新。儒者以此，明人道與群治當體現天行之健，常去故取新自強而不息也。佛氏以剎那滅即是無常而作空觀，卒流於反人生。老莊雖見到剎那生滅而卒歸本自然，遂至守靜任化，而廢人能。（《全集》七，頁32～33）

首先，熊氏認為《大易》「唯神也，故不疾而速，不行而至」，最可表明乾神健動之實，亦即翕闢成變乾統坤承之義。蓋「剎那剎那滅，實即剎那剎那捨故生新」，以其既滅即生，生生不已，乃着重於生，非着重於滅，是以去故取新、健行不已。《原儒·原內聖》即曰：「夫乾神健動，剎那剎那，纔生即滅。纔滅即生，其捨故創新之迅速如此。並非猛疾作勢而然，故曰『不疾而速』。又剎那滅故，前物不曾行住於後，然由剎那相似隨轉，便覺前物至後，故曰『不行而至』」（《全集》六，頁728），蓋念念方生方滅，剎那生起，隨即剎那滅沒，絕不暫住，還復為無，是以大化遷流乃一連續之創新過程，實為一不可分割之整體，此種變化微妙至極，剎那剎那生滅滅生，亦即剎那剎那皆是革故鼎新，故「不疾而速，不行而至」正表明「剎那生滅」之義，而《大易》既洞徹此義，則於乾神健動之實，可謂體會至深。其次，熊氏亦以「老、莊深達《易》旨」，誠如《原儒·原內聖》曰：「莊子有云：『變化密移，疇覺之歟。』又曰：夫藏舟於壑，藏山於澤，謂之固矣。然而夜半有力者負之而走，

昧者不知也。……案莊子之論，蓋深有會於《大易》『不疾而速，不行而至』之神」（《全集》六，頁731～732）〔註15〕，案莊子「藏舟於壑」之喻，見〈大宗師〉，至於「變化密移，疇覺之欺」之說，莊子自是深明此理，故能造於道，而有達於造化之機，《列子·天瑞》亦言之更詳，張湛且注曰：「此則莊子舟壑之義」。故兩者實是同意，乃言萬物運轉無已，蓋萬物既與造化為體，而體隨大化而遷，是以化不暫停，則物豈守故也哉？其變化密移之速，誠莫之測其所以然也！但熊氏認為莊子雖有見於此，然畢竟「守靜任化，而廢人能」，《原儒·原內聖》亦曰：「但莊子於本體未有真見，其學駁雜，流於頹廢」（《全集》六，頁732），此則熊氏所不能認同者。最後，熊氏認為「佛氏與吾儒《大易》都見此理」，然則，孔子《大易》言剎那生滅，其側重在「生」，故而健動無已而生生不息，至於佛家言剎那生滅，則側重在「滅」，是以其雖專明此義，然「實着重於滅之方面」，故終「以剎那滅即是無常而作空觀」，則唯歸趨於寂滅而已。《原儒·原內聖》曰：

> 佛氏側重滅之方面，欲人觀無常耳。儒家根本大經，即孔子《周易》，《周易》側重生之方面，則與出世法相反矣。（《全集》六，頁730）

案孔子《周易》側重「生」之方面，剎剎纔生即滅，纔滅即生，其側重在生，乃是萬物本是大化流行之過程而都不暫停之「頓變」義，非是由積漸而至者之「漸變」義，亦非不循漸變之軌而乃有飛躍而至者之「突變」義〔註16〕。故由《易》道而言，剎那剎那，滅滅不住，實即剎那剎那，生生不已，此即萬物於每一剎頃纔生即滅，即於每一剎頃故故不留、新新而起，故於此可識大化流行不已之妙，是以說萬物剎剎頓變。是故《大易》其之所以「唯神也」，蓋剎剎頓變，故故不留、新新而起，此乃法爾如是，非是人為作意，故曰：「不

〔註15〕《尊聞錄》（《全集》一，頁614）即已略言及此意，《體用論》（《全集》七，頁32）亦再予強調。

〔註16〕關於「頓變」、「漸變」及「突變」等義，《原儒·原內聖》曰：「通常以事物之變化，由積漸而至者，謂之漸變；若夫不循漸變之軌，乃有飛躍而至者，則謂之突變。〔實則突變，亦非不經過漸變。乳之成酪可謂突變，而在未成酪之先，確已經過無量數剎那之漸變。此一例也。〕余於此中談剎那生滅是頓變義。此頓變一名，本從佛籍援引得來，而其義則〈易大傳〉之所早已發見，但文辭過簡，未暢厥旨，吾故引佛說以疏通之耳。惟頓變一名與平常習聞之突變一詞，決不可視為同義」（《全集》六，頁733），此中較易混淆者，為頓變與突變，但兩者實有不同，應予善觀。

疾而速」；而其剎剎滅故生新，變化密移，本無前物行於後，而萬物之發展，則後後續於前前，固未嘗有中斷，故曰：「不行而至」。而即以其「不疾而速」、「不行而至」，故曰「唯神也」，以見其變化之迅速莫測，剎剎頓變，纔生即滅，故故不留，纔滅即生，新新而起，視此變化為動力，確能捨故生新，萬物皆不會中斷，而宇宙亦非空無幻化耳。蓋滅者即所以生也，而生者既滅則復又再生，是以造化之所以生生而不已，新新而不用其故，皆此之為功也。可見孔子《周易》之言剎那生滅，乃側重於「生」，亦即聖人於萬物則觀其生，而非側重於「滅」，此其義實深遠至極，而又何疑何怖之有？至於佛家之言剎那生滅，亦是「頓變」義，而非「漸變」義、「突變」義，然畢竟側重「滅」之方面，是以直欲人觀無常耳，亦即佛氏於萬物則觀其滅，因此淺識者聞一滅字，或起疑怖，蓋其必至於反人生、毀宇宙而後已〔註17〕。景海峰《熊十力》即曰：「將剎那生滅義（佛氏專言識之流轉、念之相繼）引入大化流行的本體觀，同《易》理相結合，這確是熊十力改造佛學的一大成果」（頁194）〔註18〕，林安梧《存有‧意識與實踐》更認為剎那生滅乃「存有開顯的實況」，其曰：「熊十力的剎那生滅義是越過了執著性的、對象化的存有而說的，是就存有的根源自如其如的開顯而說的，通過剎那生滅義的釐清，由是而上，則存有的根源義由是可以想望而得之，由是而下，則存有的執定亦可由是而定也」（頁140），此剎那生滅義，既是「存有開顯的實況」，乃就存有開顯之如其所如之實況而言，既可「由是而上，則存有的根源義由是可以想望而得之」，復能「由是而下，則存有的執定亦可由是而定」，其變化誠微妙難言，兩者缺一不可。且其既不能僅乃「由是而上」，則雖顯存有的根源義，而於存有的執定則無以貞定；又復不可只為「由是而下」，則此存有的執定，亦因存有的根源義無法開顯而得之，而非

〔註17〕 熊氏於《體用論》有破佛家剎那生滅義之疑，共十一點（《全集》七，頁 25～31），請參閱。

〔註18〕 然景氏《熊十力》續曰：「但熊氏的論證並非無疵，就其理論上的缺陷來說，至少可以舉出兩點：一是混淆了頓變和突變，以剎那生滅代替質變，否定了量變階段的存在，抹殺了事物之間的界限，從而導致相對主義。二是割斷了事和物之間的聯繫，否定變化的因果連續性，將變化看成是沒有發展和飛躍的『忽起突滅』」（頁194），周伯達《心物合一論》亦認為熊氏「他的剎那剎那詐現之說，既與『諸行無常的旨趣，是很相通的』，雖在主觀上不贊同佛家的以一切現象為夢幻泡影之徧見，在本質上卻仍然承襲了佛家的思想」（頁265），案熊氏乃著重「剎那生滅」之「生」義，非如佛家之偏重於「滅」，實藉此以明《大易》乾神健動之義，以顯大用流行之跡象宛然，所謂生生之謂《易》也，故亦無須於此多生歧見。又周文中「徧見」之「徧」，原應作「偏」，蓋是手民誤植。

真正之貞定也。故熊氏又以「變之五義」以明之，《體用論》曰：

> 一、幻有義。翕闢成變，剎剎突躍。譬如雲峰幻似，率爾移形，頓滅頓起。……二、真實義。萬變皆是真實流行。一華一法界，一葉一如來，詎可離幻相而覓實相。……三、圓滿義。大化周流，無往而不圓滿。試以文字為喻，如一「人」字必含一切人，簡一切非人。否則此字不立。故一「人」字已包通萬有而無遺。……四、交遍義。萬變繁興，故說世界無量。諸無量界，同所各遍。非猶多馬，一處不容；乃若眾燈，交光相網。……五、無盡義。太極是無窮無盡大寶藏，故其流行自無窮盡。萬流澎湃，過去已滅，現在不住，未來將新新而起，剎剎故滅新生。（《全集》七，頁 33～34）〔註19〕

案由本體顯現之大用流行，翕闢成變，剎那生滅，其變化看似是「非動的」，然

〔註19〕案此自《唯識學概論（1923 年）》已言及，唯稍有異。《唯識學概論》以「非動義、活義及不可思議義」三義以明變，而「活義」又以「無作者義、緣起義、圓滿義、交遍義、幻有義及無盡義」六義以概括（《全集》一，頁 53～55），而《唯識學概論（1926 年）》亦以「非動義、活義及不可思議義」三義以明變，而「活義」則易為「無作者義、幻有義、圓滿義、交遍義、轉易義及無盡義」六義以概括（《全集》一，頁 454～458），刪「緣起義」而增「轉易義」，《唯識論》則承之而弗變（《全集》一，頁 536～539）；至《新論（文言文本）》雖亦以「非動義、活義及不可思議義」三義以明變，而「活義」又易為「無作者義、幻有義、真實義、圓滿義、交遍義及無盡義」六義以概括（《全集》二，頁 48～51），刪「轉易義」而增「真實義」，《新論（語體文本）》則承之而弗變（《全集》三，頁 138～145）；至《新論（刪定本）》則變動較大，刪去非動義、不可思議義及活義中之「無作者義」，而確定為「幻有義、真實義、圓滿義、交遍義及無盡義」五義以明變（《全集》六，頁 97～99），而《體用論》則承之而弗變。諸書所言，一脈相承，雖詳略不同，其實並無多大差異，而《新論（刪定本）》與《體用論》之五義，即「幻有義、真實義、圓滿義、交遍義及無盡義」，實已包含其餘，而可說明剎那生滅之變義。蓋「非動義」，易令人以為萬事萬物剎那生滅之間無有變化，如以時間而言，自極短促之時間觀之，如上一秒鐘與下一秒鐘之間，確實難以覺其有變，然自長久時間觀之，則萬事萬物無時無刻不在變化之中；空間亦然。是以實不可以剎那生滅之變化，是超時空而無有變動的。故以「非動義」形容剎那生滅，易引起誤解，是以刪去。而「不可思議義」，重在讚嘆剎那生滅之變化實乃微妙，難以形容言詮，然對於剎那生滅卻無多大解釋作用，是以刪去。而活義之「無作者義」，雖可令人知曉並無一造物主為作者，以造作剎那生滅之變化，但亦易令人以為剎那生滅乃由無中生有，故不若刪之，以免爭議。至於活義之其餘五義，正足以說明剎那生滅之變化，實乃活潑潑地，其之所以名為「活義」，正可表明剎那生滅乃着重於「生」，非着重於「滅」。故以「變之五義」取代「變之三義」，誠更顯精當。

卻又活潑潑地，確然是「活的」，雖似是「幻有的」，但卻又是「真實的」、「圓滿的」、「交遍的」及「無盡的」，誠然是「不可思議的」，即於此翕闢成變處，剎那剎那生滅滅生，而可識得本體之真實無妄與大用流行之生機盎然。林安梧《存有・意識與實踐》即認為「變之三義」，亦即此之「變之五義」，乃「存有的根源之究竟理解」（頁140～148），而筆者《熊十力《新唯識論》研究》亦曰：「此展開的動勢，即翕闢成變也。翕假說為物，闢假說為心，翕闢不是異體，只是勢用有分殊而已；之所以說為翕闢，亦只是暫時性之區分，作用上之區分，而非實體上之區分，二者實是一不可分之整體，而又以翕為首出。由翕闢成變，存有因之而開顯，而其實況則為剎那生滅，而此剎那剎那、生滅滅生，並非是歸本於寂，而是開顯於覺，亦即是一具道德創生義下之剎那剎那、生滅滅生」（頁 55），要而言之，作為存有的根源之本體，其之顯現為大用流行，乃含有幻有義、真實義、圓滿義、交遍義及無盡義等之變化，由此即可識得本體之真實無妄，是以其絕非是一寂靜的、不動的超然絕對之死物，而乃一健動無止、生生不息之活體，洵為一具有道德創生義而能顯現大用流行之生發不已之本體；此一道德創生義下之本體，實已超越有宗，亦超越空宗，已從有宗橫面的執取與空宗平鋪的真如，轉而成一縱貫之創生，而成為一活生生的實存而有之存有哲學。故從用的方面以言，則於變易而識不易，於流行而識主宰，於化跡而識真實，從相對而識得絕對，由現象而把握本體；然用實則無異於體，體亦無異於用，體用一如，本是不二，即工夫即本體，即活動即存有，此就「即用識體」以言「體用不二」，誠乃熊氏「體用不二」論之精要處所在。總之，熊氏以《大易》「唯神也，故不疾而速，不行而至」，即在說明「剎那生滅」義，而孔子言「剎那生滅」，乃側重於「生」，非側重於「滅」，不可如佛家視之為虛幻，此正所以闡釋大用流行，而翕闢成變、乾統坤承之變化情形，滅滅不住，故故不留，正所以生生不已，新新而起，故造化之機才能生生不息，宇宙萬有得以剎那剎那生滅滅生，無有暫停，而顯現為繁然萬殊，既不反人生，復不毀宇宙，而物界發展亦得演進不已，人生、宇宙皆因之而存在、安立。

第四節　心物不二

綜上所言，熊氏從兩方面說明大用流行，一、「肯定大用」，此乾坤第三根本原理，既肯定萬物真實，而宇宙萬有實為發展不已之全體；二、「用分翕

闢」，此乾坤第四根本原理，而「翕闢成變」相反相成乃其根本原則，此外，更有「乾統坤承」為其最大原則。此兩根本原理，即從兩方面加以分疏大用流行，闡明乾坤兩大勢用之作用，實則唯是一義，體即是用，用即是體，「體用不二」是也。而此推至其極，即是中學於宇宙論中特點所在之「心物不二」義。《原儒・原內聖》曰：

> 〈易大傳〉曰：「乾知大始，坤作成物。」據此，說乾為知，說坤為物，則心物同為乾元本體之功用，易言之，即心物同為乾元之流行。
>
> 此是孔子《周易》宗要。（《全集》六，頁688）

案「說乾為知，說坤為物」，即以乾為心靈，坤為物質，故「心物同為乾元本體之功用」，同為自乾元性海中流出之大用，然此二者不可拆裂，而就其勢用而言，「說坤為物」，亦即「坤作成物」，則物之方面，有有力引起心之勢用，而「說乾為知」，亦即「乾知大始」，則心之方面，有有力主動以符合於物則而動不失宜之勢用。故乾坤或心物兩大勢用，心之方面有力主動以符合於物則而動不失宜，物之方面有有力引起心，由心物兩方面勢用之作用故，是以大用流行。熊氏之言「體用不二」，即着重在「即用識體」上，既肯定現象，而於現象之大用流行上即可識得本體。故熊氏固着重於體，於用則更加強調，心物乃大用流行之兩方面，「此是孔子《周易》宗要」，由此才可言「即用識體」、「體用不二」。而心物既同為乾元之流行，缺一不可，故可就此以言「心物不二」義也。

誠如「天人合一」，熊氏則直言「天人不二」，故於心物關係，熊氏亦直言「心物不二」〔註20〕。雖然，但兩者其實是可相通的。案心與物乃不同之兩觀念，如何可言「心物不二」？蓋心者，固非生物學意義上之「心臟」之謂，乃指哲學意義上之「精神」、「心靈」而言，但其畢竟乃無形的、主觀的；而物者，則為具體固定，既是有形可睹，又復客觀存在。是以乍聽心物不二，實亦易啟人疑慮。故西洋哲學唯心一元論者，唯以心為真實，捨物而不言，甚至以心靈產生物質，即以心為第一因，為唯一實在，為絕對精神；而唯物

〔註20〕關於心物問題，唐君毅《心物與人生》（《唐君毅全集》卷二）第一部〈物質、生命、心與真理〉藉「常識」與「慎思」之問答而予推說，請參閱。又羅光《生命哲學》（頁120～124）、《形上生命哲學》（頁161～164）、周伯達《心物合一論》、沈賓孚《心物與是非》第五章〈心物合一論的意義和體系〉、王宗文《心物合一哲學建構之探討》及李世家《近期台灣哲學》第一章〈近期台灣官方哲學〉，皆論及「心物合一」，請參閱。

論者，則以物為真實，捨心而不言，甚至以物質產生心靈，即以物為第一因，為唯一實在，為真實對象。熊氏認為唯心、唯物之說皆有失，乃不明心、物實乃本體之兩大勢用，乃乾元流行之兩方面作用；是以心固是精神、心靈之謂，而物亦非僅指具體固定之形，而更是指具有攝聚凝斂而成物之勢用而言，故心無物固不可，物無心亦不成。此猶如「天人不二」，人既如此之小，天則如彼之大，但「人不天不因，天不人不成」，就人之能實踐天道而言，則天即人，人即天，天人相因相成，故爾天人不二。心物亦然，其雖有別，而實無分，蓋心若無物以為之作依據，則心無法顯現，而物若無心以為之作主宰，則物亦無法運作，是以心物相因相成，「物不心不因，心不物不成」，二者缺一不可，就此意義而言，是以謂之「心物不二」。《明心篇・自序》即曰：「首申三大義：……三曰心、物不可分割」（《全集》七，頁 147），案「心、物不可分割」，即心物雖有別，但卻不可截然分割，而就其不可分割而互相含入言，則可說為不二。誠如〈繫辭傳〉上第一章曰：「乾知大始，坤作成物」，乾知之所以能大始，最終亦須以坤作之能成物為目標，而坤作之所以能成物，自必須以乾知為其之大始。熊氏即由此以言「心物不二」，蓋乾元之顯發為功用，內部必呈兩方之不諧，坤之動則反乎乾，然乾知大始而坤作成物，洵乃乾元性海顯現為大用流行之真實狀態也。《原儒・原內聖》曰：

> 說乾為知，此知字自不是通常所云知識之知，余謂此知字猶言大明也。乾卦〈象傳〉有云「大明終始」，言乾陽為大明，而以健德動坤陰，陰承之而化，故陰陽和，而萬物稟之以成始成終也。據此文證，則「乾知大始」者，謂乾為大明，故能主動以開陰，而大始萬物耳。（《全集》六，頁 688～689）

> 「坤作成物」者。乾為神，是乾元流行之主力方面，而坤之動雖與乾之動相俱，但坤動便與乾相反。相反者，坤化成物也。（《全集》六，頁 691）

案乾知之「知」，朱子《周易本義》曰：「知，猶主也」，牟宗三《現象與物自身》曰：「『乾知』之知，字面上的意義，是『主』義，即乾主始也」（《牟宗三先生全集》21，頁 97），《周易哲學演講錄》亦曰：「這個『知』不要馬上想成『良知』的知，也不是『知道』的知。乾元本身就是始，不是本身之外知道有一個大始」（同上 31，頁 163），故「知」字應作動詞用。唯熊氏認為乾

知之「知」，洵非通常所云知識之知，此無可疑〔註21〕；但卻頗有將之既作動詞用，復又視其為名詞之意，而其義即乾〈彖傳〉「大明終始」之「大明」義。據《易緯・乾鑿度》曰：「日月之道，陰陽之經，所以終始萬物」，蓋以大明兼指日月而言；而侯果曰：「大明，日也」（見李氏《周易集解》卷第一），乃專指日言，似較《易緯》之說為合理，于鬯《香草校書》卷一即曰：「大明止當謂日而不兼月」。案以上不論專指日言，或兼指日月，皆以大明為名詞，實則其應亦可當動詞。此即「大明」可有二解，一、當名詞用，乃指「日」言，而熊氏則認為其更應是「大哉乾元」之「乾元」，亦即乾知之「知」；二、當動詞用，即「大大明白」之意，如伊川《易傳》曰：「大明天道之終始，則見卦之六位，各以時成」，朱子《周易本義》亦曰：「此言聖人大明乾道之終始，則見卦之六位各以時成」，蓋其主詞為「聖人」也。而不論「大明」究應作為名詞，抑或動詞，然此二解，實可相通，蓋聖人既大大明白乾道，則此聖人亦無異即乾元，故以「大明」即指「乾元」亦無不可；范良光《易傳道德的形上學》即曰：「依乾彖，乾元即是『大明』；以乾彖四段皆平行語，乾元、乾道、大明屬同位格故」（頁 42）。是以熊氏以「大明」即是乾元，誠亦合理之至，而其義即「乾陽為大明，而以健德動坤陰，陰承之而化」，職是之故，則「乾知大始」之義，即「乾為大明，故能主動以開陰，而大始萬物」。誠如牟氏《現象與物自身》曰：「乾之所以可主萬物之始，以其為生道也。而生道之所以為生道之實則在『心』也，故歷來皆以『仁』說此生道也，此亦表示仁是道德的，同時亦即是形而上的。此即是仁體仁心之絕對性」（《牟宗三先生全集》21，頁 97），范氏《易傳道德的形上學》亦曰：「故『乾知』者，道德本心存有論地直貫創生的天心之知，創造與照徹是一之創造性的智知也。此知之照徹是存有論的縱貫創生的照徹，故是實體性的縱貫創生之知」（頁140），是以乾知之知，即大明，即乾元，即心，亦即仁也，乃一「道德的形上學」，亦即具縱貫創生的照徹義之道德本心主體性的存有論。至於「坤化成物」，即乾知大始之相反，然其相反而正相成，故能承乾而化以成萬物。牟氏《周易哲學演講錄》即曰：「乾卦代表創造原則，坤卦代表終成原則。……創造之所以為創造的具體的意義在『知』。……終成所以為終成，凝聚之所以為

〔註21〕　案此知字，蓋即孟子所謂「盡心、知性、知天」之「知」，亦猶知州、知府、知縣之「知」，誠如陽明〈答顧東橋書〉曰：「知州則一州之事，皆己事也；知縣則一縣之事，皆己事也；是與天為一者也。」（《傳習錄》中）

凝聚在『能』，這個『能』在作成物」（《牟宗三先生全集》31，頁 161～162），然則，「何故成物便謂之反」？亦即坤化成物何以必與乾知大始為相反？《原儒·原內聖》續曰：

> 〈乾鑿度〉云「陽動而進，〔陽，神也。進之義，略說以二：一曰上升而不沉墜，二曰開發而不閉錮，此不失乾元本體之自性者也。〕陰動而退」。〔退之義，亦略說以二：陰成物則分凝而閉錮，粗濁而沉墜。此喪其乾元本體之自性者也。〕……乾者，乃乾元流行之主力，所謂純粹之精，能幹運乎坤者也。坤者，乾元流行之翕歛，所以化成物，而能載乾者也。（《全集》六，頁 691～692）

案熊氏藉〈乾鑿度〉「陽動而進，陰動而退」之說以言，乾之所以能陽動而進，蓋有「上升而不沉墜」與「開發而不閉錮」之作用，可謂「神」矣，既「不失乾元本體之自性」，是以「乾者，乃乾元流行之主力」，以其為流行主力，洵乃「純粹之精，能幹運乎坤」；坤之所以能陰動而退，或亦可謂陰動而亦進也，蓋有「陰成物則分凝而閉錮」與「粗濁而沉墜」之作用，故能成「物」，此雖「喪其乾元本體之自性」，是以「坤者，乾元流行之翕歛」，以其有翕歛功能，故可「化成物，而能載乾」。乾坤翕闢成變，乾幹運於坤之中，坤則承之而起化，兩者不可缺一，蓋乾坤畢竟保合太和而歸統一，以其本來不二故也。乾坤既本來不二，是以不能唯有坤而無乾，誠如《原儒·原內聖》曰：「如惟有坤而無乾，則萬物發展至人類，明明有最高之靈性出現，而不許其本有潛隱之根，云何應理？且獨坤不能變化，何有萬物發展可說？」（《全集》六，頁 692）而亦不能唯有乾而無坤，亦如《原儒·原內聖》曰：「如惟有乾而無坤，則乾之動竟無有坤物為其依據，是無手而有持，無足而有行，天下那有如此不可想像之事？」（《全集》六，頁 692）故乾無坤不可，坤無乾亦不可，乾坤乃法爾相反相成，蓋乾卦中有坤象，所謂獨乾無動，不可說有乾而無坤，坤卦中亦有乾象，所謂獨坤不化，不可說有坤而無乾，而乾即心也，坤即物也，乾坤既本來不二，而又互含，兩者實不可互缺，是以「心物不二」亦必矣。

至此可見，熊氏所謂之「心物不二」，實與歷來儒者之說有異。案諸儒不以「心物合一」或「心物不二」為言者，可無論矣；而縱以「心物合一」或「心物不二」為言者，然其所言，則與熊氏有天淵之別。如橫渠《正蒙·大心篇》曰：「大其心則能體天下之物，物有未體，則心為有外」，蓋即以心物

統一，不可相離。象山《語錄》上亦曰：「萬物森然於方寸之間，滿心而發，充塞宇宙，無非此理」（《象山全集》卷之三十四），亦以心物乃一體也。陽明之「致吾心之天理於事事物物」，所謂「心無體，以天地萬物感應之是非為體」，亦不以心是心、物是物，而乃心物本來俱有，不可相無。劉宗周《學言》上亦曰：「心以物為體，離物無知。今欲離物以求知，是程子所謂反鏡索照也。然則物有時而離心乎？曰：『無時非物。』心在外乎？曰：『惟心無外。』」所謂「心以物為體，離物無知」、「無時非物」、「惟心無外」，蓋亦以心物不可相離，實乃合一不二。船山《尚書引義》卷一「堯典一」亦曰：「心無非物也，物無非心也。……聖人之學，聖人之慮，歸於一『欽』，而『欽』之為實，備萬物於一己而已矣」，所謂「心無非物也，物無非心也」、「備萬物於一己而已矣」，皆是心物合一、心物不二之義。然諸氏所言，乃指吾人之心與外在之物實無有異，誠乃不二，其「心」乃指吾人之心，其「物」乃指外在之物，兩者雖有別，但卻不可互無，而尤重在吾人之心，由吾人之心而外在之物方有生命矣。此由陽明之遊南鎮，而曰：「你未看此花時，此花與汝心同歸於寂；你來看此花時，則此花顏色一時明白起來，便知此花不在你的心外」（《傳習錄》下）即可知。對於此「心外無物、心外無理」意義下之心物合一、心物不二，誠然有其精妙，熊氏亦無須予以駁斥。然熊氏所言「心物不二」，實已超越乎諸儒之說，觀其所謂之「心」，固指吾人之心，而其所謂之「物」，則非指外在之物，而是在吾人之內而與心同有作用之一勢用，心固是據存有的根源而發動之「無執著性、未對象化的存有」，而物亦是含攝於存有的根源之內的「執著性、對象化的存有」，此「無執著性、未對象化的存有」與「執著性、對象化的存有」，同為存有的根源所兼含，皆是存有的根源所自如其如地開顯，兩者缺一不可，如此才能兼攝「縱貫的道德之創生」之道德主體性與「橫面的概念之執定」之宇宙世界。可見吾人之內兼含此心物二勢用，而同為存有的根源之自如其如地開顯出來，故心非物不成，物無心亦不成，由是而曰「心物不二」。是以吾人內心所兼含心物二勢用，能夠心物不二，由此再往外推出，自能與外在之物亦心物不二，此誠可見熊氏實較諸氏更深入，更能探得心物不二之精意所在。熊氏所言之「心物不二」義，心、物皆是動力，相反相成，以成變化，實可含攝諸儒之說；而諸儒所言之「心物不二」義，則頗有心是心、物是物之虞，誠含攝不了熊氏之說。蓋諸儒所言，究其實，

其所謂之心，固指吾人之心，實亦指涉本體而言，故若就此而論，則其所謂物蓋即用也，是以心物合一，猶如體用合一，由吾人之體以與外物之用合一，仍不脫「一體一用」模式，而有體用二分，亦即心物二分之虞，故「你未看此花時，此花與汝心同歸於寂」，亦即花之開與不開、存在或不存在，實無關緊要。是以諸儒所言「心物合一」或「心物不二」，實乃着重在吾人之心，而外在之物則有待於吾人之心之予以統攝，故「你來看此花時，則此花顏色一時明白起來，便知此花不在你的心外」，亦即此花乃因你之存在而存在，重要的乃是吾人。而熊氏之所謂心與物，則皆就用而言，乃是存有的根源之自如其如地開顯而有之大用流行的兩種動勢，此乃「一體二用」模式，重在由二用之相反相成以成變化，而見出乾元性海確是可以大用流行，而即用以識體，體用一如，無有二分之失。就人而言，吾人固有心物兩大勢用，如人本性善，但為形軀所限，時時亦有種種習氣相隨；而其實萬物各各皆與吾人相同，皆具有心物兩大勢用，如植物或其餘動物，一方則為形軀所限，而一方其實亦有心靈之作用，如植物之向陽而長，至於動物亦多有能善於照顧其子女者，只是隱微不顯，不如吾人之明覺而已〔註 22〕。當然，熊氏之重點乃針對吾人而言，由於吾人內在具有心物兩大勢用，而此兩大勢用，互相含入，心非物不成，物無心亦不成，心物實乃構成吾人之兩大成分，缺一不可，是以謂之「心物不二」。要之，熊氏認為中國文化思想於心物問題上，絕不至於像西洋哲學之唯心與唯物論者之各執一端，一者偏執心為唯一實在，而以其為萬物之根源，一者則偏執物為唯一實在，亦以其為萬物之根源；而是以心、物乃本體流行之兩方面，主張神與氣本不二，而亦有分，所謂本體是一，而用含兩機，其雖云有分，但畢竟相需以成，實本不二，缺一不可。是以自乾元性海中而顯現之大用流行，既可大別為心、物兩大勢用，而此兩大勢用，實皆內在於吾人之自身之中，是以雖有分，而本不二也。而由此推出，自能與外在之物亦心物不二，甚至由此而向本體論方面以言，亦即「天人不二」。故唯有明瞭熊氏與諸儒之異，才能真正了解熊氏「心物不二」義之價值所在，而其之所以以「心物不二」，乃中學於宇宙論中之特點所在，其意義即在此。

〔註 22〕所謂「向陽花木早逢春」，即此可證；《原儒·原內聖》亦曰：「余嘗見空庭中孤生之木缺乏日光，牆壁有一孔穴稍通光線，而是木也特傾斜其榦以向孔穴，使枝葉得近微光，是其有心甚顯然」（《全集》六，頁 718），蓋凡植物都有此知覺，即皆有心也；植物尚且有心，則於動物，更不待言矣。

　　尤有進者，熊氏既非從事推理構架之哲學家，亦非純任冥思虛造之宗教家，其之所言「心物不二」，絕非憑空想像妄構，而乃「根據事實」，對此現實世界所作之客觀體察。《原儒·原內聖》曰：

> 地球當未有生物時，動物知覺與人類高等精神作用雖未曾發現，而陽剛之精，要自周流六虛，無定在而無所不在。洪濛未判，陽精固與元氣俱充。無量器界凝成，陽精亦隨器界遍運。不可曰宇宙肇開，惟獨有物而無心也。（《全集》六，頁 717～718）〔註23〕

案乾乃無形，故微妙而難知，坤則成物，乃粗顯而可睹。是以物既可睹，遂易堅執其為有；而心若難知，故爾妄疑其為無耳。然此實非正見，事實絕非如此。蓋心者乃大有而無形，自宇宙肇始，即已存在，而物之得以有所成，即因心之運作於其中，故絕不可能獨有物而無心也。此如人一出生墜地，非僅一團血肉，只是一「物」而已，其之所以嚎啕大哭，甚或笑逐顏開，即顯示其有知覺感受，其能視聽言動，則一團血肉之中，必有所主在其中，所謂良知良能是也，此即其具健動而不可以力稱之「心」之明證。而再細究之，為何同一血肉之軀，其活著之時，固能作為，而剛一死亡，即停止不動，則此有形血肉之中，必有一無形之神以為之主也。是以物若無心而為之主，以開導其凝固閉塞，則何以成其物之所以為物？可見心物乃同時而有，原是一體，故謂之為「心物不二」。且復應知，熊氏之言「心物不二」，亦如言「天人不二」一般，所謂天即人、人即天，是以其亦是心即物、物即心，心物雖有對而實無對，雖無對而實有對；然此「即」字之義，並非「就是」、「等於」之意，而乃從作用上、功能上言，其運作之效應，可以含括彼此。《乾坤衍》曰：

> 乾有實而無形，坤有質而成物。兩方本同一實體，不可破作二物。但坤化成物，即形成多數的個別體。而乾則渾然至一。……乾惟以其至一，運行乎一切物中，主領乎一切物中，本非離於物質而獨在，仍不失其實體的本然。故說乾坤不可破作二物。（《全集》七，頁603）

案乾即生命與心靈，乃有實在之力用，即闢勢也，坤則質與能，亦有實在之力用，即翕勢也，蓋乾元本體乃是整全的，及其成為功用，即判為此兩方面。然乾則猶保持乾元整全之體，以運行與主領於坤物之中，而坤則承乾起化而

〔註23〕《體用論》（《全集》七，頁 19～20）亦再重複此意。

與之合一，仍不失其乾元本體之本然。是以乾坤互含，心物缺一不可，此乃一種雙向關係，而非單向的，熊氏所謂「心物不二」之所以「不二」，即是就此「即」字之「含括彼此」之雙向關係而言。要之，《大易》乾神坤質乃互相含括，未有唯獨有心而無物之時，亦未有唯獨有物而無心之時，心物實乃同時而有，一時俱起，此有彼即有，此滅彼亦滅，存則俱存，亡則俱亡，就此而言，誠不可破析為二，而亦即就此而言其為不二也。

　　既明乎此，熊氏又再加細論，以證其說。熊氏以乾之所以能知大始，即因乾有作用故，具大有而無形、健動而不可以力稱之大勢用，是以以「神」稱之，故曰「乾神」，亦即心之別名。《原儒・原內聖》曰：

> 一曰，乾神者，吾人明明本有之心也，此非天帝，更非幽靈。……
> 二曰，乾元之顯發其功用，其內部必驟呈兩方面之不諧，而乾元流
> 行之主力，即乾神是也，其反之方面，即坤物是也。（《全集》六，
> 頁 700）

《明心篇》亦曰：

> 余以為生命、心靈同有生生、剛健、亨暢、升進、炤明等等德用。……
> 《易》云「大明」，是乃最高智慧與道德之源泉也。如上諸德，皆是
> 生命、心靈所法爾本有，而不可詰其所由然者。（《全集》七，頁 158
> ～159）

此皆可見心之作用，就其「乾元流行之主力，即乾神」而言，此即指「宇宙之大心」，乃遍及於所有全體萬物之中，實無間隔而通為一體；就其「乾神者，吾人明明本有之心」而言，此即指吾人皆具之「本心」，經由本心之明覺性，而體現宇宙之大心於吾人之身上。此宇宙之大心或吾人皆具之本心，絕非已物化而喪失本心之「習心」之謂，而乃具「生生、剛健、亨暢、升進、炤明」等德用，《原儒・原內聖》又曰：「乾神者，固乾元流行之主力方面，所謂『動而健』者也」、「純粹之精，含萬德，縕萬理，是以健動而無息，剎那剎那頓變，而不守其故，是乃《大易》所謂乾神也」（《全集》六，頁 701、頁 702），而此亦即「無執著性、未對象化的存有」，乃根據存有的根源自如其如地開顯其自己，而因其既是稱體而起，乃由乾元本體以發，是以其實為一縱貫的道德之創生，含有生生、剛健、亨暢、升進、炤明等德用，其能幹運於坤物之中，而不為所困，即能超越「執著性、對象化的存有」，而導之以俱升，同歸於存有的根源，以顯現乾元本體實為無窮無盡之性海，一切之大用流行皆從

此乾元一大性海中流出，而「無執著性、未對象化的存有」與「執著性、對象化的存有」同為存有的根源所含攝，而「無執著性、未對象化的存有」則尤為首要，亦即乾神實較坤物為特出耳。熊氏並舉例以明，《明心篇》曰：

> 生命不同於物質，此理顯然易見。如物體遇打擊而致裂痕，便不可復原。生機體若某處受傷害而潰爛，及時治療，則新生肌肉不殊原狀，此乃生活機能之譎怪，其生長迅速而圓滿，不可測度也。又如園中茂林，冬杪剪除繁枝，開春而新生愈盛，可見生活機能利於捨舊而強於創新。世有能言其故乎？若夫岩石等物，破其一二片，則殘缺日甚，無可生新矣。（《全集》七，頁156）

案「生命」即乾神也，「物質」即坤物也，生命力既幹運於一切生機體中，隨在充實，都無虧欠，此如人體雖受傷而隨即復元，樹木遭剪枝而愈加新生，即因其有生命力在焉。至若岩石等物，則唯物質性而已，殊乏生命力，一經毀損，則無可再生也。故由此乾神幹運於坤物之中，以顯其大生之力，益見乾神誠有生生、剛健、亨暢、升進、炤明等德用，而能生生不息健動無已。熊氏又舉船山〈和白沙〉詩（見《薑齋詩集》之《柳岸吟》）以明，《明心篇》曰：

> 王船山詩有二句，善形容此理，其詩曰：「拔地雷聲驚笋夢，彌天雨色養花神。」按上句「拔地雷聲」，形容生命力之升進，其勢猛烈。笋稟之以有生、既生，而不知其所以生。驚，猶震也。笋之初出土，生長極速，直由生命力之震發而不自覺，故曰夢。下句「彌天雨色」，以喻生命是全體性，圓滿無虧，若彌天雨色之充盈也。萬物同稟生命以有生、既生，而物各自養，益擴充其所始受，則以生生之盛，贊之曰神，猶花之發其精英，亦曰神也。花得彌天雨色以生，而養其神以弗衰。萬物之全其性命，亦猶是耳。（《全集》七，頁 156～157）

案「拔地雷聲」二句，確能具體說明乾神此一大勢用之殊特也。可見萬物各有之生命，即乃宇宙之大生命，又宇宙之大生命，亦即萬物各有之生命，而乾神之生命力實不同於坤物之物質性，其有生生、剛健、亨暢、升進、炤明等德用，洵亦無可疑矣。〔註24〕

〔註24〕又關於船山此二句詩，《新論（語體文本）》即已有釋（《全集》三，頁261），兩處相觀而善，更見其意，請參閱。

至於坤，其亦有作用，而能化作成物，所謂「坤物」是也。熊氏認為坤雖能化作成物，但其乃質之未凝者也，只具輕微流動之形，實則亦無物可見，是以不可將之視為實質有形之物，《示要》卷三曰：

> 坤，乾之反也。乾清剛而無形，坤凝聚而似有質。注家多曰『坤有質』，此大誤。坤之為質，只是似之，而非果有實質也。使坤有實質，則是坤與乾相對，為二元矣。(《全集》三，頁 959～960)

案乾雖較坤為殊特，但坤與乾同是乾元流行之兩大勢用之一，所謂「坤，乾之反也」，則坤與乾實亦無異，乾能「大哉」，坤亦即能「至哉」，似有實質而實無形，故其勢用極大；若以其有實質可據，則不僅與乾相對，而為二元，且其用亦小矣，既何可稱坤？又復何可化作成物？是以必明乎此，方能不至於誤解熊氏之言坤也。《原儒·原內聖》曰：

> 夫坤，從質而得名者，尊坤以配乾也。……夫惟有質以凝神，神不窮於運用，質不終於閉錮。(《全集》六，頁 707)

> 坤亦為能者。有質即有能，質惟縕聚，能則開發，歙散雖殊，要不可析之為二也。……夫質生，即能與之俱生，雖質為能之本，而能與質是一齊俱有，故曰有質即有能。(《全集》六，頁 707～708)

> 坤亦為理者。理，原於純粹之精，而坤質則依之以成物。詩云「有物有則」者，則猶理也。蓋物之成，未有不依於理而成也。(《全集》六，頁 708)

此亦可見坤物之作用，其可為質、為能、為理，乃從宇宙論範疇而論，以言宇宙之生成變化。蓋無質則神亦無所托，而即因「質以凝神」，是以「神不窮於運用，質不終於閉錮」，可見坤可為質也；進而「能則開發」，亦即「質生，即能與之俱生」，可見坤可為能也；終而「理，原於純粹之精」，亦即「物之成，未有不依於理而成」，可見坤可為理也。由於坤亦為質也、能也、理也，實含攝聚凝歙而成物之勢用，雖似向下，而實不定向下，蓋其畢竟從乾而與之俱向上，是以能坤作成物，而物界得以發展，宇宙萬有得以成立。案存有的根源自如其如地開顯其自己，其雖能稱體起用，開顯其為一「無執著性、未對象化的存有」，但其開展之同時，即有一轉折及執定之可能，成為一「執著性、對象化的存有」，此一橫面的概念之執定，即可發展為質、能與理，故能承乾起化而與之俱升，以成就此一活生生的實存而有之生活世界。

綜上所言，乾神亦即心也，乃「無執著性、未對象化的存有」，有關之勢

用，坤物亦即物也，乃「執著性、對象化的存有」，有翕之勢用，是以乾神、坤物實為乾元本體之兩大勢用，乃大用流行之兩方面，亦即皆是由存有的根源自如其如地開顯其自己而來，而乾神非坤物不成，坤物無乾神亦不成，是以兩者不可剖分為二，亦即心物不可破析為二。故「心物不二」實乃中學於宇宙論中特點所在，亦最終之極則也。《原儒‧原內聖》曰：

> 乾神、坤質不可剖作兩體，亦不可存乾而捨坤，或存坤而捨乾，此從乾卦中有坤象，坤卦中有乾象，而深玩之。（《全集》六，頁711）

> 《大易》乾坤之義，名為相對而實乃互含。乾神入坤質無弗遍包，坤質藏乾神無有獨化。（《全集》六，頁711～712）

《明心篇》亦曰：

> 心與物畢竟是渾淪之流，心若無物，而誰與居之？物若無心，而誰與主之？《大易》乾、坤兩方，實為一體，……（《全集》七，頁160～161）

案「乾坤互含」，乃《大易》之第一義例〔註25〕，亦是熊氏所極倡言者，即乾卦中有坤象，坤卦中有乾象，故「乾神、坤質不可剖作兩體」，既不可存乾而捨坤，蓋獨乾無動也，亦不可存坤而捨乾，蓋獨坤不化也，而乾既幹運乎坤中，是以「乾神入坤質無弗遍包」，坤則承乾而起化，故而「坤質藏乾神無有獨化」，可見乾坤法爾相反相成，缺一不可，實乃互含也。此既無西學一元唯物論不肯承認精神為本有，而終究存質捨神之失，蓋若存神而捨質，則神即浮游無寄，而如何成用乎？且亦無一元唯心論存神捨質，而割裂渾全之宇宙之過，蓋若惟質而無神，則質亦獨而不化，其失與唯心論者無異。要之，「《大易》乾坤之義，名為相對而實乃互含」，兩性雖互異，卻翕闢成變相反相成，而又乾統坤承，乾既主動開坤而坤則承乾起化，是以「心與物畢竟是渾淪之流」，兩者同等重要，缺一不可。蓋「心若無物，而誰與居之？」此心之不可以無物；「物若無心，而誰與主之？」此物之不可以無心也。由此可知「心物不二」。是以「無執著性、未對象化的存有」固是據存有的根源而發，乃為一縱貫的道德之創生，而「執著性、對象化的存有」亦是存有的根源一經開顯，乃為一橫面的概念之執定，而此二者實非對立，實乃存有的根源所兼含者，皆是乾元本體之流行，只是現作此兩種層次而已。故心物雖有分而實無別，

〔註25〕關於熊氏對「乾坤互含」此義例之說明，請參閱第四章〈理論設準〉第四節「象與義例」相關部分。

雖無別而實有分，之所以言其有分，因其乃乾元本體之兩大勢用，心者，亦即乾神也，此乃不失乾元本體之自性者，有上升而不沉墜與開發而不閉錮之作用，故能陽動而進，以導坤而幹運乎其中；物者，亦即坤物也，此乃喪其乾元本體之自性者，有陰成物則分凝而閉錮與粗濁而沉墜之作用，故能陰動而進，以承乾而與之同化而俱升。之所言其無別，蓋乾神入坤質無弗遍包，則不可存神捨質，心不可無物為之作依據，即「心若無物，而誰與居之」，故乾不可無坤，心不可無物，此所謂乾卦中有坤象；而坤質藏乾神無有獨化，則不可存質捨神，物不可無心為之作主宰，即「物若無心，而誰與主之」，故坤不可無乾，物不可無心，此所謂坤卦中有乾象。可見乾坤「名為相對而實乃互含」，乾由坤物而更顯其神，是以謂之乾神，坤因乾神而益成其物，是以謂之坤物。乾神亦即心，坤物亦即物，故此兩者，雖有別而實不可分，乃乾元本體之大用流行之兩方面，是以謂之「心物不二」。《明心篇》即曰：「就由體成用而言，心、物是大用之兩方面，本非異體，亦不可有所分割歸併」(《全集》七，頁 302)，故必於此宇宙論之特點所在，務求完全明瞭，乾坤本來不二，心物本來不二，兩者不可缺一，乾幹運於坤之中，坤則承之而起化，乾以不失乾元本體之自性者也以導乎坤之喪其乾元本體之自性者也，陰陽推盪，翕闢成變，雖相反而正所以相成，進而乾統坤承，乾既主動以導坤，坤則承乾而起化，故而乾元本體之自性即於此而識得，是以保合太和而歸統一，而物界得以演進而發展無已止，顯現為繁然萬殊之宇宙萬有矣。熊氏之暢言「體用不二」，而之所以推至其極，以「心物不二」義即中學於宇宙論中之特點，其用意即在此，且此義實亦精微而至極矣。

第五節　結語

　　經由以上各節之探討，可見熊氏推明孔子《周易》乾坤二卦之旨，約舉出四種根本原理，其第三根本原理「肯定大用」及第四根本原理「用分翕闢」，即在說明分疏大用流行之義。熊氏認為孔子作《易》，即於大用流行上以識得本體，從而即可闡明實體，由此亦可見現象是真實的，是以「肯定現象真實」，而大用亦是必得流行的，是以「宇宙萬有為發展不已的全體」，此即「肯定大用」之兩原則。由「肯定現象真實」，故而「攝體歸用」，不僅承認本體，且更強調大用，以之皆為真實，亦即體、用皆是真實無疑，既正視人生，復肯定宇宙；而非如佛家之「攝用歸體」，只承認本體，而否認大用，以之為虛幻，

而終歸於反人生、毀宇宙。至於「宇宙萬有為發展不已的全體」，乃依「無不能生有」、「變不孤起」及「本隱之顯」等等法則，故而發展不已，是以宇宙萬有才能千變萬化，方有萬物萬事之發生，而物界得以發展成立，而此亦復可明「肯定大用」之真實無疑。

　　既已肯定必有大用，而大用必得流行，然其如何起變化而成功用，蓋有乾坤兩大勢用故，即「用分翕闢」。乾乃闢勢，坤為翕勢，亦即乾元本體實含其性互異之乾坤兩大勢用。而乾坤兩性互異，相反相成，此乃其根本原則：「翕闢成變」；又乾能主動開坤，坤則承乾起化，此乃其最大原則：「乾統坤承」。然此兩原則，實是關係密切，誠亦只是一原則而已。要之，大用流行，而用分翕闢，即因「翕闢成變」、「乾統坤承」，是以乾能主動開坤，坤則承乾起化，而其變化則非常迅速莫測，剎那剎那生滅滅生，無有暫停。此「剎那生滅」義，乃萬物本是大用流行之過程而都不暫停之「頓變」義，而非由積漸而至者之「漸變」義，亦非不循漸變之軌而乃有飛躍而至者之「突變」義。儒佛兩家皆有見於此，莊子亦稍窺及，然孔子《周易》乃側重「生」之方面，非如佛家之側重於「滅」。佛家側重於滅，是以欲人作無常觀，而終至反人生、毀宇宙。莊子蓋亦如此，歸本自然，守靜任化，而廢人能，流於頹廢。孔子則側重於生，是以滅滅不住，故故不留，而正所以生生不已，新新而起，故而造化之機生生不息，宇宙萬有亦得以繁然萬殊。

　　熊氏既從乾坤第三根本原理「肯定大用」及第四根本原理「用分翕闢」，以說明分疏大用流行，所謂「體必成用」，而「即用識體」，是以體即是用，用即是體，亦即「體用不二」是也。而此推至其極，即「心物不二」義，蓋心物乃乾元本體之兩大勢用，雖然有別，而實不二，二者相因相成，缺一不可，心若無物以作為依據，則心無法顯現，物若無心以作為主宰，則物亦無法運作，亦即乾神非坤物則不顯，坤物非乾神亦不成，乾坤實是互相包含、互相遍入，乾神入坤質無弗遍包，坤質藏乾神無有獨化，乾卦中有坤象，此乾不可無坤也，坤卦中有乾象，此坤不可無乾也，乾坤既不可互無，即心物不可互缺其一。是以心即是物，蓋心若無物，則誰與居之，而物即是心，蓋物若無心，則誰與主之，既不可存神捨質，是以即心即物，而復不可存質捨神，是以即物即心，故曰：「心物不二」。此「心物不二」之義，關係亦屬重大，唯於此知之甚悉，無有懷疑，才能明白乾坤本來是一體，心物本不二，二者實是互相包含、互相遍入，乾卦中有坤象，坤卦中有乾象，乾神得坤物

為依據而得以顯，坤物得乾神為主宰而得以成，如是而物界盡其發展，而宇宙萬有各各得其所哉！

第八章 《易》外王學

第一節 前言

　　熊氏據乾坤二卦而約舉四種根本原理，以總括孔子《周易》綱要，開宗明義即標出「體用不二」，為其思想核心所在，再依四種根本原理反覆辯證，以證成其義。其第一根本原理「本體含藏複雜性」與第二根本原理「肯定萬物有一元」，即從兩方面分疏乾元性海，實則只是一義，體即是用，用即是體，即「體用不二」，此推至其極，即中學於本體論中特點所在之「天人不二」義。其第三根本原理「肯定大用」與第四根本原理「用分翕闢」，亦從兩方面分疏大用流行，實則亦唯一義，體即是用，用即是體，即「體用不二」，此推至其極，即中學於宇宙論中特點所在之「心物不二」義。然不論從本體論或宇宙論而言，皆重在內聖方面，於外王則未深論。而熊氏既言「體用不二」，是以內聖、外王亦不二，絕不可只有內聖而無外王，否則，其「體用不二」之義即無法成立。誠如牟宗三《現象與物自身》曰：

> 知體明覺之感應（智的直覺，德性之知）只能知物之如相（自在相），
> 即如其為一「物自身」而直覺之，即實現之，它並不能把物推出去，
> 置定於外，以為對象，因而從事去究知其曲折之相。「萬物靜觀皆自
> 得」，在此靜觀中，是並不能開出科學知識的。……吾人今日須開而
> 出之。上達下開，通而為一，方是真實圓滿之教。問題是在如何能
> 由知體明覺開知性？（《牟宗三先生全集》21，頁125～126）

案知體明覺亦即良知，乃指存有的根源而言，必自覺地從縱貫的道德之創生

轉為橫面的概念之執定，從無執轉為執，而所謂自我坎陷，即是此執也，以開出知性主體，以成就科學知識，奠定民主基制。若不如此地一執，如此地坎陷而下落轉折以成為此執也，則永無所執，唯有縱貫的道德之創生，只在「無執著性、未對象化的存有」此層次，而無橫面的概念之執定，即無「執著性、對象化的存有」，則將永遠無法觸及存有的根源，永不能成為知性主體，自然而然亦開不出所謂的科學知識，而宇宙世界亦無由分說。然此亟須注意者，所謂「良知之自我坎陷」，並非知體明覺一自我坎陷，即能產生民主、科學等之謂，而是我文化傳統向以德性為優先，輕忽知識，今則亦必視知識為不可或缺，不能只「尊德性」而非斥「道問學」，實應自覺地「讓開一步」，使知性主體亦能同時挺出，與良知（知體明覺）並立。既尊德性，而亦道問學，德性與知識兩者誠乃一貫，並非截然不可融通之二物。然兩者雖是一貫，本無畸輕畸重，尊德性之同時即可道問學，道問學之同時亦何嘗不是在尊德性？但吾人在實踐中，往往無法兼顧，而與其道問學多一點，孰若還是尊德性多些好，與其民主、科學之過度發展而造成危機，不如從事於德性修養之有益於身心。此所以我文化傳統總以德性修養、發明良知為學問，而非指純粹之邏輯思辯，以致造成民主、科學之不發達，良有以也。誠如牟氏所言，對於科學知識之必要，「在中國是無而能有，有而能無；在西方是無者不能有，有者不能無」（同上，頁125），西方傳統且不論，而就中國儒、佛、道三家而論，佛道兩家於科學知識雖亦「無而能有，有而能無」，但「在佛家，『心、佛與眾生，是三無差別』，則眾生可是佛，佛亦是眾生」（同上，頁 126），而「在道家，其重點雖在玄智，而鄙視『成心』」（同上），皆有歸於虛幻空無之寂滅之體之虞，而無儒家具縱貫的創生義之道德主體性，是以不能肯定萬物，正視現實世界，以致而有反人生、毀宇宙之失。然則，儒家所言縱貫的創生義之道德主體性，必自如其如地開顯其自己，開顯為宇宙萬有，但誠如牟氏所言：「問題是在如何能由知體明覺開知性？」案熊氏從《新論》專從體用哲學以言「體用不二」，雖極強調「即用識體」，肯定大用，翕闢成變，正視現實世界，承認萬物真實，但仍偏重內聖方面，只凸顯吾人具縱貫的創生義之道德主體性，而於外王方面，即如何開物成務、盡倫盡制等問題，以現代觀念而言，即如何在此活生生的實存而有之生活世界開出民主、科學等，則頗闕如。故至晚年幾部大著，即落實於政治、社會等人生論上，向著以經世濟民為終極目標之經學系統前進，冀由內聖開出外王，而由外王以成就內聖，

以成一兼含內聖外王而能經世致用之「體用不二」之學。茲以熊氏之觀念作一譬喻，《新論》之體用哲學仍只落在內聖方面，亦即只言及體也，而晚年著作則以經學理論而兼及外王，亦即用也；《新論》由體起用，自含有由內聖開出外王之意，然終嫌不足，晚年著作則體用兼備，雖由內聖而外王，而更要者，則即用識體，由開出外王以見內聖之不虛也。蓋空有內聖，唯成一孤絕之本體，其所默契之道妙，亦只成一夐然無待之天道而已，是以只能獨善其身，於世道人心助益有限；而唯真開出外王事業，由外王以顯此內聖工夫，如此兼善天下，則內聖即外王，外王即內聖，兩者一起成就，而實本自一貫，此才是真正之「體用不二」也。熊氏之所以揚棄《新論》，以《乾坤衍》為晚年定論，甚至最後定論，其意莫非即在此也！而《乾坤衍》體用六義之說，既開宗明義標出「體用不二」宗旨，復以乾坤四種根本原理以說明「體用不二」之體用哲學思想，最後再出之以孔子外王學之說，以證成其「體用不二」乃一有本有末之經世致用之學，非是學術上之一哲學思想，而乃一生命的學問，落實於此一活生生的實存而有，冀望能於此一活生生的實存而有之生活世界，合理、恰當地理解、詮釋，以至解決有關於人之所有問題，尋出一條可以真真實實存在於此一活生生的實存而有的生活世界之活路，從而能作為一真正之活生生的實存而有者。要之，傳統儒者只言由內聖而外王，即「內聖——外王」，強調個人心性修養，此固亦重要，然在此時代，更須由外王而內聖，即「外王——內聖」，國家發展、社會正義等更是吾人所必須致力者，即不能只有心性修養之內聖工夫，更要有開務成物之外王事功〔註1〕。故《乾坤衍》體用六義之最後一點即曰：

　　余所以不憚反覆其辭者，約有六義：一、……二、……三、……四、……五、……六、孔子之外王學。自孔子在世，其弟子之頑固者，猶篤守古帝王之小康禮教，而反對革命，反對大道。及六國時，諸小儒揚復古之燄，秦人以西戎凶悍之習，併吞之勢已成，大道之行遂絕望矣。孔子於乾坤二卦，創明廢絕君主，首出庶物，以「群龍無首」建皇極。《春秋經》與二《禮》同出於《易》。（《全

〔註1〕林安梧《儒學轉向：從「新儒學」到「後新儒學」的過渡》即認為儒學已至一該轉向年代，從「新儒學」邁向「後新儒學」，從「心性修養」轉向「社會正義」，從「內聖——外王」轉向「外王——內聖」，此標誌著在牟宗三之後，由「道德的形而上學」走向「道德的人間學」之重大發展。

集》七，頁 592～595）

此體用六義之最後一點，即專為外王而發，可謂乃熊氏之人生論。蓋由內聖而開出外王，本體論、宇宙論亦必落實於人生論。誠如張岱年《中國哲學大綱》曰：「人生論是中國哲學之中心部分」（《張岱年全集》第二卷，頁194），王宗文《心物合一哲學建構之探討》亦曰：「我國全部哲學的重心在於人生哲學」（頁40），可見人生論，誠極重要也。熊氏認為孔子早年乃小康之學，猶守古帝王之禮教，至晚年則創建大道學派，倡言革命，《大易》即最根本要典，備明內聖之道，且亦賅及外王，而「創明廢絕君主，首出庶物，以『群龍無首』建皇極」，此其經世濟民之最終目標。案《大易》雖特重內聖，但於開物成務之外王學，亦標示出其根本原理〔註2〕；然此蓋重在指示出外王之原理，至其具體實施內容，即在《春秋》與《周官》、〈禮運〉也。此三經既同出於《易》，誠為一貫〔註3〕；然其具體實施內容，則又各有所重。《原儒‧原儒序》曰：「《春秋》崇仁義以通三世之變，《周官經》以禮樂為法制之原，……〈禮運〉演《春秋》大道之旨」（《全集》六，頁311～312），《乾坤衍》亦曰：「自是而有《春秋經》，張三世；有《周官經》，領導作動民眾，戮力新建設；有〈禮運經〉，歸本天下一家」（《全集》七，頁628），由此可見，《春秋》備明外王之道，「崇仁義以通三世之變」，所言張三世，即撥亂世、升平世及太平世，旨在「創明廢絕君主」，案〈先世述要〉載熊氏八、九歲時，其父告之云：「向後讀史書，……方知胡禍是內亂所招致，而皇帝制度乃是內亂之根也」

〔註2〕《原儒‧原外王》曰：「《易》道廣大悉備，……略舉二義：一曰倡導格物學，二曰明社會發展，以需養為主，資具為先，始乎蒙，終於乾元用九，天下文明」（《全集》六，頁458），案熊氏雖只略舉二義，以明《大易》於外王之道，而實已包含無遺。「一曰倡導格物學」，即倡導科學理論，誠如《原儒‧原外王》曰：「倡導科學理論，莫盛於《大易》。今微引〈繫辭傳〉諸文，而加注如下」（《全集》六，頁456），計有：「知周乎萬物，而道濟天下」、「復，小而辨於物」、「範圍天地之化而不過，曲成萬物而不遺」、……等，且亦為之疏解（見《全集》六，頁458～469）；「二曰明社會發展」，熊氏亦舉出相關卦爻，如需卦、乾卦用九等，並亦予以疏解（見《全集》六，頁469～475）。

〔註3〕《乾坤衍》曰：「〈禮運〉《周官》二經，皆與《春秋》互相發明」、「《周官經》……〈禮運經〉……此二《禮經》皆與《春秋經》一貫」、「《周官》與〈禮運〉皆自《春秋》出」、「孔子之〈禮運〉、《周官》二經，皆與《春秋經》一貫」（《全集》七，頁345、頁348、頁351、頁421），而更要者，《體用論》曰：「《春秋》、〈禮運〉、《周官》之理論與制度，皆自《易》出」（《全集》七，頁142），《乾坤衍》亦曰：「《春秋》、〈禮運〉、《周官》，三經一貫，皆宗主《易經》而作」（《全集》七，頁632）；熊氏並撰有〈研窮孔學宜注重易春秋周禮三經〉一文，加以強調。

（《全集》八，頁874），可見熊氏之有此意識，其蓋有由來；而《周官》乃《春秋》升平世撥亂起治之大法，「以禮樂為法制之原」，一切皆依於「均」與「聯」兩大原理，故能「首出庶物」，從而「領導作動民眾，戮力新建設」；至於〈禮運〉則倡言天下為公，「演《春秋》大道之旨」，以達至「歸本天下一家」之最終境界，此即《大易》「以『群龍無首』建皇極」也。本章將順此以言，第二節「《春秋》：張三世」，言熊氏闡明孔子《春秋》旨在廢絕君主之義；第三節「《周官》：領導作動民眾」，言熊氏闡明孔子《周官》領導作動民眾、戮力新建設之義；第四節「〈禮運〉：歸本天下一家」，言熊氏推釋孔子〈禮運〉所欲達至天下一家、世界大同之最終理想境界也。〔註4〕

第二節　《春秋》：張三世

　　《大易》特重天道，專言內聖之學，於開物成務之外王學，雖亦觸及，但未詳論，《春秋》則重人事，專明外王之學，所言「三科九旨」，即張三世、通三統及異內外，又以張三世為最要，即撥亂世、升平世及太平世，旨在提倡革命，創明廢絕君主，最能表現經世濟民之意，故談及外王學，必以《春秋》為依準，熊氏亦常言：「《大易》、《春秋》相表裏」，對於《春秋》，亦如《大易》般重視，認為此乃孔子外王學根本要典。然《春秋》亦如《大易》，遭致竄亂，致使要義湮沒。熊氏則予耙疏，《乾坤衍》曰：

　　　　余考定何休所述《春秋》三世義，是公羊高所受於子夏而傳之其子，
　　　　以及後嗣，世守未墜者。此確是孔子之《春秋》。（《全集》七，頁
　　　　339）

〔註4〕關於熊氏之外王學，筆者已有《熊十力春秋外王學研究》探究之，主要以《示要》卷三、《論六經》及《原儒·原外王》為主；今則專以《乾坤衍》為主，再予推闡，以明熊氏內聖外王一貫之道。又後人對熊氏《春秋》學之研究，至目前為止仍甚少，除筆者前揭書外，計有藍日昌《熊十力「內聖外王」思想之研究》，島田虔次《熊十力與新儒家哲學》第十一章〈內聖外王〉（頁81～87），郭齊勇《〈讀經示要〉、《原儒》讀後——兼論熊十力的中國文化觀〉，林安梧〈熊十力的孤懷弘詣及其《原儒》的義理規模〉、〈革命的「孔子」——熊十力儒學中的「孔子原型」〉，姜允明〈從《原儒》看熊十力的內聖外王論〉，岑溢成〈熊十力的春秋學與清代今文經學〉、〈熊十力的《春秋》學與名分問題〉，林慶彰〈當代新儒家的《周禮》研究及其時代意義〉、〈熊十力的《春秋》學及其時代意義〉，何信全〈熊十力與儒家新外王理論之開展〉及楊自平〈熊十力體用不二之《易》外王思想〉等。

案熊氏認為孔子確有《春秋》之作，並由子夏傳之公羊高以及於其後代，至公羊壽、胡毋生師弟方著之竹帛，即《公羊傳》，至何休之時而保存於其所著之《春秋公羊傳解詁》（後簡稱《解詁》）。熊氏且以孔子不僅有「口義」流傳，即《公羊傳》，更有「文字」流傳，即自著之《春秋經傳》，故《乾坤衍》曰：「吾亦不否認公羊高有受于子夏之口義。而決不敢信孔子作《春秋》，祇是腹稿，未有文字。決不敢信孔子祇是口說與子夏，子夏又口說與公羊高，高又以所受于子夏之口義傳於其子，以及後裔也。余相信，孔子作《春秋》必有文字，著於竹帛，所謂經傳是也。不待後來漢朝有公羊壽者出，方著竹帛也」（《全集》七，頁367）〔註5〕，案孔子是否有《春秋經傳》之作，且姑勿論；唯孔子縱無自著《春秋經傳》，但若謂其有此思想在胸中，則無可厚非，蓋孔子據魯史以修之《春秋》，及「公羊高有受于子夏之口義」，即子夏傳公羊高以及於其後代，至公羊壽師弟而著之竹帛，即《公羊傳》，此《春秋》與《公羊傳》，縱有竄亂攙雜，然亦可從中尋覓出孔子之微言大義，洵可即視為孔子之《春秋經傳》，誠如《乾坤衍》曰：「《春秋》雖亡於公羊壽等，而馬遷所記董生語及何休在偽《公羊傳解詁》中所述孔子《春秋》三世義，猶可據以推

〔註5〕熊氏對此加以證明，《乾坤衍》曰：「向、歆說，丘明作傳，『明夫子不以空言說經』。此中『空言』二字，並非斥孔門弟子，而實侮聖人。漢世去春秋猶近。向、歆在朝，校定群書，聞見廣博，晚周故籍，無不遍觀。孔子《春秋經傳》，向歆不應全無所聞。……齊王遇顏蠋，王曰：『蠋前。』蠋亦曰：『王前。』王侯與草野學人之間，放蕩如是。孟子之時，齊稷下諸先生，非堯、舜、薄湯、武，未聞犯禁綱。《孟子》書中有一章，記齊宣王問曰：『湯放桀、武王伐紂，有諸？』孟子對曰：『於傳有之。』曰：『臣弒其君，可乎？』曰：『賊仁者，謂之賊；賊義者，謂之殘。殘賊之人，謂之一夫。聞誅一夫紂矣，未聞弒君也。』云云。孟子答齊王，直申正義，威若雷霆。其平生願學孔子，故能如此。何況孔子胸有一部《春秋經傳》在，觀其相魯定公，與齊景公夾谷之會。萊人以兵鼓噪，將劫定公。孔子以大雄之威，折齊君而退萊兵。巍巍乎大哉！何至不敢著書以申大道，如公羊壽，胡毋師弟之所云耶？」（《全集》七，頁371～372）熊氏認為「夾谷之會」，即可明孔子「何至不敢著書以申大道」，而「齊王與顏蠋之問答」與《孟子·梁惠王下》『聞誅一夫紂矣』之說，亦可證孔子絕不可能因畏大人及有權勢者害己，竟不敢書見，乃口授弟子。職是之故，孔子應有《春秋經傳》之作。案孔子是否自著《春秋經傳》，此誠難遽斷，縱使「孔子胸有一部《春秋經傳》在」，亦不必然保證孔子即有《春秋經傳》之作，蓋其可經由口義流傳，或其他種種方式表現，且孔子雖有此思想，但卻未能著之竹帛，亦是極有可能。且如熊氏所言：「向歆不應全無所聞」，其雖以之為孔子作《春秋經傳》之證，然此實亦可作為反證，否則，向、歆父子何以全無所聞？故熊氏確認孔子有《春秋經傳》之作，實未免大膽，是以此視之為其一家之言即可也。

見兩經大旨」（《全集》七，頁 351），故孔子是否有自著之書，則誠無關緊要。至於傳授之人，歷來皆以子夏傳公羊高一系，熊氏則認為其實不只子夏一人而已，如孟子亦是，《乾坤衍》曰：「孟子明言孔子作《春秋》，可見其讀過孔子之《春秋》，然不聞其得於子夏之傳也」（《全集》七，頁 401），此從《孟子・離婁下》述孔子之言曰：「其義則丘竊取之矣」即可證，此亦即孔子「知我者，其惟《春秋》乎！罪我者，其惟《春秋》乎！」之意，可見熊說誠非無理。雖然，但熊氏仍認為孟子畢竟不解孔子，《乾坤衍》即曰：「孟子說『《春秋》成，而亂臣賊子懼』。極力擁護統治階層。此與董仲舒私語馬遷之言曰『《春秋》貶天子，退諸侯，討大夫』者，絕無合處」（《全集》七，頁 401），案「貶天子，退諸侯，討大夫」乃史公聞之於董仲舒，而記之於《史記・太史公自序》中，而班固《漢書・司馬遷傳》乃節去「天子退」三字，而只作「貶諸侯，討大夫」，誠如楊樹達《古書疑義舉例續補》卷一曰：「班去史公不過二百年，史公原文之所有者，班不能不節去。時代愈近，則忌諱愈深，亦可以知矣」，可見史公之所記甚是。熊氏認為此即孔子作《春秋》之本懷，蓋欲推翻君權，廢除天子、諸侯及大夫等三層統治階級，撥亂反正，是以天子必貶，諸侯必退，大夫必討。《乾坤衍》即曰：「《春秋》於天子曰貶，謂放逐其身於遠方，而廢除天子之制度也。於諸侯曰退，謂降為庶人也。於大夫曰討。晚周時，大夫擁實權，必以兵力討滅之也。諸侯、大夫等制度必廢，不待言」（《全集》七，頁 367～368），孔子作《春秋》，寄此意於書中，倡言革命，將天子、諸侯及大夫依序加以貶、退及討，由此以達王事。此王事之王，非指君主，乃是「往」義，即天下萬民所共同蘄向而往歸之義，誠如《乾坤衍》曰：「王者，往也。天下為公之大道，人類之所共同向往，而必定實現者也」、「王之為言，以其為萬物所共同向往之道」（《全集》七，頁 593、頁 594），此時所蘄向者即太平大同，所往歸者即仁義之道，故無有君主統治之事，唯是一體平等，羣龍无首，人人有士君子之行，故此王事即民主之治。而孟子卻說成「《春秋》成，而亂臣賊子懼」，無疑乃擁護統治階層，故亂臣賊子等統治階層見孔子《春秋》之成，即皆畏懼。是以熊氏認為孟子以擁護統治之小康禮教，而完全改去孔子《春秋》之真髓，此實誤解孔子，不識《春秋》之旨，故由原先之讚賞，而貶之為重孝治之小康學派。《乾坤衍》又曰：

　　《公羊傳》與《繁露》說三世，專就君臣恩義立言。明明與何休所

述三世，截然不可相通，判然無有相近。(《全集》七，頁339)

此即公羊壽師弟所著《公羊傳》，及董仲舒所著《春秋繁露》，其所言之三世義，皆與何休《解詁》相反。案《春秋》三傳，《左傳》唯記事而已，《穀梁傳》於三世義則亦無所知，而唯《公羊傳》能傳之，故治《春秋》當以《公羊傳》為主。或謂《公羊傳》如《左傳》一般，亦是史書一類，對此，熊氏則予以批駁，《乾坤衍》曰：「度其用意，一則降孔子為史家。二則以孔子為周公之信徒。三則以孔子欲取法周公而作《春秋》。故借助左丘明，共觀魯國史記。是又以孔子《春秋》多有本於丘明之旨，祇是史評一類之作，不足為發明大道之經典也。四則欲將孔子《春秋》說為史評，而不承認其有『裁成天地曲成萬物』之弘深理論」(《全集》七，頁 368～369)，要之，《公羊傳》絕非如《左傳》只是記事而已，其無疑乃傳經之作，即於史實之中而含有其義法也。即如張三世之義，《左傳》並無明文，而首見於《公羊傳》。《公羊傳》隱元年「公子益師卒」曰：「何以不日？遠也。所見異辭，所聞異辭，所傳聞異辭」，桓二年「三月，公會齊侯、陳侯、鄭伯，于稷，以成宋亂」曰：「內大惡諱，此其目言之何？所見異辭，所聞異辭，所傳聞異辭」，哀十四年「春，西狩獲麟」曰：「《春秋》何以始乎隱？祖之所逮聞也。所見異辭，所聞異辭，所傳聞異辭」，此中「所見異辭，所聞異辭，所傳聞異辭」，乃所見三世也，而「遠也」、「祖之所逮聞也」，即言因時代遠近，而分為三期，即所見、所聞及所傳聞，時近則於史實或親見、或親聞，時遠則不得親見親聞，且文既不備，記亦有缺，難於詳知史實，故其書法亦異而有詳略之分，近世則詳，遠世則略，故爾異辭。熊氏固以《公羊傳》最為重要，但公羊壽師弟將口義著之竹帛，仍有不實之處，此縱使六國小儒即已加竄亂，然真正予以改造之者，則為公羊壽師弟，故須加以揀別。如上所言，《公羊傳》唯有所見三世，而無據亂三世，並非真正之張三世〔註6〕。熊氏並認為公羊壽胡母師弟不只造偽傳而已，且又造圖讖，而其目的誠如《乾坤衍》曰：「又造圖讖詭稱孔子豫知漢將繼周，故作《春秋》以為漢制法也」(《全集》七，頁350)，即其偽造緯書，冀掩孔子之真，以動皇帝之聽，而售其書。如《春秋緯‧演孔圖》曰：「得麟

〔註6〕是以《乾坤衍》屢曰：「公羊壽師弟為漢制法之三世義，本是反對孔子《春秋》之三世義」、「公羊壽師弟以其偽經傳，假托為孔子之作」、「公羊壽胡母師弟造偽傳，以媚皇帝，而詭稱為孔子之《春秋》」、「孔子《春秋經傳》真本，由子夏傳之公羊高，從高傳至其後裔公羊壽，始廢其先人之傳而造偽」(《全集》七，頁 343、頁 350、頁 363、頁 401)。

之後，天下血書魯端門曰：『趨作法，孔聖沒。周姬亡，彗東出。秦政起，胡破術。書記散，孔不絕。』子夏明日往視之，血書飛為赤鳥，化為白書，署曰演孔圖，中有作圖制法之狀」，此「血書端門」之說，自是無稽之談，旨在神化孔子，所謂「中有作圖制法之狀」，即為漢制法之意，而漢人一致承認壽等之說，竟無有懷疑者。是以孔子《春秋》外王之學，乃主張革命，本為萬世而制法，卻被視之只是為漢制法而已，故《乾坤衍》曰：「孔子曰：『我欲托之空言，不如見之於行事之深切著明也。』云云。明明主張革命實踐。而漢以來說《春秋》者，又將孔子此語曲解」（《全集》七，頁 368），而歷代諸公羊家，下迄康有為亦莫不如是，實皆不通其義〔註7〕。至於董仲舒，誠如《乾坤衍》曰：「董仲舒當于壽處，讀過孔子《春秋經傳》。何以知之？仲舒私語馬遷曰：『《春秋》貶天子，退諸侯，討大夫。』云云。此在當時，確是非常異義，可怪之論。仲舒如未讀《春秋》，如何道得出？」（《全集》七，頁 367）案董氏既已告史公以「貶天子，退諸侯，討大夫」之義，此即《春秋》張三世，廢除天子、諸侯及大夫等三層統治階級之要旨，可見董氏於《春秋》知之甚稔，故《乾坤衍》又曰：「余以仲舒深明《春秋》本旨，首在消滅統治」（《全集》七，頁 367），此即讚其深明《春秋》之義。然董氏據《春秋》所作之《春秋繁露》，卻於此義置之不理，與公羊壽師弟無異，故熊氏認為董氏雖有聞於《春秋》，但畢竟亦不解孔子，《乾坤衍》曰：「仲舒自造《春秋繁露》，便純粹是古帝王之道，乃六國小康派之餘裔也。貶天子之弘大理論，在仲舒腦中似未有一毫影響，豈不怪哉」、「但其著《繁露》一書，則與公羊壽等之造偽相同，而不敢昌言消滅天子、諸侯、大夫」（《全集》七，頁367、頁401～402），案《公羊傳》言三世，單言片語，太過簡略，董氏《春秋繁露》則較詳明：「《春秋》分十二世，以為三等，有見、有聞、有傳聞。有見三世，有聞四世，有傳聞五世。故哀定昭，君子之所見也；襄成文宣，君子之所聞也；僖閔莊桓隱，君子之所傳聞也。所見六十一年，所聞八十五年，所傳聞九十六年。於所見微其辭，於所聞痛其禍，於所傳聞殺其恩，與情俱也。是故逐季氏而言又雩，微其辭也；子赤殺弗忍言日，痛其禍也；子般殺而書乙未，殺其恩也。屈伸之志，詳略之文，皆應之」（〈楚莊王〉），董氏「有見、有聞、有傳聞」，即《公羊傳》之所見、所聞及所傳聞，亦將時代分為三期，

〔註7〕關於熊氏批評公羊壽胡毋師弟之說，請參閱《乾坤衍》（《全集》七，頁 343、頁 350～351、頁 363、頁 401～402 等）。

且劃分起迄年代及時間長久。此中「君子」，蓋指孔子，即以孔子為準，將春秋魯十二公分為三等，孔子所見之昭定哀三代為所見世，較前之文宣成襄四代為所聞世，最前之隱桓莊閔僖五代為所傳聞世。徐彥《春秋公羊傳注疏》（後簡稱《注疏》）卷一載顏安樂則「以襄二十一年孔子生後，即為所見之世」，據此，顏氏斷自襄二十一年孔子生訖為所見世，即以隱桓莊閔僖為所傳聞世，文宣成至襄二十一年為所聞世，襄二十一年後至昭定哀，即孔子生訖之後為所見世，分張襄公而使兩屬，與董氏微異。案《公羊傳》於襄二十三年「夏，邾婁鼻我來奔」及昭二十七年「邾婁快來奔」皆曰：「邾婁無大夫，此何以書？以近書也」，徐彥《注疏》卷一即以為「二文不異，宜同一世」，且「孔子在襄二十一年生，從生以後，不得謂之聞也」，可見顏說亦有理據。此兩種分期，雖云時間劃分稍有差距，然畢竟不大，且其分期標準亦無不同，皆以孔子為準，並無大異，蓋顏氏細分，董氏則取其大略而言。董氏又加入含評價意味之語，「於所見微其詞，於所聞痛其禍，於所傳聞殺其恩」，之所以如此即因「與情俱也」之故，而據所舉之例「逐季氏而言又雩」、「子赤殺弗忍言日」及「子般殺而書乙未」，季氏、子赤及子般，或為大夫，或為臣子，則與情俱也之「情」乃指君臣恩義，可見董氏完全以君臣恩義之深淺而為言。由於時代之遠近，君臣恩義亦隨之有深淺，而其辭亦有不同。時代遠者，即所傳聞世，其恩義已淺，故「殺其恩」；時代較近者，即所聞世，其恩義較深，故「痛其禍」；時代最近者，即所見世，其恩義最深，故「微其詞」。可見《春秋繁露》雖較《公羊傳》為詳，然則實無不同，《春秋繁露》即在為《公羊傳》作注，而董氏將時代分為三期，唯言有見三世，此即《公羊傳》所見三世，仍無據亂三世之意。是以熊氏認為董氏唯言有見三世，提倡君臣恩義，此與公羊壽等之造偽相同，不敢昌言消滅天子等，而與孔子之意正相反，純乃古帝王之道，實六國小康派之餘裔。故於董氏，熊氏自不認同。《乾坤衍》又曰：

> 何休注三世：一、據亂世者。萬國庶民在久受壓迫與侵削之中，奮起革命，消滅統治，撥亂世而反之正。二、升平世者。革命初成，亂制已革，更須領導新建設。國家將改正舊日之國界惡習，而變為文化團體。……三、太平世者。國界、種界，一切化除，天下一家。人各自主而皆平等互助，無彼我分別，《易》云「群龍無首」是也。（《全集》七，頁339～340）

案熊氏認為「何休注三世」，所謂「據亂世」、「升平世」及「太平世」，此即

「據亂三世」，乃孔子張三世之本義。熊氏既溯源其始，對《公羊傳》與《春秋繁露》所見三世之義有所不滿，認為非是孔子張三世之義，而此義則存於何休《解詁》中，誠如《乾坤衍》曰：「然何休偏不忽視此暗潮，乃奮起作公羊經傳《解詁》。遂將子夏傳授公羊高之孔子《春秋》三世義，以收入公羊壽偽書之中，與公羊壽偽學之三世義混合在一起」（《全集》七，頁343～344），案何休乃東漢時之公羊大家，所作《解詁》，使公羊學大明於世，達到另一高峰；然如熊氏所言，何休卻將子夏傳授公羊高之孔子《春秋》三世義，與公羊壽偽學所傳之三世義，予以混合，亦即將《公羊傳》及《春秋繁露》之所見三世，而與孔子《春秋》之據亂三世，皆收入《解詁》中。《解詁》隱元年曰：「所見者，謂昭、定、哀，己與父時事也。所聞者，謂文、宣、成、襄，王父時事也。所傳聞者，謂隱、桓、莊、閔、僖，高祖曾祖時事也。異辭者，見恩有厚薄，義有深淺，時恩衰義缺，將以理人倫，序人類，因制治亂之法，……」（卷一），此乃疏解《公羊傳》所見三世，大致上承《春秋繁露》，字句容或不同，其意則同。然何休於所見三世外，更言據亂三世，《解詁》續曰：「於所傳聞之世，見治起於衰亂之中，用心尚麤觕，故內其國而外諸夏，先詳內而後治外，……於所聞之世，見治升平，內諸夏而外夷狄，……至所見之世，著治太平，夷狄進至於爵，天下遠近小大若一，用心尤深而詳，……」（同上），據何休《文諡例》所言：「所見異辭，所聞異辭，所傳聞異辭，二科六旨也」，則張三世應為所見三世，而非據亂三世，何休則承《公羊傳》與《春秋繁露》所見三世，又加入「見治起於衰亂之中」、「見治升平」及「著治太平」，此即據亂三世。可見何休三世說有二，即所見三世，此乃《公羊傳》及《春秋繁露》之說，與據亂三世，按公羊家之說法，此乃孔子口義。《公羊傳》所見三世，唯就時代遠近而言，只是一歷史分期問題。《春秋繁露》有見三世，雖明確劃分春秋魯十二公為三世，然亦如《公羊傳》，只涉及歷史分期問題。而何休據亂三世，則不僅是歷史分期問題，更將之提升至一歷史哲學層次，由據亂而升平，再由升平而太平，時間越向前邁進，世界便愈有希望，一世比一世美好，歷史不斷向前發展，終至太平盛世。此種歷史觀，更可由何休將所見三世配以據亂三世見出，即所傳聞之世為據亂世，所聞之世為升平世，所見之世為太平世，然徵諸史實，春秋魯十二公，世愈近而治愈亂，何休卻認為世愈亂而治愈盛，正與史實相反，此乃寄寓理想，蓋三世並非實指，若是實指，則愈近者愈亂，與其升進過程不符，此無疑乃一象徵，即「借事明義」，

藉由象徵之表達，以明《春秋》據亂而治以達太平之最高理想，而張三世之所以為「張」三世，亦可於此盡見。故徐彥《注疏》卷一即曰：「當爾之時，實非太平，但《春秋》之義，若治之太平於昭、定、哀也。猶如文、宣、成、襄之世，實非升平，但《春秋》之義，而見治之升平然」，可見《春秋》實含兩部分，即春秋時代之歷史史實與孔子所寄寓於其中之義法。且細究其實，董仲舒即曰：「魯愈微而《春秋》之文愈廣」，賈逵亦曰：「世愈亂而《春秋》之文愈治」，此即何休三世說「世愈亂而治愈盛」之義，則此說流傳甚早，在董氏之時已有之，至何休則予以確立。而何休雖無張三世一名，此名乃至宋氏《春秋說》〔註8〕才有，惜宋氏未言明為所見三世，或據亂三世，抑兩者兼有。但可確定者，何休雖無張三世之名，甚至亦無據亂世等名，然「見治起於衰亂之中」、「見治升平」及「著治太平」等，實已含此意，後人才得以據此而定其名，可謂至何休而張三世始成立，不僅為公羊學，亦是春秋學之宏綱鉅領。然而，熊氏認為何休雖知孔子張三世之義，並將之載於《解詁》，但其畢竟生於帝制時代，故亦難脫公羊壽師弟及董仲舒之窠臼。《乾坤衍》曰：「何休《解詁·自序》曰：昔者孔子有云，『吾志在《春秋》，行在《孝經》』云云。《孝經》文字，明明是六國時小康之儒所偽造。《論語》載孔子答弟子問孝，總是在斯人本性真情處指示，絕不涉及政治作用。《孝經》將孝道引入政治作用，以擁護統治階層」（《全集》七，頁344），案熊氏雖認為治《春秋》當以何休之注為正，但《解詁·序》謂孔子「吾志在《春秋》，行在《孝經》」云云，卻又暴露出何休擁護統治階層之保固封建思想。蓋「《論語》載孔子答弟子問孝，總是在斯人本性真情處指示，絕不涉及政治作用」，如孟懿子問孝，孔子答以「無違」；孟武伯問孝，答以「父母唯其疾之憂」；子游問孝，答以「不敬，何以別乎」；子夏問孝，答以「色難」等。而「《孝經》將孝道引入政治作用，以擁護統治階層」，如唐玄宗為之作注，其目的無非即此也。此蓋「《孝經》文字，明明是六國時小康之儒所偽造」，何休卻引之以為言，仍維持公羊壽之偽學，而非保存孔子之《春秋》，誠如《解詁·序》曰：「其中多非常異義可怪之論」，即對張三世、通三統等說頗置疑焉。故熊氏認為何休所言，雖存孔子口義，但卻不盡真實，仍有小康禮教維護統治階層之思想在；《原

〔註8〕宋氏之生卒年代及名號皆不詳，唯當後於何休、早於徐彥。胡玉縉〈公羊三科九旨說〉曰：「宋即宋均，為鄭康成弟子，《春秋說》即《春秋緯》」（《許廎學林》卷四，頁103），案此可備一說。

儒‧原外王》即曰：「是時帝制已穩定，人民亦絕不自覺，何休雖深明公羊氏
先世口義之傳，終亦依托《公羊傳》以阿當世，而《春秋》本義終晦也」（《全
集》六，頁 502），然由何注加以辨識，亦可簡瓦礫以識真金，則《解詁》仍
有其價值在。《乾坤衍》又曰：

> 何休所述三世，確是孔子《春秋》之三世義。以《易》、《春秋》、《周
> 官》、〈禮運〉諸經互相發明，義證確然。（《全集》七，頁 340）

熊氏認為從何休之注加以辨識，亦可求得孔子真意，蓋何休所述據亂三世，
確為孔子《春秋》張三世之義，且《易》、《周官》及〈禮運〉諸經皆可與之
互明，而尤以《大易》為然。《春秋》與《易》關係既密，熊氏亦常言「《大
易》、《春秋》相表裏」，即可見《春秋》之重要；《乾坤衍》即曰：「《春秋經》
言太平世，天下之人人皆有士君子之行。……天下之人人皆成士君子，即皆
有純健之德，正符合於乾卦六爻皆陽之象。……至此，則人類一齊純健，都
不需要領導，亦無敢以領導者自居。乾卦：『用九，群龍無首，吉。』乃此象
也」（《全集》七，頁 632～633）。然欲至太平大同，則須撥亂反正，由據亂世
而升平世以至太平世，故《春秋》張三世，其最初之據亂世，即在強調廢絕
君主，消滅統治，是以《乾坤衍》續曰：「夫革命開始，消滅統治，是乃無首
之初步，而非真無首也」（《全集》七，頁 633），蓋「革命開始，消滅統治」，
此即《大易》「羣龍无首」之初步；但此「無首」之初步，則「非真無首」，
仍須循序漸進，至其成功，即《春秋》撥亂反正，離據亂而升平以至太平，
此乃《春秋》太平世之極軌，即《大易》之「羣龍无首」，亦是〈禮運〉所謂
之大同境界，至此則「真無首」也。此「真無首」，可由乾〈彖〉「首出庶物」
見出，《乾坤衍》曰：

> 「首出庶物」云云，本謂天下勞力庶民，當倡首革命，同出而共治
> 天下事，不應有統治階級存在也。而漢《易》家劉瓛則於此處注云：
> 「陽氣為萬物之所始，故曰首出庶物。立君而天下皆寧，故曰萬國
> 咸寧也。」云云。宋《易》家程頤注云：「天為萬物之祖，王為萬邦
> 之宗。乾道首出庶物，而萬彙亨。君道尊臨天位，而四海從。」云
> 云。……余謂「首出庶物，萬國咸寧」者：……民眾久受壓迫，今
> 乃萬眾同覺，首出而革命，合力推翻統治，本「天下為公」之道，
> 開大眾互助之基。故萬國皆安也。乾〈彖〉此言，與乾卦爻辭後「群

龍無首」之結論，本來一貫。(《全集》七，頁 626～627)〔註9〕

劉瓛之說，見李鼎祚《周易集解》卷第一。熊氏認為漢宋諸儒既一切以天帝為主，則如眾星拱月一般，皆以北辰為中心，而圍繞之以運轉，故而於人世上，君主亦猶天帝，即以君主為中心，百姓皆以其命令為行事之所本，是以必至主張擁護統治。此即使一人高出於萬國萬民之上而奴役之，有如牧人執鞭以驅羣羊，劉瓛之言「立君而天下皆寧」，伊川之言「王為萬邦之宗」、「君道尊臨天位，而四海從」，皆是此意，餘可概見。如朱子《周易本義》曰：「聖人在上，高出於物，猶乾道之變化也。萬國各得其所而咸寧，猶萬物之各正性命，而保合太和也。此言聖人之利貞也。……其以聖人而言，則孔子之意，蓋以此卦為聖人得天位，行天道，而致太平也」，案朱子雖未言君、言王，而曰聖人，但其以「聖人在上，高出於物」、「此卦為聖人得天位」，則此聖人亦與君王無異，所謂聖君也。熊氏認為劉瓛等說，實已誤解「首出庶物」之意，於孔子《周易》所欲達至羣龍无首、天下為公之境，更自無能悟得。而究其實，誠如黃元炳《易學探原經傳解》上卷曰：「人人踐形，人各成乾，是首出庶物也」；而熊氏則更予發揮，以其乃「天下勞力庶民，當倡首革命，同出而共治天下事，不應有統治階級存在」，蓋人人本自平等，絕無有最首出之上神而君臨於眾陽之上。且衡之以「用九，見羣龍无首，吉」，則「首出庶物」云云，熊氏認為即不應如劉瓛所云「立君而天下皆寧」及伊川所云「王為萬邦之宗」、「君道尊臨天位，而四海從」，若如所言，聖人竟於乾卦一篇中，一則主張「羣龍無首」，再則又希望有大君高出於萬物之上，以安萬國，豈非矛盾之至極？而其意應是天下庶民當倡首革命，同出而共治天下事，以謀合力消滅君主，推翻統治，如此則與乾卦「羣龍無首」相一貫，而無疑焉！故熊氏依「羣龍无首」之義，而對「首出庶物」云云之詮釋，實有其理據，而孔子天下為公之大同境界，方可實現。而此益見熊氏所謂之革命，乃一「縱的革命」，而非「橫的革命」，筆者《熊十力春秋外王學研究》即曰：「董、何等即使言革命，亦只是指天子易姓、改朝換代而言，政權乃橫的轉移，換湯不換藥，並無質的改變，此或可謂之『橫的革命』。……熊氏之言革命，則非如是，政權乃縱的改變，由人民起而推翻君主，取消君權，則人人自然平等，而無剝削之事，此乃直就根本而言，既換湯又換藥，已然產生質變，相對於橫的

〔註9〕〈六經是孔子晚年定論〉(《原儒・附錄》，《全集》六，頁 777～779)已言及此意，請參閱。

革命，此則可謂為『縱的革命』」（頁124），案所謂「橫的革命」，乃「指天子易姓、改朝換代而言」，江山雖換人坐，終究有人坐在那寶位上，受苦的仍是黎民百姓；而唯有「縱的革命」，即「由人民起而推翻君主，取消君權，則人人自然平等，而無剝削之事」，已無所謂至高無上之寶位可言，最高領導者亦只是一公僕而已，黎民百姓方是真正之主人。當然，此中尚多曲折之處，非一言可盡。雖云君主專制早已推翻，但若選出之總統不能克盡其公僕責任，反行其專制獨裁，則與古代君主又有何異。況現今所謂選舉方式，表面雖似民主，但其內裏則盡容有非法不當之成分在。然不論如何，此皆為枝微末梢，而熊氏所指出者，即取消君權，以人民為主，實乃大本大根所在，自是正確無疑。

熊氏於張三世之說，既以提倡「縱的革命」為言，故於「通三統」之說，亦與諸公羊家絕異，《示要》卷三曰：

> 三統原是一統，一者仁也。《春秋》始於元，元即仁。雖隨世改制，而皆本仁以為治。《春秋》當新王，即以仁道統天下也。由《春秋》而上溯周之文、武，亦以仁道統天下也。又上推宋之先王成湯，亦以仁道統天下也。故《春秋》以仁垂統，而又推其統之所承，於是而親周，而故宋。明《春秋》之統，紹於周先王，周之統又紹於宋先王，依次相承，假說三統。其實，一以仁為統而已。仁道，真常也，不可易也。所以通三世之萬變，而皆不失其正者，仁為之本故也。（《全集》三，頁1049）

案諸公羊家皆將通三統說成以尊王為前提之大一統思想，熊氏則以「三統原是一統，一者仁也」，筆者《熊十力春秋外王學研究》即曰：「熊氏認為通三統猶如張三世，乃屬微言，皆借事明義，張三世既強調必離據亂、升平，而向太平趨進，以太平為極至，故在據亂或升平猶可言之通三統，至太平世則無復可言之理。因三統原是一統，歷聖相承皆以仁道統天下，故此一統即仁統。而既皆以仁垂統，則何止三統必歸於一統，縱有無數統亦歸於一統，即皆歸於仁統」（頁181），要之，熊氏「一以革命為主之三世說」及「三統歸於一統之仁統說」，實賦予《春秋》以新意，故唯提倡「縱的革命」，才符合「羣龍无首」之義，亦唯有「三統原是一統，一者仁也」，方可同登斯民於袵席之上。而亦必以「縱的革命」推翻統治階層，復以「仁統」垂治，才能依據「異

內外」之進程，以實現王化之理想。案《公羊傳》成十五年「冬，十有一月」條曰：「《春秋》內其國而外諸夏，內諸夏而外夷狄。王者欲一乎天下，曷為以外內之辭言之？言自近者始也」，此乃完全以禮義為判準，不以種族為依歸，本仁心以為治，視他人猶自己，經由「內其國而外諸夏」，以至「內諸夏而外夷狄」，最後則「著治太平，夷狄進至於爵」，即亦須內夷狄，蓋胸懷萬邦，自近及遠皆施行王化，夷狄亦在王化所被之內，不可捨之，《春秋繁露·王道》亦曰：「親近以來遠，故未有不先近而致遠者也」，《說苑·指武》亦曰：「內治未得，不可以正外」，徐彥《注疏》卷十八亦曰：「明當先正京師，乃正諸夏；諸夏正，乃正夷狄，以漸治之」，由內而外，無所不包，自近及遠，皆不遺棄，故能「天下遠近小大若一」，如天地之無不覆載，方可體現「天地萬物為一體」，而天地萬物既一體，則「萬物各得其所」，亦復何疑？《乾坤衍》曰：

> 竊常體會孔子之道，而得兩大義：一曰，天地萬物為一體，此是從源頭處說。……二曰，萬物各得其所。此一語中，當然包含經濟、政治等等大問題。（《全集》七，頁 628～629）

所謂天地萬物為一體，「此是從源頭處說」，乃就內聖言，而萬物各得其所，「當然包含經濟、政治等等大問題」，則就外王言，可見孔子之道內聖外王兼備，而俱見於《大易》、《春秋》、《周官》及〈禮運〉中。此誠如《乾坤衍》曰：「無首則萬物各各自主，亦復彼此平等互助，猶如一體。此人道之極則，治化之隆軌也。於《春秋》則大張三世，直趣太平。……是以《大易》闡明『首出庶物』，與『群龍無首』之鴻論。《春秋》二《禮》諸經，前知、遠見，為萬世制法」（《全集》七，頁 629～630），案諸經本相一貫，既有「《大易》闡明『首出庶物』，與『群龍無首』之鴻論」，即眾陽俱為君長，而人人一皆平等，絕無有超越於眾陽之上之最首出之上神者，洵可見天地萬物為一體，此乃真無首，而「《春秋》二《禮》諸經，前知、遠見，為萬世制法」，乃本《大易》開物成務之訓，倡導科學，以科學技術為社會建設之基石，於經濟、政治等大問題亟求解決，以謀得萬物各得其所，而同登太平大同，此即《大易》「首出庶物」與「羣龍无首」之最終理想也！〔註10〕

〔註10〕關於熊氏對於《春秋》之探究，筆者《熊十力春秋外王學研究》即是對之之全面探討，本節頗參考之，彼詳此略，要皆不可廢，請參閱。

第三節 《周官》：領導作動民眾

　　《春秋》撥亂反正，由據亂世至升平世以進太平世，而此時則重在於據亂世時能廢絕君主統治。故由據亂世而至升平世，熊氏認為此時革命已成，既已離據亂，以至升平，而更向太平世趨進，是以不可不有撥亂起治之大法以領導作動民眾。此撥亂起治大法，熊氏認為具在《周官》。案《周官》之內容性質，自漢以來，大抵視為儒家典籍，或有謂乃法家著作，此蓋卷帙繁多，內容博雜，不免攙雜異說，而其核心觀念以儒家思想為主，應可無疑。至於作者問題，歷來頗多爭議。熊氏即視《周官》乃儒家思想，且是孔子作，《乾坤衍》即曰：「惟《周官經》為萬世開太平。最廣大深遠，非孔子莫能作」（《全集》七，頁345），對於此，熊氏則多方論辨以證成其說，《乾坤衍》曰：

> 《周官經》本是革命思想。……何休說是陰謀之書，便認清此經為革命思想。其解悟過人，但不應用陰謀一詞。……歆以《周官》為周公作。莽既篡漢，竊帝位，稍仿《周官》之制以變漢制。實則假借《周官經》以文其篡竊之醜，本非有意實行《周官》之法度也。……《周官經》確是孔子作，與《春秋經》一貫。劉歆說周公作，蓋以媚王莽，鄭玄承歆說而不知改正。近人康有為以《周官》為劉歆偽造。……余決定《周官》作於孔子，但六國時小儒當有改竄，然孔子真象猶可考見。……由劉歆傳至鄭玄以至今世之本，當初或有劉歆增竄處。然大體猶存孔子本旨。（《全集》七，頁380～381）

案《周官》作者問題，歷來聚訟紛紜，而以一、「歆以《周官》為周公作」、「劉歆說周公作，蓋以媚王莽，鄭玄承歆說而不知改正」、「漢時劉歆詭稱為周公作，不肯承認是孔子作，鄭玄等皆宗歆說」，即劉歆、鄭玄等以為周公作，而經中所述之官制，誠如《乾坤衍》曰：「有謂，周公自作《周官經》，而其攝行天子事時，並未實行此經制度。有謂，周公意在俟諸將來」（《全集》七，頁476）；二、「何休說是陰謀之書」，即何休以為六國時人作〔註11〕；三、「近

〔註11〕案錢穆即力主此說，其〈周官著作時代考〉曰：「何休曾說：『《周官》乃六國陰謀之書。』據今考論，與其謂《周官》乃周公所著，或劉歆偽造，均不如何氏之說遙為近情。下面分四章，證成何意。一、關於祀典。二、關於刑法。三、關於田制。四、其他。」（《兩漢經學今古文平議》，《錢賓四先生全集》8，頁322）

人康有為以《周官》為劉歆偽造」，即康有為以為劉歆偽作〔註12〕；以上三說為最主要。另又有主西周人作、桑弘羊等作及西漢末人作，則較不為人接受。熊氏一反諸說，認為《周官》與《易》、《春秋》一貫，而「《周官經》本是革命思想」，既廣大深遠，而無所不包，且又為萬世立基石，而開太平，是以「余決定《周官》作於孔」；至其官制，《乾坤衍》且曰：「此經之官制，實非周朝所有，祇是孔子理想的制度，而假托為周朝之制，以避時忌耳」（《全集》七，頁 476）。誠然，此實不免主觀，視為熊氏一家之言即可。雖然《周官》亦不免遭致竄亂，不論「六國時小儒當有改竄」，抑「或有劉歆增竄處」，而大致上，則「孔子真象猶可考見」、「大體猶存孔子本旨」。要之，熊氏直以《周官》乃孔子作，且縱使「此經之官制，實非周朝所有」，然此亦無關緊要，因其確乃「孔子理想的制度，而假托為周朝之制」，至於之所以假托周制，此無他焉，蓋「以避時忌」也。此自《中國歷史講話》即如此主張，《示要》更予確定，以至《論六經》、《原儒》、《乾坤衍》仍不變，並加以論辯以證成之，不僅從正面證成乃孔子所作，亦從反面闡明周公作等說之非〔註 13〕，而其最重要之標準，即就「思想內容」而論，蓋《周官經》本是革命思想，故《周官》與《易》、《春秋》一貫，誠乃孔氏之書。案漢以前之古籍，多非出自一手、成於一時。毛奇齡《周禮問》一即曰：「《周禮》自非聖經，不特非周公所作，且并非孔孟以前之書，此與《儀禮》《禮記》，皆同時雜出于周秦之間，此在稍有識者皆能言之。若實指某作，則自坐誣妄，又何足以論此書矣」，周何《禮學概論》則以《周官》乃「a.周公始作，b.隨時增補，c.戰國完成」（頁 45），是以誠不必指實為何人所作。熊氏之主孔子作，蓋藉以表達自己思想。至於其真正作者為誰，實則亦不影響其內容要旨。

熊氏既以《周官》乃孔氏之書，本是革命思想，與《易》、《春秋》一貫，是以《周官》既與二經同列，故於內聖外王之道所言亦備，尤於外王學，乃據《春秋》而作，實乃《春秋》撥亂起治之具體設施之說明，此誠如《乾坤

〔註12〕 對於康有為之毀《周官》，以之為劉歆偽造，熊氏極予批評，《乾坤衍》曰：「康有為以《春秋》三世自鳴而以《周官經》為偽書，其無頭腦、無知識，乃至乎是。……其實，康氏實少慧，而又不務實學，首開浮妄之風。宗偽傳，以偽為真；毀《周官》，以真為偽。愚而已耳」（《全集》七，頁 345），案康氏之說，俱見其《新學偽經考》，而錢穆《劉向歆父子年譜》（收入《兩漢經學今古文平議》，《錢賓四先生全集》8，頁 1～179）已一一駁斥之。

〔註13〕 請參閱筆者《熊十力春秋外王學研究》第六章〈春秋外王學之治法論〉第四節「《周官》為撥亂起治之大法」一、「作者問題」。

衍》曰：「不獨立君有民選之明文，其凡事皆有聯。改換散為合作，變私有為大公。土地國有，一切生產事業皆國營」（《全集》七，頁380），可見《周官》洵為《春秋》革命告成初期時撥亂起治之大法，而領導作動民眾亦必由此也。《乾坤衍》又曰：「『群龍無首』之盛，非可一蹴而幾。《周官經》承據亂世，革命告成之初期，新建國家力行領導制」（《全集》七，頁 630），案「羣龍无首」之太平世，並非一蹴可幾，而欲達致，即須消滅統治階級；又其固是終極境界，但欲達致此目標，則須循序漸進，而《周官》即是達致此境界之根本大法，且必由此方可躋於「羣龍无首」之境〔註14〕。《乾坤衍》曰：

> 余昔讀《周官經》，曾有札記云「群龍無首」，在孔子倡導社會革命的學說中，是徹始徹終語。略言其始，則《春秋》主張廢除天子私有天下、諸侯私有一國、大夫私有采邑之亂制，是消滅統治，為無首之初步。（《全集》七，頁631）

熊氏認為《大易》乃孔子內聖學之根源，亦是其理論基點，對於「用九，見羣龍无首，吉」，其體會既深，而亦稱讚不已。案所謂「羣龍无首」，即旨在消滅統治階級，《乾坤衍》曰：「乾卦初爻，『潛龍』之象，表示庶民久受統治階層之壓迫，處卑而無可動作，故以『潛龍勿用』為譬。二爻，『見龍在田』，則以庶民因先覺之領導，群起而行革命之事。如龍出潛，而見於地面。三爻，『終日乾乾』，言君子志乎革命大業，必自持以健而又健，不忘惕厲。四爻，『或躍在淵』，此言舉大業者，屢經勝敗，或躍而上天，或退墜在淵，此皆勢所必有。五爻，『飛龍在天』，則以革命從艱難中飛躍成功。統治階級消滅，一國之庶民從此互相聯合，共為其國之主人。天下之庶民亦必互相聯合，同聲相應，同氣相求。群起而擔荷天下平之重任」（《全集》七，頁633

〔註14〕或謂《周官》屬古文經，而熊氏既主《春秋》，何以亦重視及之？案此誠如錢穆〈孔子與春秋〉曰：「我們只要不陷入於後代經學上古文、今文門戶的偏執，而從歷史上學術遷變之大勢看，則西漢一朝《公羊》學大行之後，結果有王莽新朝之『發得《周禮》』，正猶如北朝經學，因於何休《公羊》之大行，而結果乃有北齊、北周之《周官》學；這兩事豈不是後先輝映，如同一轍嗎？既在同一軌轍下，便該有同一的意義。這一種意義，我已在上面指述過，一則尚禮的要求更勝於尚法，一則私家尊嚴仍回到歷史大傳統，如是則周公的《周禮》必會繼孔子《春秋》而招惹學者的注意」（《兩漢經學今古文平議》，《錢賓四先生全集》8，頁288～289），故熊氏之兼重《春秋》與《周官》，實亦無所矛盾也。

～634）〔註15〕，熊氏認為乾卦六爻之意，即在說明庶民首倡革命，同出而合力改造天下，此縱未必為其本義，但亦可從六爻之中加以推得，尤其從乾上爻及坤五爻之辭，更可見出。乾九五「飛龍在天，利見大人」，九二「見龍在田，利見大人」，同有「利見大人」，九五居乾卦之正位，為其主爻，並與九二分居上下卦之中，有相應、不相應可言，諸儒於此存有異解，而大多隨文順義釋為「利見大德之人」，但亦有對大德之人何所指予以說明。此主要有二，一是占得九二時，則利見九二之大人，占得九五時，則利見九五之大人，此可謂之九二、九五自見者；由此而來之問題，即利見此大人者，指占者自己，抑指卦爻本身，或指為天下眾庶。一是占得九二時，九二利見九五在上之大人，占得九五時，九五利見九二在下之大人，此可謂之九二與九五互見者；當然，九二九五雖互見，但可順此而謂占者及天下眾庶亦利見九二、九五。案由上所言，蓋亦可推知九五之所以能成為「飛龍在天」之「大人」，乃指得位之人君而言，故歷來皆以「九五至尊」稱之，如王弼《周易注》、孔穎達《周易正義》與伊川《易傳》所言雖異，但以大人即人君則無異，唯朱子《周易本義》認為大人不必說為人君，而亦不必不說為人君，不可執著故也〔註16〕。熊氏即以大人不必說為人君，認為此乃「以革命從艱難中飛躍成功。統治階級消滅」，而統治階級之所以須消滅，即因久受壓迫之民眾，昔則唯命是從，今則萬眾同覺，起而革命，合力推翻統治階層，故「一國之庶民從此互相聯合，共為其國之主人」，人人平等，個個自由，絕無有奴役剝削之事，《示要》卷三即曰：「故知大人，互以聲氣之同，而相應求。非奉一尊以為大人也。若奉一尊以為大人，則是群品低下，而使權力操之一尊，猶帝制之餘習耳，不得為革命也。真能革命之群眾，必皆為大人也」（《全集》三，頁940～941），是以上九「亢龍有悔」，其意明明斷定君主制度無可維持之理，亦即為大君者，處窮高之地，無所能為，非自退不可。而熊氏所歸納出《周易》之三大義例，其最後一例即「諸卦上爻往往別明他事」，亦可證上九確與前五爻不同〔註17〕。案熊氏所言，甚為合理。且以卦畫而言，乾坤可各自成卦，即小卦三爻，亦能相並俱生，重之為六，即大卦六爻。就

〔註15〕 以上之意，〈六經是孔子晚年定論〉（《原儒·附錄》，《全集》六，頁778～779）已言及之，請參閱。

〔註16〕 請參閱筆者〈朱熹《周易本義》發微〉「二、乾卦示例──（二）利見大人」。

〔註17〕 關於熊氏對「諸卦上爻往往別明他事」此義例之說明，請參閱第四章〈理論設準〉第四節「象與義例」相關部分。

小卦言，初始、二壯、三究（亦即終也），此乃始終之道，就吾人一生而言，自有其可貴之處。而就大卦言，初、二、三爻為始、壯、究，四、五、上爻依次又為始、壯、究，三之究即四之始，此不僅為始終之道，更是終始之道，亦即生生之道，文化慧命皆賴之以存。尤其三爻之究即四爻之始，乃由下卦轉至上卦，處於變革之際，該變則變，革故鼎新，於此更見變動不居日新創進之義。若以下卦代表庶民，上卦代表君主，則此正是下革上之時，推翻君權，廢除統治階級，實富革命思想。故熊氏認為乾卦六爻，主要即在說明孔子主張庶民起而革命，廢統治，行民主。熊氏此說，與歷代《易》家截然異趣。漢《易》家且以九五飛龍為聖人登天位之象，故以初爻潛龍為文王困於羑里之象，九二見龍謂聖人有君德當上升於五，九三終日乾乾則以終日之日字為君象，至九五飛龍則聖人始升天位，而宋《易》家亦以九五飛龍指得位之人君而言。熊氏認為若此則通一卦六爻只說天子之事，而「首出庶物」即為大君專制於上，而萬國咸安，此不只不推翻君權，反而維護統治階級，不僅無革命意味，即連變革之意亦失，實極荒謬，根本誤解聖人之意。〈六經是孔子晚年定論〉亦曰：「明明言群龍，則非主張以一個聖人統治萬國；明明言無首，則何有高出庶物之上而居天位者乎？」（《原儒·附錄》，《全集》六，頁778～779）案熊氏實能深探「用九」之底蘊，已賦予其一創造性之詮釋，洵較漢、宋《易》家更顯其開放性，且亦富含深意。蓋若如漢、宋《易》家之說，皆視乾卦六爻乃指一人而言，至九五飛龍則已至其極，不可過剛，過剛則必至亢龍有悔，是以應用九見群龍无首，即不敢為首，此雖亦可通，但只就一人而言，且專指君主而論，誠不免義淺也。熊氏認為用九既言「見群龍无首」，則「群龍」即非以六爻專指一人之意，乃六爻皆為龍，既皆是群龍之一，誠如熊氏所言：「明明言群龍，則非主張以一個聖人統治萬國」，即就全體人類而言，或為潛龍，或為見龍，以至飛龍、亢龍等等，而彼此皆是龍也，應互相尊重，無有特出而為首者，則亦如熊氏所言：「明明言無首，則何有高出庶物之上而居天位者乎」。而如此解釋，其義方深，始可彰顯群龍之意。蓋乾卦之六爻，不論為潛、見、躍、飛，以至於亢，皆因時位不同故，而無尊卑高下之分，初之潛、二之見等，固須尊重九五之已飛龍在天，而五之飛龍，對於初之潛、二之見等，亦須同樣予以尊重，因初之潛、二之見等只要努力，亦可有飛龍在天之時，而九五若不能持盈保泰，將不可能永遠飛龍在天。故「見群龍无首，吉」，即於全體人類之中，無有最高之統治

者。是以熊氏認為「首出庶物」，即天下無數庶民，始出而共和為治，故萬國咸寧，此正與「用九見羣龍无首吉」相一貫，洵較漢、宋《易》家之以大君專制於上而萬國咸安，勝義盡出。至於或有難云：「孔子在古代，當然要尊崇天子」，但衡之以《論語》，誠如《乾坤衍》曰：「《論語》稱孔子言，天子喪其禮樂征伐之大柄，而諸侯得之。諸侯又喪其柄，而大夫得之。大夫又喪其柄，而陪臣得之。陪臣盜柄，三世必失，層層崩潰」（《全集》七，頁635），此則可見孔子雖生於尊崇天子之時代，但其親見禮崩樂壞，僭位盜柄之事頻仍，統治階級層層崩潰，孔子既有感於此，故其主張庶民起而革命，廢統治，行民主，亦理勢之自然也。此正可印證《大易》之說、熊氏之論，而「羣龍无首」誠是徹始徹終之語，亦可無疑。至於坤五爻之辭「黃裳，元吉」，歷來儒者皆以「守中居下」而言，如伊川《易傳》曰：「坤雖臣道，五實君位，故為之戒云黃裳元吉。……守中而居下，則元吉，謂守其分也」，朱子《周易本義》亦曰：「六五以陰居尊，中順之德，充諸內而見於外，故其象如此，而其占為大善之吉也」，其意即在上之君應本著黃裳元吉之德，守中居下，則大吉也〔註18〕。熊氏則與程、朱大異，《乾坤衍》曰：「裳而黃色，則是下民起而奪天子之權與位，用天子之服色。蓋古代以天下最大多數之人民，皆卑微至極，名之曰下民，故取裳為人民卑下之象。而下民用天子之服色，則是下民群起革命，廢除天子制度，消滅統治階級」（《全集》七，頁636），從義理方面言，熊氏頗能從中抉發新意，賦予經典新生命，蓋黃裳之取象，即下民群起而推倒上層之意。由於民眾久受壓迫，既而深自覺悟，必革去上層統治階級，廢除君主專制，且由全民共主天下之事，實行大公、大平之制度，以蕩除人類相食及消滅奴役剝削等惡行。由此可見，坤六五與乾上九兩爻其意實相通。而「《春秋》、〈禮運〉、《周官》，三經一貫，皆宗主《易經》而作」，以《春秋》言，乃廢除君主制度，消滅統治階級，而為《大易》「羣龍无首」之初步，至於《周官》則是由據亂以至升平時撥亂起治之大法，〈禮運〉則是由升平以進太平之大同境界也。

　　熊氏既以《周官》宗主於《大易》，與《春秋》實乃一貫，旨在消滅統治階級。然欲達至《大易》「羣龍无首」之境界，非一蹴可幾。而《周官》誠乃《春秋》升平世之治法，實為撥亂起治之書，《原儒》即曰：「《周官經》恰是繼《春秋》而闡明升平之治法，所以為太平立其基也」（〈原學統〉，《全集》

〔註18〕請參閱筆者〈朱熹《周易本義》發微〉「三、坤卦示例──（三）黃裳元吉」。

六，頁 398）、「《周官經》為撥亂起治之書。承據亂世衰敝之餘，奮起革命而開升平之運，將欲為太平造其端，立其基」（〈原外王〉，《全集》六，頁519）。案《周官》既為《春秋》升平世之治法，而升平世最居關鍵，由此求離據亂而力趨太平，實為《春秋》撥亂起治之大法。對此撥亂起治之大法，其如何領導作動民眾，《乾坤衍》曰：

> 升平世是領導建設時期。據亂世，初破除統治。應當急圖新建設。建設大計，首須樹立新國家之規模。新國家規模，約分對內對外兩方面。對內，樹立民主政制。根據天下為公之原理原則，國家主權在全國人民。但須經過一段領導時期。領導，一方面重在改造社會思想，一方面重在大力生產。《周官經》以六卿聯合領導。（〈太宰篇〉有曰「凡小事皆有聯」云云。「聯」與「均」，是《周官經》之兩大原理。社會一切組織、政治一切作為、生產一切計劃，都依據于「聯」與「均」之兩原則。夫小事皆有聯，大事可知已。《周官》之王為虛位，且出自民選。）而天官家宰居首者，以其虛己而聽六職之眾議，以作裁決也。（《全集》七，頁421）

> 《周官經》則於統治層推翻之後，積極建設新國家。對內，則急於作動人民。取消私有制，土地國有，一切生產事業皆是國營。新制度之建立，以均與聯兩大原則為依據。政治，以全國庶民之眾智、眾力、眾欲，共同合作為基本，主權在民。王朝六卿互相聯合領導，三公之位與王同尊，而王無實權。三公兼三老之職，一方代表地方民眾，得以其利害與眾志，上達於朝。一方與六卿參國政，隱有監督之權。（《全集》七，頁631）

首先，《周官》乃「升平世是領導建設時期」，熊氏之所以如此認為，即以《周官》確乃孔子作，假託周制，藉其設官分職之說，以致太平，其形式雖為條文，而與《春秋》相近，然細究其底蘊，確是包絡天地，經緯萬端，實為《春秋》升平世撥亂起治之根本大典也。

其次，「『聯』與『均』，是《周官經》之兩大原理」，亦即「新制度之建立，以均與聯兩大原則為依據」。熊氏認為《周官》要旨，不外「均」、「聯」二字，蓋均者平等之意，聯指分職而言，以均為體，是為根本，以聯為用，才有實踐指標，故此實為社會組織之兩大原則，而唯透過此兩大原則，社會組織方可落實，亦即「社會一切組織、政治一切作為、生產一切計劃，都依

據于『聯』與『均』之兩原則」。《原儒》亦曰:「且先言均。均者平也。……若非改制、更化,削除其不均不平而歸於均平,人道之慘,其有止息之一日乎?次言聯。人群渙散,各自私而不相為謀。既導之以建立新制,必勉之以互相聯比,弘其天地一體之量,方可登人類於康衢。故均與聯相輔而行也。均平之制本乎人情之公;聯比之法本乎心性之正」(〈原儒再印記〉,《全集》六,頁 309～310)、「均之為言,平也。平天下之不平,以歸於大平,此治化之極則也。……以聯為用者。萬物萬事皆互相聯繫,無有獨化者」(〈原外王〉,《全集》六,頁 517～518),蓋以均為體,所謂「均平之制本乎人情之公」,是以根本一立,才能向「平天下之不平,以歸於大平」趨進,並使此境界得以實現。而欲達此境界,即須尚聯,所謂「聯比之法本乎心性之正」,故須以聯為用,蓋萬物萬事皆互相聯繫,絕無單獨而能成化者。此二義也,一體一用,「均與聯相輔而行」,缺一不可,兩者相輔相成,誠乃《周官》創建新制度以領導作動民眾之大原則所在也。

　　復次,新制度之建立,既以均與聯兩大原則為依據,而「建設大計,首須樹立新國家之規模」,此言《周官》對於國家社會之規劃。熊氏既認為須樹立新國家之規模,即「樹立民主政制」,此乃從「領導,一方面重在改造社會思想」而言。《原儒‧原外王》亦曰:「《周官》之政治主張在取消王權,期於達到《春秋》廢除三層統治之目的,而實行民主政治」(《全集》六,頁 519),否則不論對內、對外皆無從言起。而欲「樹立民主政制」、「實行民主政治」,即須在政治上對於「王」之權力問題,有一番考量。熊氏認為「根據天下為公之原理原則,國家主權在全國人民」,人民才是主人,王亦不過公僕而已,是以「《周官》之王為虛位,且出自民選」,王既出自民選,乃一虛位,不復具領導實權,故「以六卿聯合領導」,其目的即在「取消王權」,即廢絕君主統治,此實《周官》之所以為《春秋》撥亂反正革命初成之根本大法,而可以領導作動民眾之關鍵所在。蓋《春秋》撥亂反正之關鍵時刻,即升平世,由此不僅可求離據亂,亦可力趨太平。此時民品漸高,雖仍有君,但其權力受限,徒擁虛號,僅為百官之長。《周官》所言之王,徒擁虛位,正亦如此,《論六經》即曰:「王有二義。一謂王道。王道者,奉元而治也。《易》曰『大哉乾元』,《春秋》立元即《易》之乾元也。……二謂主治之人,行政首長是也。《春秋》於升平世為虛君共和之治,《周官》之王,虛位而已」(《全集》五,頁 682),熊氏認為升平世已離據亂,故亟須取消王權,廢除統治階級,

而《周官》既為撥亂起治之大法，是以「《周官》之王，虛位而已」。《原儒·原外王》亦曰：「革命初期，王號不妨暫存，而一方嚴密地方基層之組織，使人民得表現其力量，以固民主之基。一方於政府，以六官分掌王國一切政務，而冢宰總其成。王者徒擁虛號，除簽署教令而外毫無權責，是則王權完全取消，置之無為之地而已」（《全集》六，頁 520），案「革命初期，王號不妨暫存」，此乃權宜措施，至其最終目的，必至「王權完全取消，置之無為之地而已」。可見熊氏之以《周官》應行民主政治，王者不僅徒擁虛位，甚至王權應完全取消，無疑已經一番創造性之詮釋。蓋古代專制政體，君主仍在，故只能言民本；然熊氏認為《周官》所言之君，但擁虛位，故其本質應為民主主義，是以應行民主政治。而此國家主權在全國人民，即《周官》之王乃為虛位，故以六卿聯合而領導，其目的即在取消王權，廢絕君主統治，此不僅與《春秋》廢絕統治階層相通，更與《大易》「見群龍无首，吉」亦一貫。故《春秋》撥亂反正，廢絕君主統治，與《大易》「羣龍无首，吉」，即終歸於「无首」，誠有賴於《周官》此一撥亂起治之大法，以領導作動民眾，方可向太平世趨進，可見三經一貫，內聖外王之道一貫，誠無可疑。

最後，熊氏認為既明《周官》對新國家規模之建立，務必取消王權，廢除統治階級，目標即在樹立民主政制，實行民主政治；然而，「領導，……一方面重在大力生產」，而其重點，即在「取消私有制，土地國有，一切生產事業皆是國營」，此則着重於經濟層面而言，《原儒·原外王》亦曰：「《周官經》之社會理想，一方面本諸《大易》格物之精神期於發展工業。一方面逐漸消滅私有制，一切事業歸國營，而蘄至乎天下一家」（《全集》六，頁 530～531）。而此三項，乃互相連貫，《原儒·原外王》即曰：「其消滅私有制者，尋其策劃略說以三：一曰土地國有，二曰生產事業，其大者皆國營，乃至全地萬國亦逐漸合謀平等互助，以為將來世進大同，國際公營事業之基礎。三曰金融機關與貨物之聚散皆由國營」（《全集》六，頁 534），蓋即一切皆歸國有，政府透過政策以行公共權益，領導全民以謀福利，以達社會主義式之理想生活。熊氏又認為《周官》之〈冬官篇〉，甚為重要，《原儒·原外王》即曰：「《周官經·天官篇》有曰：『以官府之六屬、舉邦治。』下文敘六官之職，其冬官則云：『六曰事職，以富邦國，以養萬民，以生百物。』」（《全集》六，頁 531）《乾坤衍》亦曰：「冬官掌百工，而於五官為終者，以其為萬政之總匯，國命、民生之所寄也。……余考〈天官篇〉，敘六官之職。其於〈冬官〉則云：『六

曰事職，以富邦國，以養萬民，以生百物。』云云」（《全集》七，頁 421～422），惜〈冬官篇〉已佚，不可得知其詳，否則，誠如熊氏所言此實「萬政之總匯，國命、民生之所寄」，是以若能如其所言以行，則必可富邦國、養萬民、生百物。而從其他篇章，亦可考見《周官》所言經濟制度，有足稱美者，《乾坤衍》曰：「如泉府掌萬物之聚散，遍考全國各地產物之豐耗，周知其數，以時聚散，統籌其平。物賤則買入，物貴則如其本價而售出，斷絕商賈壟斷之害。上充國用，下蘇民困。……至於對外，則倡導國與國之間力求融合。如交通則開闢國際道路，生產則新工具可相觀，商務則有無可相通，政俗則得失可相訪。彼此以真正平等互助之精神見諸行事，消除怨惡。大國不欺小國，小國不侮大國，以此為破除國界之先導」（《全集》七，頁 631～632），案《周官》不僅於政治、社會兩方面皆能慮及，而於經濟制度之細目等等，亦能注意，對內對外皆能兼顧，此皆可見《周官》之重要。且新朝時，劉歆佐王莽，即提倡之而欲以之興太平；又西魏時，蘇綽、盧辯等據之以建六官之制，而恭帝三年即正式行之；又唐玄宗時，所制作之《唐六典》，意亦準之於此；以至北宋王安石，不僅為之作新義，並依之以行變法；則《周官》所云，洵非盡屬空言也。

綜上所言，熊氏透過經典從中抉發出新意，已彰顯出中國傳統思想中，不僅保有主觀性之道德良知，且含有由此而開出客觀性之民主、科學等之可能性。可見民主、科學等，並非一味全盤西化不可。或謂熊氏所云，實乃舊酒新瓶，古人早已言之，且又不免淪於空泛之道德層次，理想雖高，然卻不甚實際。案此蓋似是而非。畢竟民主、科學等若不立基於道德之上，則其本根已爛，實難冀望其能發揮正面作用。尤其現今時代，全球已歷經民主過程，享受科學成果，但卻未必較以前時代為佳，人與人、人與物以至人與自然愈見疏離，互不尊重，處處充滿欺詐、暴力、暗殺與戰爭等。可見對於所謂之民主、科學等，其立意雖佳，但因誤解、濫用，是以在享受之同時，其實亦已反受到更大傷害。此即迫使吾人必須重新檢視現今之民主、科學，是真民主、真科學，抑只是偽民主、偽科學而已〔註19〕。而熊氏所強調之外王學，乃立基於道德之上，重新再予凸顯，在此重視物質文明，強調個人自由之時

〔註19〕 案古希臘時，在號稱民主發源聖地之雅典，蘇格拉底即遭受民主政治之迫害，在亞色比大審中被判死刑，其弟子柏拉圖認為此無異即暴民政治，而對民主政治極度失望。至於科學，又何嘗不然？故選擇、接受及實行民主制度時，仍有賴於我人文素養、法治觀念等基本條件之成熟，更須立基於民族傳統文化之上，而與之相融合，唯有如此，或許才能成為一比較健全之民主政治。

代，正提供一條相當可行之出路。誠如筆者《熊十力春秋外王學研究》即曰：「熊氏更打破今古文之分，黜〈王制〉而推尊《周官》，認為其乃《春秋》撥亂起治最關鍵之升平世大法。蓋《周官》以均、聯為最要義，體用兼備，乃社會組織之兩大原則，透過此兩大原則，社會組織方可落實，不僅地方之鄉遂制度得以嚴密，而發展工業、消滅私有制等國家社會規劃，亦可施行，從而邁向民主，發展科學，以實現平天下之不平以歸於大平之理想」（頁230），可見《周官》於政治、社會方面皆能慮及，對內對外亦能兼顧，乃升平世領導建設、作動民眾，由此離據亂而趨太平，為太平世造端立基，洵是《春秋》撥亂起治之大法，其重要性不容置疑。且尤有進者，亦如筆者《熊十力春秋外王學研究》續曰：「熊氏更認為《周官》所載本為民主主義，其於帝制時代，因本質上相扞格，固難實行，然若於民主時代，則不論從理上或事上而言，皆深信其必能實行」（同上），案古今異勢，凡事未可一概而論，昔劉歆、蘇綽及王安石等之提倡《周官》，因其身處帝制，未能識得《周官》實乃主張民主，故不免枘鑿，而終未能實行，此理所當然，固其宜也；今熊氏亦提倡《周官》，時值民主時代，形態已然有變，又能洞悉《周官》誠為民主之制，理解亦大異往昔，故從理上言之，本自極為可能，而從事上以論，亦是真能實行且復可大可久也。故熊說顯有其價值，應予重視，並加發揮。〔註20〕

第四節　〈禮運〉：歸本天下一家

　　《春秋》既撥亂反正，經由《周官》此一撥亂起治之大法，以領導作動民眾，以離據亂而向太平世趨進，以達至《大易》「羣龍无首」之境，而此境界，即〈禮運〉所謂「天下為公」之大同世界，故最終則歸本於天下一家。而〈禮運〉歸本天下一家，實即《春秋》張三世最後所欲達至之太平世。是以熊氏對〈禮運〉亦重視非常，認為乃孔子所作，然已遭後儒竄亂，但從偽篇之中，亦可加以辨識出來。《乾坤衍》曰：

　　　　《禮記》一書，是漢人輯錄六國以來小康派之說，後人尊為一經。
　　　　其中有〈禮運篇〉，即削改孔子之〈禮運經〉而別為此篇也。（《全集》

〔註20〕關於熊氏對於《周官》之探究，筆者《熊十力春秋外王學研究》第六章〈春秋外王學之治法論〉第四節「《周官》為撥亂起治之大法」已論及之，本節頗參考之，詳略互見，請參閱。

七，頁 341）

熊氏認為孔子確有〈禮運經〉之作，而今所謂之〈禮運篇〉，則為遭後儒竄亂之別本。案〈禮運〉之作者問題，亦如《周官》，歷來頗多爭議。宋儒胡致堂（明仲）以〈禮運〉乃子游作，康有為《禮運注》亦認為乃子游傳孔子大同之道而作，熊氏亦以為子游傳〈禮運〉，《原儒·原外王》即曰：「此篇是七十子之徒，記述孔子之說，宋儒胡致堂以為子游作，其說近是」（《全集》六，頁 446）。案此可分兩層看，即廣泛地說，〈禮運〉乃七十子之徒記述孔子之說，此未指實；而再進一層說，七十子之徒中，又以子游及其門下一派最有可能，此則予以實指。然錢穆《先秦諸子繫年》卷一〈孔子弟子通考〉曰：「考孔子年五十一為司寇，子游年六歲，孔子五十五歲去魯，子游年十歲，孔子與語大同小康，有是理乎？」（《錢賓四先生全集》5，頁 83）而直至《素書樓經學大要三十二講》（《講堂遺錄》，同上 52，頁 346），仍是如此認為。案錢氏之說甚是，蕭公權《中國政治思想史》（頁 72）亦贊同之，〈禮運〉當非孔子或子游所作。然此亦不足以駁熊說，蓋此乃針對今本〈禮運篇〉而言，熊氏亦認為〈禮運篇〉乃遭後儒竄亂之別本，自不認為其作者為孔子，故小儒才將子游與孔子硬湊一起，以致年代有所不符。而此正亦可反證孔子確有〈禮運經〉之作，蓋其原本〈禮運經〉非必針對子游之問而發。誠然，此亦非即謂孔子原本確有〈禮運經〉之作，蓋今所見者唯〈禮運篇〉，而〈禮運經〉既不得見，是以誠難斷其是非對錯。要之，熊氏堅主孔子有〈禮運經〉之作，誠如《乾坤衍》曰：「孔子之學，早年誦法古帝王小康之業，誠有是事。但自五十學《易》後，其思想根本改變。創明內聖外王之大道，始作六經。則古代傳來之小康思想，是其所不得不反對，此〈禮運經〉所由作也」（《全集》七，頁 348～349），案此視為熊氏一家之言可也，毋庸深論。然不論如何，今之〈禮運〉雖非孔子或子游所作，但其內容性質，亦不與儒家宗旨相背離，自漢以來，大抵即視為儒家典籍，雖或有謂乃道、墨之書，然此蓋表面相似，而根本意旨則截然有異，亦即〈禮運〉容或攙有道、墨家言，但大致上則以儒家思想為主，應可無疑，是以以之為道、墨之書，從而貶抑其價值之顧慮，亦可排除。且〈禮運〉所陳，甚富理想，深符儒家所欲達至之最終境界，此益見其雖不必為孔子作，或子游作，但熊氏以為七十子之徒記述孔子之說，仍較可信。《乾坤衍》又曰：

篇中有天下一家之語，本孔子〈禮運經〉原文。……汝試將篇首「大

道之行也，天下為公」一段及小康一段，細心體會，當知天下一家
是孔子《春秋》主張太平世，全世界人類建立共同生活制度。小康
之治，階級鞏固。私有制不可動搖。有治人與治於人之分。有食人
與食於人之分。有勞心與勞力之分。社會一切大不公，大不平，如
何可說天下一家？余故知其為〈禮運經〉之原文也。然而小康之徒，
刪削孔子〈禮運經〉原文，而別造〈禮運篇〉，列入《禮記》中，以
張小康義。竟摘取〈禮運經〉中「天下一家」四字，雜入小康禮教
中。(《全集》七，頁 341～342)

熊氏既認為孔子原有〈禮運經〉，卻遭後儒竄亂，然由竄亂之〈禮運篇〉中亦
可辨別出孔子〈禮運經〉中原有之意。案〈禮運〉藉孔子與於蜡賓，喟然而
嘆，以引起子游之問，而揭出「大同」、「小康」之說。熊氏即認為此篇之中，
「大同」與「小康」兩種思想，確有不同。關於大同，誠如熊氏所言：「當知
天下一家是孔子《春秋》主張太平世，全世界人類建立共同生活制度」，即孔
子所嚮往之大道，乃是天下為公之大同世界，此時歸本天下一家，亦即《春
秋》之太平世，《大易》之見羣龍无首也。《明心篇》亦曰：「孔子為大地人類
前途，預擬太平之原則，略舉以四：一曰，天下之人人皆有士君子之行；二
曰，天下為公；三曰，天下一家；四曰，群龍無首」(《全集》七，頁 231)。
至於小康，亦如熊氏所言：「小康之治，階級鞏固。私有制不可動搖」，此時
有階級之分，鞏固而不可破，私有制亦形成，堅牢而不可動，有治人與治於
人、食人與食於人及勞心與勞力之分，不公不平，莫此為甚，人各為家，天
下為私，而非天下一家、天下為公。而孔子之所重者，即在大同，而〈禮運〉
之所以受重視，亦因倡導大同之故。熊氏既認為大同與小康明明乃兩種不同
之思想，何可融合於一篇之中？是以其中必有遭後儒竄亂之處，即小康是也，
而又不敢盡毀孔子原文，是以又保留篇首「大道之行也，天下為公」一段。
即完全刊落大同之說，而獨表彰小康之教，且其所以竄亂之跡，可從「摘取
〈禮運經〉中『天下一家』四字，雜入小康禮教中」見出，蓋其本欲毀滅〈禮
運經〉，則應一切削去，卻又保留其中最重要之四字，終究不敢刪除。誠如《乾
坤衍》曰：

按「大道之行也」下，「三代之英」上，中間有一「與」字，極宜注
意。彼用一「與」字，即明示大道是孔子之發明。三代之英，亦是
孔子平生研究古典學術所一向喜好者。彼之用意，本不以大道與三

代之英混作一團,其所見甚是。但下文云:「丘未之逮也,而有志焉。」
此一「志」字,是對上文之「與」字,緊切照應。即是以大道與三
代之英,同為孔子之志願所在也。然而彼在後文,錄存原經大道、
小康兩段文。孔子明明痛斥三代之英違背大道,雖暫致小康,不可
久也。孔子既志在大道之行,又何忍以小康之業為其志之所存乎?
孔子若作兩截人,尚何足為人乎?(《全集》七,頁434)

熊氏認為篇首此段文中,「『大道之行也』下,『三代之英』上,中間有一『與』
字,極宜注意」,此一「與」字有「極宜注意」者何?據《原儒·原外王》曰:
「此段文字明明有攙偽,『與三代之英』五字,增入『大道之行也』下,以文
理言實不可通。若去此五字,則其文云:『大道之行也,丘未之逮也,而有志
焉。』下接『大道之行也,天下為公』,至『是謂大同』,則文理極順,義旨
顯明。『是謂大同』下,接云『今大道既隱』,至『兵由此起』,正是孔子傷當
時之亂制,雖未能驟革,而終不可不革,所謂『丘未之逮而有志焉』者是也」
(《全集》六,頁445),熊氏認為此中字句確有攙偽,然後儒皆不辨,即「與
三代之英」五字為攙入,故應刪去。然至《乾坤衍》,熊氏則不再強調「與三
代之英」是否為攙入,蓋此乃無關緊要者,並不影響全篇要旨,而從大處着
眼,亦可見出其意,即「彼用一『與』字,即明示大道是孔子之發明」。蓋大
道之行與三代之英,皆孔子所未及逮也,而同為孔子志之所在,是以「此一
『志』字,是對上文之『與』字,緊切照應」;而「與」字之義,即某與某也,
乃前後兩者皆含括之意,故兩者皆為其所志,即大道之行與三代之英,同為
孔子之志願所在。然二者雖皆孔子志之所在,即孔子嚮往大道之行,此固無
可疑,而「三代之英,亦是孔子平生研究古典學術所一向喜好者」,亦毋庸置
疑。但此卻有時間上分期之問題,蓋三代之英雖是孔子平生研究古典學術所
一向喜好者,但此乃其早年誦法古帝王小康之業,亦即孔子早年確實認同小
康禮教,斯亦無須為之諱;但自五十學《易》之後,其思想起大變化,從而
創明內聖外王之道,是以又痛斥三代之英實違背大道,則對古代傳來之小康
思想,必極力反對。要之,孔子早年喜研三代之英之小康禮教,而至晚年則
志在大道之行,故篇首之語,實應予以善會,其有時間上之分期,不可一律
視之。且證之以《論語·八佾》「子謂《韶》章」,楊樹達《論語疏證》卷第
三即曰:「舜揖讓傳賢為大同之治,武王征誅世及為小康。故孔子稱《韶》樂
為盡美盡善,《武》盡美而未盡善也」,又〈雍也〉「齊一變至於魯章」,楊氏

《論語疏證》卷第六亦曰：「齊一變至於魯，由霸功變為王道也。〈禮運〉以禹湯文武成王周公六君子為小康，是王道為小康也。魯一變至於道者，由小康變為大同也。〈禮運〉言大道之行天下為公，此道正彼文所謂大道矣」，可見孔子確是貶「小康」，而以「大道」、「大同」為終極理想境界。職是之故，「孔子既志在大道之行，又何忍以小康之業為其志之所存乎？」是以若將大道之行與三代之英，視為孔子同一時期之所志焉，則不免互相矛盾。然後儒則予竄亂，以混合小康與大道乃同為孔子平生之學，此其目的無他，旨在推崇小康禮教，而抑制大道之行。

　　且進一步言，熊氏認為既於後儒竄亂之跡已明，則亦可由此竄亂之跡以窺得孔子〈禮運經〉之真象，《乾坤衍》又曰：「余猶喜此篇保存孔子真象頗不少」、「大道學派，此篇特詳其源」（《全集》七，頁 407、頁 408），故此篇雖有攙雜，仍可由此見出孔子大道學說之真象。而究其實，直接從內容思想上着眼，即可見大同與小康確為不同思想，三代之前，乃大道之行也之大同時代，至三代之時，雖有禹、湯、文、武等六君子之謹於禮，然已非大同時之天下為公，而是大人世及、天下為私之小康時代。故《乾坤衍》曰：「孔子何至以大道之行與小康之六君子俱為其志之所存乎？志存乎大道，決不效法三代之英；志存乎小康，又何能實行天下為公之大道。孔子五十後，篤志於大道，祇有任而直前已耳。三代之英所行小康之道，過去朽腐，猶若死尸而已。孔子的思想，譬如大海不宿死尸。既已志在大道之行，何至又後退而法三代之英，以陷于顛倒乎？」（《全集》七，頁 349）案熊氏認為「孔子五十後，篤志於大道」，而大道之行，即大同之治，則天子不得有天下，諸侯亦不得有國，而天子既貶、諸侯既退，再不得有天下及其國，則統治階層必傾覆，私有制亦俱廢除；至於三代之英所行之小康禮教，則以少數人控制天下最大多數庶民，恣行其種種己私，而之所以如此，厥因古代天子、諸侯等為保固其統治計，而不惜鑿毀人性。是以小康禮教既保存階級，天下皆為統治階層所有，此誠如熊氏所言：「三代之英所行小康之道，過去朽腐，猶若死尸而已」，而其後果，恐必如《乾坤衍》所言：「六君子方圖保固統治，下民利在鬥爭」（《全集》七，頁 420）；而大道之行，則廢除統治階級，天下為人人之天下，此亦如熊氏所言：「孔子的思想，譬如大海不宿死尸」，而其效果，亦將如《乾坤衍》所言：「人將不待教戒，而互以仁、讓相通於無形之中矣」（《全集》七，頁 420）。可見大道之行之與三代之英，兩者適正相反，何可並存？而「孔子

何至以大道之行與小康之六君子俱為其志之所存乎？」聖人絕不可能悖謬至
此。《原儒‧原外王》亦曰：「夫大道之行，必廢除統治，小康禮教猶保存階
級，二者本不可相容，而謂孔子於二者皆有志可乎？」（《全集》六，頁 506）
若孔子既志在大道之行，又法乎三代之英，則篇名「禮運」即無意義可言，
蓋孔子「既已志在大道之行，何至又後退而法三代之英」，可見孔子並非兩說
並存，即孔子若志乎大道，則「志存乎大道，決不效法三代之英」，而若志乎
小康，則「志存乎小康，又何能實行天下為公之大道」。是以大同小康絕不可
並存，而孔子乃欲由小康以至大同，「然必消滅統治以後，全世界人類建立共
同生活制度」，故終必捨小康，而以大同為主，誠如《原儒‧原外王》曰：「大
人世及之禮與私有制悉廢除，即蕩平階級而建天下一家之新制，是謂公。……
天下之人人皆化私為公，戒渙散而務合群，則智慧脫於小己利害之外，而與
日月合其明」（《全集》六，頁 463），故必捨小康以達至大同，如此篇名才能
得其確解，誠如鄭玄《三禮目錄》曰：「名曰〈禮運〉者，以其記五帝三王相
變易，陰陽轉旋之道」，熊氏《原儒‧原外王》甚且曰：「且此篇以禮運名者，
誠以小康之禮教當變易而進乎大道」（《全集》，頁 447），案在史實上，雖由大
同下落為小康，然其宗主乃在大同，其意乃在由小康再轉運回復至大同，故
由保存階級而至廢除階級，方合乎孔子思想，而〈禮運〉之義，亦可得確解。
《乾坤衍》又曰：

> 小康之徒用此等竄亂的作法，直將〈禮運經〉主張天下一家之廣大
> 義蘊完全掩蔽。漢以來，治《禮記》者於此處都不生疑問。康有為
> 空談〈禮運篇〉，徒摘錄篇首大同小康數行文字。而於此篇真意及其
> 種種漏洞，卻茫然不求解。（《全集》七，頁 342）

熊氏認為小康之徒竄亂〈禮運經〉，此在漢朝，可以劉歆為代表，至清朝則以
康有為為代表。關於劉歆，《乾坤衍》曰：「歆所云微言者，實指孔子晚年大
道之學。所云大義者，實指孔子早年稱述古帝王小康之道。孔子早年弟子，
習聞古帝王小康之道，固執而莫能變，根本不肯承認其本師有晚年大道之學。
孔子未沒時，若輩自不敢毀六經。孔子既沒，則逞其愚妄而為復古之國，漸
有改竄六經之事矣」（《全集》七，頁 360～361），案所謂「仲尼沒而微言絕，
七十子喪而大義乖」，可見孔子不僅有「微言」，亦有「大義」，而二者誠有大
區別在，「大義」即如大一統、大居正及尊王攘夷等等，此蓋小康禮教所提倡
者，在任何時代皆可言，於時主並無妨礙，是為大義，而此「實指孔子早年

稱述古帝王小康之道」，即孔子早年亦頗稱讚大義；至於三科九旨，即張三世、通三統及異內外，此乃孔子創明革命思想，廢除統治階級，誠乃大道之行也而天下為公，但因涉及撥亂反正，貶天子、退諸侯、討大夫等，不為時主所喜，是為微言，而此「實指孔子晚年大道之學」，即孔子晚年則捨大義而就微言，蓋微言實較大義為高。又《乾坤衍》曰：「微言，李奇曰：『隱微不顯之言也。』顏師古曰：『精微要妙之言耳。』余按李奇解，得其實。師古以微妙釋之，非歆意也」（《全集》七，頁 361），案熊氏復以劉歆雖知孔子有微言，而李奇之注，雖較顏師古之注，為得歆意，但畢竟劉歆詭稱孔子生前祇有微言，其意則如《乾坤衍》所言：「不肯承認孔子作六經」、「不承認孔子有創明大道之六經」（《全集》七，頁 411、頁 415）；而其所以不承認孔子作六經，其來亦有自，乃承六國以來之小儒，此亦如《乾坤衍》所言：「及至六國時，道、墨、名、法諸巨子勃興，皆無有肯持消滅統治之論者。其言群制、治道，皆背叛六經之外王學」、「小儒陰謀變亂與改易孔子之六經，使其成為古帝王小康禮教之典籍」（《全集》七，頁 361、頁 427）。要之，劉歆不承認孔子作六經，其意在竄亂孔子外王之說，故於〈禮運篇〉所存原經之文而可斷定孔子六經完全是革命思想者，自無法曉喻，是以熊氏認為不可以孔子祇有隱微不顯之言，而無〈禮運經〉之作。而劉歆詭稱孔子生前祇有微言，此亦如《乾坤衍》所言：「不獨叛聖，更叛其所祖述之六國時諸老師」（《全集》七，頁 416），蓋六國時諸儒最喜者即「大義」，今劉歆卻將之抹煞，獨剩「微言」，且於「微言」之意亦不了解，班固〈藝文志〉則完全承襲劉歆說法，故必如六國小康之徒「直將〈禮運經〉主張天下一家之廣大義蘊完全掩蔽」，亦是自然之理也。至於康有為，熊氏認為「康有為空談〈禮運篇〉，徒摘錄篇首大同小康數行文字」，案康氏獨弘〈禮運〉，其《禮運注・敘》曰：「孔子三世之變，大道之真在是矣。大同小康之道，發之明而別之精，古今進化之故，神聖憫世之深在是矣」，可謂推尊至極。然熊氏對於康氏並不認同，誠如《乾坤衍》曰：「康有為祇摘取篇中大同數語，自矜為新發見」（《全集》七，頁 348），案所謂「自矜為新發見」者，可於康氏《孟子微》中見之，其曰：「〈禮運〉記孔子發大同小康之義，大同即平世也，小康即亂世也。故言父子之義，平世不獨親其親，子其子，亂世則各親其親，各子其子。……凡此道皆相反，而堯舜大同，禹湯文武小康，亦易地皆然也。〈中庸〉所謂道並行而不悖也。通此，乃知孔道之大。……《春秋》三世，亦可分而為二，孔子託堯舜為民主大同之世，

故以禹稷為平世，以禹湯文武周公為小康君主之世，故以顏子為亂世者，通其意不必泥也」（卷一，頁 14～15），案康氏以「大同即平世也，小康即亂世也」，若以升平世亦有平字，應與太平世同為平世，即平世兼含升平世與太平世，若以升平世仍未至太平，不可謂為平世，應與據亂世同為亂世，即亂世兼含據亂世與升平世，然康氏於此卻無說明。康氏更謂「《春秋》三世，亦可分為二」，以平世、亂世代替據亂世、升平世、太平世，蓋據《孟子・離婁下》「禹稷當平世」、「顏子當亂世」而言，將三世簡化為二世，則升平世不是併於據亂世而為亂世，即併於太平世而為平世。康氏雖云須「通其意不必泥也」，然無形中已取消升平世，只剩據亂世與太平世，破壞《春秋》三世之義。且從康氏之說，實有三種模式存在，即一、小康、大同；二、亂世、平世；三、據亂世、升平世、太平世。康氏對此三種模式之具體內容，皆曾論述，但稍加比較，即發現其重複與矛盾之處甚多，如《論語注》將據亂、小康相連，《孟子微》將據亂、升平相連，《禮運注》將小康、升平相連，尤其《禮運注》又曰：「禮運之世，乃當升平，未能至大同之道，然民得以少安。若失之，則禍亂繁興，故次於大同，而為小康也」（頁6），此中「禮運之世」究指小康或大同，實啟人疑竇。若謂小康，然康氏又曰「乃當升平」，則小康、升平相連；若謂大同，而康氏又曰「而為小康」，實難自圓其說〔註21〕。其實，康氏若以平世蓋指太平世，故謂大同即平世，而似可兼及升平世，以其離據亂，故可謂為平世；亂世則指據亂世，且可上進於升平世，然未至太平，故謂小康即亂世，不僅指據亂世而言，而亦可兼含升平世，若此則無矛盾。相較於康氏，熊氏並無平世、亂世等辭，亦未將三世簡化為二世，仍以三世以與小康大同相配，且明確以小康為據亂世，大同為太平世，至於升平世，乃處於據亂世與太平世之間，即由據亂世過渡至太平世之一階段。在熊氏觀來，康氏之有此失，即因明知「凡此道皆相反」，卻猶以之「道並行而不悖」，故認為孔子同時主張大同與小康兩種思想。誠如《乾坤衍》曰：「康有為受其欺，遂以謂孔子本有大同、小康兩種思想。故口談大同，身行復辟」（《全集》七，頁349～350），案熊氏認為康氏受小儒迷亂之談所欺，以致不識微言與大義有別，而於大同小康兩種思想不復能辨，《原儒・原外王》亦曰：「有為祖述班固，

〔註21〕 梁啟超《清代學術概論》曰：「有為以《春秋》『三世』之義說《禮運》，謂『升平世』為『小康』，『太平世』為『大同』」（頁69），案梁氏於康氏之矛盾實未能分辨，不免失之過簡。

以為大義者，即小康之禮教，而孟軻言誅亂臣賊子之類皆是也。微言者，即〈禮運〉大同之說，與《春秋》太平義通，皆隱微之言也。如有為所云，則《春秋》為大義、微言兩相淆亂之書」（《全集》六，頁451），是以康氏雖以《春秋》託古改制，然受帝制影響，而於微言大義不分，故小康大同並重，雖主三世進化，不可躐級，但終究毫無革命、民主之意。故在晚清，康氏雖致力於變法維新，但專守小康禮教，以保存階級為要務；已入民國，雖「口談大同」，仍不惜違背潮流，而「身行復辟」，反對共和民主。康氏之所以如此，即因不知小康屬大義，大同則為微言，而微言大義有絕對根本之異，於據亂世言小康，自無不可，然至升平，以至太平，則必捨小康而趨大同。然康氏只欲由據亂而升平，而以太平大同非此時即可遽至，雖依〈禮運〉大同之說而著《大同書》，但既不識〈禮運〉要旨，故亦必如劉歆、班固般，而曲解〈禮運〉「天下一家」之廣大義蘊也。

　　總之，熊氏認為孔子確有〈禮運經〉之作，卻為小儒竄亂成今之〈禮運篇〉，而劉歆、康有為等皆莫能辨正，以致偽篇流行，而真經卻湮沒。然雖如此，但從遭竄亂之〈禮運篇〉，亦可窺出孔子志在大道之行，而非三代之英之小康禮教。蓋小康禮教雖為孔子早年所喜好研究者，但自五十學《易》後，其思想已大改變，而〈禮運經〉中之大同思想，倡明天下為公，推翻君主統治，歸本天下一家，廢除階級觀念，正是孔子思想最後歸趨之所在也。可見熊氏重視〈禮運〉，要非無因。《示要》卷三及《乾坤衍》對小康、大同皆隨文分疏，並下案語。《乾坤衍》曰：

> 詳上所云，皆是古代小康時期之制度與教義。今總稱之曰小康禮教。
> 〔今云封建思想，與〈禮運〉小康思想不異。〕（《全集》七，頁347）

> 按「大道之行也，天下為公。選賢與能」。而天子不得有天下，諸侯不得有國。統治層傾覆，私有制亦隨之俱廢。（《全集》七，頁349）

前則引文指小康，後則則指大同而言。熊氏以小康乃據亂世治法，大同乃太平世治法。然小康之時，禹湯等六君子，皆古之聖賢，熊氏何以仍以之屬據亂世？案《示要》卷三即曰：「詳〈禮運〉此文，即公羊家所謂治化起於衰亂之中」（《全集》三，頁1045），誠如筆者《熊十力春秋外王學研究》亦曰：「此時君位猶存，階級制度仍在，雖有禹湯等六君子，以聖德治民，使由於禮義，

由此離據亂進升平，然其視天下，亦不免以其為一家之產，而非人人之天下。以天下為一家之產，即以天下為私，則必傳位於子或弟，私相授受，然雖親如父子兄弟，猶不免爭奪殺戮，而在下位或鄰國亦可能隨時乘機而起，更增亂源。故熊氏認為雖有禹湯等六君子，使之由此離據亂進升平，以成小康，然此正顯示小康即公羊家所謂之『治起於衰亂之中』之據亂世」（頁206），而此亦可見〈禮運〉所謂之小康，乃達致大同之必要階段，不僅不可謂其不重要，且必得由此撥亂世而反之正，以臻至大同。而由小康以進大同，中間則尚有一虛君共和階段，相對於《春秋》之三世，則為升平世，且此亦即《周官》所謂王為虛位，最終更應予以取消之；筆者《熊十力春秋外王學研究》即曰：「熊氏特予彰顯天子為爵稱之說，由此而言虛君共和，才能由小康禮教之有君時代之據亂世，而向大同人人有士君子之行之無君時代之太平世趨進」（頁230），而由此亦可見《春秋》撥亂反正，必視天子為爵稱，以行虛君共和，其旨在推翻君權、廢除統治之意。至於大同乃太平世之治法，此自無可疑，《示要》卷三亦曰：「案〈禮運〉此文，蓋《春秋》太平之義」（《全集》三，頁1060），亦如筆者《熊十力春秋外王學研究》曰：「熊氏認為《春秋》張三世，由據亂而升平，最終達至太平。大同之時，天下乃人人之天下，人人皆有士君子之行，禪讓傳賢，以天下為公，而非以天下為私，此即太平世，故以大同為太平世治法」（頁206），而此亦可見〈禮運〉所謂之大同，誠乃《大易》、《春秋》與《周官》所欲達致「羣龍无首」之太平世之最終理想境地也。明乎此，則可進一步闡明〈禮運〉之要旨所在，《論六經》曰：

> 〈禮運〉根本在《大易》《春秋》。仁以為元，健以為本，誠以為幹，
> 禮以為質，庶幾天下為公之治乎？（《全集》五，頁679）

案筆者《熊十力春秋外王學研究》對此已予詳細分疏：「熊氏又認為〈禮運〉意旨，可以一『公』字概括，……此公字，實即《易》《春秋》之仁、健、誠、禮，名雖異而實同，且以之為本。即由純然無間之仁心以為根源，從而發動擴充之，並以不懈不忘之健動以為依歸，自能以無私無蔽之誠德加以貞正，則推而向外與人相接自能合乎禮義之規準，而無私欲作梗，則必能向著天下為公之治邁進。蓋仁、健、誠、禮等著重於個人內在之修養，屬道德層面，公則以之為基礎，而向外推擴，不僅就人與人之關係，且就整個家國天下而言，實已超越道德層面而為政治層面。然此政治層面並非與道德層面相對反，而是包含之且以之為基礎，兩者一以貫之，由內聖而外王。故熊氏認為〈禮

運〉根本既在《易》《春秋》，亦是『仁以為元，健以為本，誠以為幹，禮以為質』，以此道德修養為基礎，從而向外推擴，唯有公而無私，由修身而向家國天下之政治理想邁進，則『庶幾天下為公之治乎』」（頁212），可見〈禮運〉倡明天下為公，歸本天下一家，此正《大易》羣龍无首之境界，《春秋》張三世所欲達至之太平世，亦是《周官》撥亂起治以領導作動民眾，由此以離據亂而向太平世趨進之最後目的。諸經既皆一貫，而《大易》、《春秋》與《周官》，其最後歸趨即歸本〈禮運〉天下一家之大同世界，此益見〈禮運〉誠亦不容忽視矣。〔註22〕

第五節 結語

經由以上各節之探討，熊氏認為孔子之學內聖外王兼備，《大易》備明內聖之道，而亦賅及外王，倡言革命，廢絕君主統治，以「羣龍无首」建皇極。而《春秋》、《周官》與〈禮運〉同出於《易》，《春秋》備明外王之道，而內聖賅焉，所言張三世，即在廢絕君主統治；《周官》乃《春秋》撥亂之制，領導作動民眾，一切皆依於均與聯兩大原理，故能「首出庶物」；〈禮運〉倡明天下為公，歸本天下一家，其所達至之境界，即《大易》以「羣龍无首」建皇極也。

然而，熊氏冀由內聖而開外王，亦只能乞靈於傳統經典，其對《春秋》、《周官》及〈禮運〉之闡釋，是否恰當，能否真正實行，洵不免遭致質疑。誠如牟宗三所言：「問題是在如何能由知體明覺開知性？」熊氏藉助於《春秋》、《周官》與〈禮運〉，到底是否「能由知體明覺開知性」，亦即開出現代所謂之民主、科學等，還是仍不脫傳統，只流於道德空想而已？究其實，熊氏蓋仍強調於主體之道德性上，對於講究客觀主體性之知性，亦只能道其然，而於其所以然之理，恐仍有未盡。質言之，熊氏雖有此心，但問題是在「如何」二字上！是以牟氏才有「良知之自我坎陷」說，由知體明覺以開出知性。蓋中國傳統思想皆只一心開一門，所謂良知，亦即知體明覺，只開出道德門，而無知識門，是以如何由傳統之一心以開出現代之二門，乃現代化之重要課題。牟氏認為良知要開出知識門時，即須自覺地「自我坎陷」，亦即「讓開一

〔註22〕關於熊氏對於〈禮運〉之探究，筆者《熊十力春秋外王學研究》第六章〈春秋外王學之治法論〉第三節「〈禮運〉大同小康之說」已論及之，本節頗參考之，詳略互見，請參閱。

步」，只有經此讓開一步、自我坎陷之辯證開顯，知體明覺才能自如其如地開顯其自己，而同時轉出知性，不僅滿足道德心願與要求，且能成就民主、科學等知識，如此方能真正解決一切屬於人，亦即一活生生的實存而有者之問題。

誠然，「尊德性」與「道問學」，不僅乃我國自古以來即爭論不休者，如今更因西洋學術之介入，使此一問題益形複雜。我國一向強調道德良知，以德性為優先，西洋則以民主、科學為第一，視知識為無上法寶。是以如何地兩者並重，而又能互相調和，在德性修養之基礎上，自然地開出民主、科學之花，既無人為接榫之跡，更無枘鑿不入之失，此實不僅是理論上之問題，而其所關涉者，無乃更是實踐上之問題。故而此一問題，仍有待當今全體人類之共同努力，從中吸取經驗，相摩相盪，截長補短，共同創造一人人皆有士君子之行之民主、科學之社會，如此之民主、科學，才不會招致爭端，製造禍害，方能為人類帶來真正之幸福，以躋斯世於大同太平之境。是以綜觀熊氏所言，雖偏重道德層次而言，以為既已修養德性，即可從中產生民主、科學等，似嫌籠統；而牟氏所言「良知之自我坎陷」，對良知（知體明覺）與知性主體並重，視熊氏空泛地以道德為說更進一步，但仍偏重在理論層次上。至於實際狀況，洵非熊氏、牟氏所能為力，恐亦非其他任何一位大家即可畢其功也。畢竟人事變動不居，外在因緣亦瞬息萬變，則又何可遽求一現成且毫無變化之系統，以為終極定型？且如《大易》六十三卦「既濟」之後，則繼之以「未濟」終焉，昭顯出此乃一與時俱新之開放性格，是以其可貴者，不在其已完成，而在其基點與方向之無誤，順此而行，則其進進無有已也〔註23〕。是故亦無須盡責之於熊氏，而其所指出者，即由內聖而開出外王，強調以德性修養為基礎，方能開出真正之民主、科學之花，其方向無疑是正確，而所言

〔註23〕或謂在人格之塑造及社會之參與上，當代新儒家似不如先秦儒家及宋明新儒家，即對家國天下之擔當，較無行動力及參與感，缺乏強烈之責任心。案古人學而優則仕，以道之行與不行為己任，而縱不能得君行道，亦可講學山林之間，盡其應盡之社會責任；當代新儒家則囿於學院一隅，為其主觀性稍強之學問，對於傳統儒家所要求之道德人格及天下興亡等等，雖亦時時存於心中，但相對而言，其既無古人之時空背景，文化氛圍亦截然有異，而所置身之處境，可謂日新月異、瞬息萬變，遠非古人所能想像，故於此或有所不及，良有以也。然此亦不可太過苛求，畢竟古今異勢，社會結構已然大變，每一期之儒家，自有其不同之使命與任務，就當代新儒家而言，其於西方思潮之衝激洗禮下，從而對傳統思想加以深思反省，並為中華文化開闢一新途徑，在此方面，先秦儒家及宋明新儒家自亦無法與之相比，而此即其不可及之處。

內容誠深值重視；且亦即在此一內聖外王兼備之意義上，才是熊氏所以為真正有體有用之「體用不二」論也。

第九章　結　論

第一節　總回顧

　　《大易》一經，乃群經之首、大道之源，實含無量義，熊氏從中約舉乾坤四種根本原理，以總括其綱要，即一、「本體含藏複雜性」，二、「肯定萬物有一元」，三、「肯定大用」，四、「用分翕闢」，進而提出「體用不二」之說，並以此非僅就內聖學而言，實亦包含外王學。此四種根本原理，熊氏於《新論（文言文本）》實已抉發出來，故可由此以言「體用不二」，唯其時尚藉由批判、改造佛學以言，故未特予彰明，至晚年幾部大著，已漸彰顯，尤其至《乾坤衍》則確定無疑。且《乾坤衍》於此四種根本原理之前，開宗明義即標出「體用不二」，使其意旨更加詳明，而於其後，復出之以孔子之「外王學」，使之有本有末，內聖外王而一貫，此即熊氏所謂之「體用六義」。此既詳載於《乾坤衍》，熊氏亦直視此書為其「衰年定論」，亦即晚年定論，而究實以言，更可謂乃其一生思想之「最後定論」；誠如〈與梁漱溟、林宰平〉（一九五九年一月）曰：「唯願兩三年內：一、寫《易乾坤疏》，此著極重要」（《全集》八，頁 769），《易乾坤疏》即《乾坤疏辨》，惜終未能寫出，然其意實已見於《乾坤衍》；又〈致唐至中並轉唐君毅、牟宗三〉（一九六二年五月二十九日）曰：「《新唯識論》，吾已廢之。……《乾坤衍》體系備矣」（《全集》八，頁827），可見《乾坤衍》洵為其定論焉。案作為提出「體用不二」說之《新論》，自有其不可磨滅之歷史地位，牟宗三早年於〈一年來之哲學界並論本刊〉即曰：「《新論》的系統是劃時代的，因有此系之宣揚，中國文化始能改換面目，始可言

創造有前途故也」（《牟宗三先生早期文集（上）》，《牟宗三先生全集》25，頁541），徐復觀〈悼念熊十力先生〉亦曰：「熊先生的體系哲學，應以他的『新唯識論』作代表。……由內容到形式，皆不愧為一偉大之體系哲學著作」（《徐復觀文錄選粹》頁 340）；但《新論》在義理內容上，似仍有不足之處，故牟氏至晚年於〈客觀的了解與中國文化之再造〉則曰：「我奉勸諸位如果要讀熊先生的書，最好讀其書札，其文化意識之真誠自肺腑中流出，實有足以感人動人而覺醒人者，至於《新唯識論》不看也可，因其系統並沒造好」（《牟宗三先生晚期文集》，《牟宗三先生全集》27，頁429），徐氏〈悼念熊十力先生〉亦曰：「然僅就中國文化意義上講，我認為熊先生的『十力語要』及『讀經示要』，較之新唯識論的意義更為重大」（《徐復觀文錄選粹》頁 340～341）。案牟、徐之說並不矛盾，其之所以謂《新論》乃一劃時代偉大之體系哲學著作，蓋熊氏之所得雖只有一點，即「體用不二」說，但此即了不起，乃其文化意識及心靈悲願之所呈現，足使中國文化再創新機。然而，亦如牟氏所言，《新論》之系統並未造好，此在熊氏蓋亦有所自覺，故於晚年則對《新論》予以揚棄，認為《乾坤衍》才是其晚年定論。雖然其中心論旨並無改變，大體看似同語重複，但其取材資料則大量刊落佛學內容，純以《大易》為主，而表述方式更見條理，有宗旨、有論辯，內聖、外王兼而賅之，本體論、宇宙論及人生論並予闡明，故亦未可即予忽視，甚且不僅可視之為其晚年定論，更可視為其一生思想之最後定論。而《乾坤衍》是否亦如《新論》一樣，其系統尚有缺失，此則可進一步探討；且若果真如此，則後學者自有責任補其不足而予以推擴之。至於牟氏所言「最好讀其書札」，此自無不可；而「《新唯識論》不看也可」，此則寬泛視之可也，畢竟其之所以能成為開新紀元之作，即已值得反覆研尋，其啟沃人心之處實甚為有功，況若不讀之，則亦無由知曉熊氏一生思想之變遷也。要之，《新論》固有其典範價值在，不可漠視，而熊氏晚年著作，亦絕不容輕忽，實值深加探討。然復須知，熊說雖不外即「體用不二」、「乾元性海」等一、兩句話而已，故讀其書，每覺其有同語重複之感，然其猶著述不斷，千言萬語，無非即從各方面以證成其說，而仍有系統並未完成之憾，斯則可見學問之難也〔註1〕。但不論如何，熊氏雖年屆耄耋，

〔註1〕今筆者亦花費甚多篇幅，無非在說明那「一、兩句話而已」之說，然猶恐未能恰當適切，唯企盼能闡釋其說於萬一，使之更明晰暢達，而易為人所理解，則幸甚矣！

但神思弗亂，既已明言《乾坤衍》乃其晚年定論，亦即其一生思想之最後定論，則又何可於此視若無睹？況相較於《新論》，《乾坤衍》則非僅只言《大易》而已，而乃總論六經，對六經予以總結、辨正，進而以發其微、闡其妙，此實較《新論》更為充實圓滿，則又可不為之衍而又衍，加以推闡乎？而熊氏既以《乾坤衍》為其思想學說之最後歸宿所在，認為六經確是孔子晚年定論，而六經之中，又以《大易》、《春秋》、《周官》及〈禮運〉為最要，而在此四者之中，則《大易》尤為核心所在，以其內聖外王無不具備，本體論、宇宙論以至人生論亦皆闡釋無遺。或有謂熊氏考據不精，不免太過主觀，而予以批判，尤於其晚年著作，更多加駁斥〔註2〕。然經由以上八章之分疏，熊氏自有其辨偽考證工夫，並非無根空談，故此疑慮，洵可排除。蓋經典乃一

〔註2〕梁漱溟〈讀熊著各書書後〉即曰：「熊先生根據《大易》、《春秋》、《禮運》、《周官》參合其他經、史、子等書，發掘出孔子的『革命』、『民主』、『社會主義』頗有以自成其說。但我却不能站起來舉手贊成，相反地，我將表示我不敢苟同於他」（《憶熊十力先生》，頁27），錢穆《師友雜憶》亦曰：「十力晚年論儒，論《六經》，縱恣其意之所至」（《錢賓四先生全集》51，頁247），張岱年〈憶熊十力先生〉亦曰：「熊氏在《原儒》、《乾坤衍》中關於儒家經典真偽的考據，大多不符合科學考據的要求，多屬臆斷；他對於漢宋諸儒的評論，亦多不中肯綮，不符合各家思想的原義」（《張岱年全集》第八卷，頁451），胡秋原《一百三十年來中國思想史綱》亦曰：「原儒一書，謂秦漢以後中國學術停滯，一若二千年間中國人皆在睡夢，無見真儒，實非事實。而必謂周禮為孔子作，為社會主義，亦臆斷、傅會之詞」（頁70），余英時〈錢穆與新儒家〉亦曰：「熊十力對儒家經典的態度則已遠非『六經註我』四字所能形容；他簡直是興到亂說，好像是一個不學的妄人一樣」（《猶記風吹水上鱗》，頁65），劉述先《論儒家哲學的三個大時代》亦曰：「熊先生晚年馳騁玄想，對經典解釋每以己意逆之，缺少文獻考據的基礎，發為許多非常怪異之論，即親炙弟子也難以苟同」（頁208），郭齊勇《熊十力與中國傳統文化》亦曰：「他對於孔子學術思想流變和六經真偽的考證，大都沒有科學依據，全憑臆斷」（頁61），而徐復觀《無慚尺布裹頭歸──徐復觀最後日記》更曰：「連日偶翻閱熊十力先生的《乾坤衍》，其立言猖狂縱咨，凡與其思想不合之文獻，皆斥其為偽，皆罵其為奸。……我不了解他何以瘋狂至此」（頁59），案諸評誠不可謂不重，而徐氏尤激切。然皆不外以熊氏考據不夠客觀，論點失之武斷；而徐氏所言，乃私人日記，為一時感懷，不免稍嫌過當之虞。又張善文《歷代易家考略》凡收先秦至近現代重要《易》學專家三百七十五人，其下限止於二十世紀五十年代初，錄至徐昂（1877～1953年）而止，熊氏未能錄入，固其宜也；而其《歷代易學要籍解題》著錄先秦兩漢至現當代重要《易》學書籍五百零六種，採錄之出版下限為公元1989年，雖列有廣文書局1971年編印之《易學論叢》及《易學叢書》，案《易學論叢》即《易學叢書》中之一書，中有熊氏《易經大義》（即錄自《示要》卷三「略說六經大義·《易經》」），而《乾坤衍》則未錄入，可見熊氏晚年著作仍未受到應有之重視。

活體，其所載雖為過往陳跡，然並非一死體，既可不斷地積累沈澱，亦可不斷地闡發詮釋。熊氏於《乾坤衍》中，對《周易》之詮釋方式，乃一純粹地生命哲學式之演繹，其重點乃在「顯示」，而非一般學術論文所採用「論證」之方式。因其並非重在「論證」，故不尚解析、考據等，其若干論點雖遭批評，不為人所接受；然此亦絕非謂其無有此工夫，而所言悉皆為誤。且相反地，因其不為文字所迷，不為知解所惑，反獨有見於大道之全；蓋其重點既在「顯示」，以自己本心之所證會，整體地彰顯其所悟、所見、所信及所守於世人之眼前也。熊氏既重在對六經內容加以詮釋闡發，藉由探索《大易》之核心觀念，以審視經典文獻之價值體系與理論架構，從而闡釋推衍《易》理，視中國文化乃一渾然整全而具內在邏輯性之有機生命體，以發揮其與時偕行之要義，不僅為文化慧命注入新血液，且更蘊育開發出新生命來。

誠如郭齊勇於《全集》七之〈編者後記〉曰：

> 熊先生這四部著作，是他的晚年定論，……據說海峽彼岸有人對熊先生痛加指摘，甚至夾雜著詈罵，攻擊他一九四九年以後留在大陸的十八年「雖生猶死」，所著「每一種新書都可以說是一種負積累，標志著他學術水平的倒退」和「精神生命的墮落」〔註3〕。好在熊先生所著各書俱在，讀者自可比較。（頁906）

案《全集》七含《體用論》、《明心篇》、《乾坤衍》及《存齋隨筆》，郭氏所謂「這四部著作」，即此之謂也。而若去掉《存齋隨筆》，且加入《全集》六之《原儒》，則更可作為熊氏晚年定論之四部大著；然此可姑勿論。而大陸學者既能如此持平地看待熊氏晚年著作，則號稱民主、自由之海峽此岸的我們，實亦無有任何理由對之漫予指摘、詈罵，而應客觀平實地加以探討方是。且究其實，綜觀兩岸對於熊氏之研究，大抵仍圍繞在《新論》，亦可思過半矣。此或因《新論》乃其成名作，名氣太大，以致無人不曉，但這其實也很不幸，以致大家只讀此書，而遺忘其晚年仍有甚多著作。此對於熊氏而言，自是不公平極矣；畢竟其留在大陸之十八年，並非「雖生猶死」，倒是其雖已辭世多年，但卻「雖死猶生」，相信未來對其晚年著作之研究，應是方興未艾。且如蔡仁厚〈黃岡熊先生誕生百周年〉曰：

〔註3〕見翟志成〈熊十力在廣州（一九四八—一九五〇）〉（《當代新儒學史論》，頁13）。又劉述先〈如何正確理解熊十力〉（《當代中國哲學論：人物篇》，頁153～175）則以翟說頗值商榷。

易經六十四卦，本由乾坤二卦衍生出來，而《乾坤衍》則正是「奧
旨衍乾坤」之作也。會聖心於文字之外，體大道於言意之表，以醒
豁儒聖之智慧，不更能昭顯文化真理之普遍性、時代性，以得其「時
中」之大義乎？（《熊十力先生學行年表・附錄》，頁99）

案《乾坤衍》既以「衍」字為書名，即「推演開擴」之謂，其意乃在引伸而
長之、觸類而通之，以發揮自己之思想，則其必有出於材料、考據之外，而
直接「會聖心於文字之外，體大道於言意之表」，亦不言可喻耳。故吾人於熊
氏所苦心指點之孤懷弘詣，何可不予鄭重思之？而於其所創建之義理規模，
又何可不予深入探究？且縱如漢《易》家於考據訓詁，可謂詳矣，然其疏解，
謬悠蔓延，支離破碎，直令人墮五里霧中；然亦有足多者，要亦不可遽廢。
餘如王弼《周易注》，則以道家之說注之，更以復卦為首，根本與《易》不相
應，然得列《十三經注疏》中；伊川《易傳》，着重於人事；朱子《周易本義》，
歸本於卜筮；諸家所言各異，非必皆精考據，而皆成一家言，永為《易》林
之寶典。熊氏之《乾坤衍》，亦當作如是觀，蓋其乃在醒豁儒聖之智慧，以「六
經註我」、「六經皆我註腳」之方式，而非我註六經，以昭顯我中華文化真理
之普遍性與時代性，「以得其『時中』之大義」，則又何可斤斤計較於一字一
句之間？若於字句之間予以計較，則遑論熊氏不能無誤，縱使訓詁考據名家
亦無可避免而有謬誤也。而誠如蔡氏所言：「《乾坤衍》則正是『奧旨衍乾坤』
之作」，即在整體之方向上言，熊氏確能掌握住儒家思想之精髓，而於中華文
化之精神所在，其無疑即是在現實生活中之一活生生之見證者也。牟宗三〈熊
十力先生追念會講話〉即曰：「他是一個很突出的生命，他可以教訓你，從這
突出裡面，你會感到有一種真理在你平常所了解的範圍以外」（《時代與感受》，
《牟宗三先生全集》23，頁282）、「熊先生的好處是在我前面所說的，是在主
觀面上，會使你生命突進」（同上，頁290），故在感動於熊氏生命之時，吾人
在自己生命上亦必突進不已！而就《大易》而論，熊氏之理解及其所作之詮
釋，是否即為本義，此可進一步予以評判；然其所言，絕非與《易》義相違
離，則乃完全可以斷言。且其所闡述而加以推演開擴者，實已賦予《大易》
以新意，而其所創造建構之理論系統，誠使《大易》提升至一極高境界。此
中有真意，熊氏所衍之「奧旨」，正待吾人抉發之也！而其所衍而正待吾人抉
發之奧旨為何？即「體用不二」也。熊氏直可與「體用不二」論劃上等號，
此不僅可從《新論》談起，藉由批判、改造佛家唯識之說以言，實亦可從《乾

坤衍》談起，直以《大易》立論，故《新論》固有其典範價值，而《乾坤衍》則誠更值重視也。案《新論》乃就體用哲學觀點以言，既挺立出道德主體性，亦冀望由內聖開出外王，但畢竟偏重心性修養而言，不脫傳統「內聖——外王」模式，為一「道德的內聖學」、「道德的形上學」。之所以言其乃「道德的形上學」，以其猶是超越地說。《乾坤衍》則擴展至以六經為主之經學系統而言，甚為強調外王，蓋唯有開出外王，方可保住內聖，實已將傳統之「內聖——外王」，一轉而為現代之「外王——內聖」，重視國家發展，發揮社會正義，以此為主軸，以全體人民之福祉為最優先，發揮仁者渾然與物同體之精神，以實現《大易》開物成務經世濟民之目標，為一「道德的外王學」、「道德的生命學」或「道德的生活學」。而之所以言其乃「道德的生命學」，因其乃是內在地說。蓋對生命意義之追求，乃所有問題中之最迫切者，而其歸結則在人之內心，只有在此才能尋得生命之意義，而欲尋得生命之真意，進一步且予以發展，則必在此一活生生的生活世界中，真真實實地生活。而貫穿於熊氏一生之精神所在，即此認真以待而去追尋求取生命之終極意義。是以吾人之心性修養，終究必落實於日用云為之中，而亦唯在此一活生生的生活世界中，才能成就此一活生生的實存而有。若是離開生活，即如無水之魚，無法悠游自在，故唯在此一生活場域中，才能盡情實現一個人之所以成為一個人之種種可能性。蓋就內聖而言，固是「為己之學」，此殆即孔門德行之科，所謂己立己達是也；而就外王而論，更是「為人之學」，斯蓋即孔門言語、政事及文學之科，所謂立人達人是也。夫己立己達乃為己，立人達人則為為人，所謂「己欲立而立人，己欲達而達人」，孔子亦不菲薄為人之學，唯此須以為己之學為其根本，故為己為人本不衝突，人生固是為己之學，然此猶是小我，其最終目的必是以大我為主，是以為己實即在為人也。佛家有「地獄不空，誓不成佛」之說，儒家亦有「民吾同胞，物吾與也」之語，故人生之意義，實不僅只是為己而已，更多時候且是為了廣大之同胞也。唯有成全大我，即使犧牲小我，小我亦在成全大我中得以完成其自我，此時其已非只是小我，實亦已是大我，所謂「孔曰成仁，孟曰取義」，亦是就此意義而言。蓋於個人內聖之心性修養，既以「天人合一」、「天人不二」為最高境界，則於外王方面，亦必本著「眾生一體」之意，充分發揮「無緣大慈，同體大悲」之精神，以大我整體為中心是也。是以內聖終究必貫通於外王，而亦唯於外王中亦才可以真正檢驗其內聖工夫矣。此由傳統「內聖——外王」轉為現代之「外王

——內聖」，實亦是熊氏由揚棄《新論》，一轉而為重視《乾坤衍》之原因所在也。且細究其實，「內聖——外王」與「外王——內聖」，亦只是一迴返往復之辯證，乃一既超越地而又內在地之「道德學」之辯證，既包含「道德的內聖學」，復包含「道德的外王學」。是以之所以言「內聖——外王」，其猶如「由體起用」，而之所以強調「外王——內聖」，則猶如「即用識體」，故與其說由內聖而開出外王，抑或謂由外王以保住內聖，倒不如言兩者同時開出，甚至可謂乃「新內聖」與「新外王」一同開出，而之所以曰「新」，因其乃既超越地而又內在地之迴返往復之辯證也，而與傳統所言只超越而不內在地，迥然有別。此既欲保住主觀性之道德良知，而強調心性修養，以成就道德主體性，並由此而開出客觀性之知性主體，重視國家發展，發揮社會正義，以成就科學知識，奠定民主基制，一切以大我為主，而小我之心性修養即於此中而見，道德主體性亦於此中而成就。夫聖人之學，不只成己，非僅獨善而已，更以經世濟民為本，而必成物以兼善天下；〈中庸〉即曰：「是故君子誠之為貴。誠者，非自成己而已也，所以成物也」，蓋未有只成己而不成物者，而所以成己亦即在成物耳。但此亦非謂外王即重於內聖。若不先有修養心性之內聖工夫，則絕不能達致治國平天下之外王事業，因治平乃管理天下眾人之事，不先成己，必亦無法成物，則豈可不慎始於自身之修養工夫？誠如〈中庸〉續曰：「成己，仁也；成物，知也。性之德也，合外內之道也」，蓋成己乃誠之體也，成物則誠之用也，而仁與知均本於心，皆為吾人本性原有之德行，實不可缺一焉。故內聖與外王實乃一貫，即本體即工夫，即工夫即本體，於此益可見熊氏「體用不二」論之精意所在也！

　　至此可見，身為當代新儒家開山祖之一的熊氏，誠富創造性及建構力，確已開出一龐大之思想體系，並制定其根本範疇，更明示其所根據之基本概念與原則。相較於同為開山祖之馬一浮與梁漱溟，在義理規模及理論架構上，熊氏可謂不遑多讓，皆有所建樹，而其影響亦甚深遠〔註4〕。故熊氏作此師子吼：

　　　　講先秦諸子，當今只有我熊某能講，其他的都是胡說！〔註5〕

〔註4〕關於熊十力與馬一浮、梁漱溟三人之學問規模及其得失等等，牟宗三〈客觀的了解與中國文化之再造〉（《牟宗三先生晚期文集》，《牟宗三先生全集》27，頁424～433）有精簡而獨到之評判，請參閱。

〔註5〕牟宗三〈熊十力先生追念會講話〉（《時代與感受》，《牟宗三先生全集》23，頁277～292）及《五十自述》（同上32，頁76～78、頁91～97）皆述及受到熊氏此語之震撼程度，誠非常之大也。

案講先秦諸子，熊氏認為「其他的都是胡說」，此姑勿論可也，亦無須對之施以反擊，此無疑為其「自反而縮」之表現。然為何「只有我熊某能講」？即熊氏何以如此自信，方是問題之癥結所在？蓋此乃其文化意識及心靈悲願之顯現也。熊氏這一吼，直吼出了孔子，吼出了《大易》，更吼出了「體用不二」論。對於孔子，對於《大易》，以至於對自己之生命，熊氏的這一吼，誠如牟宗三〈熊十力先生追念會講話〉所言：「這一發，精神便從他眼神中呈露出來，與一般人直是不同，可見生命的突出不突出是自有真者在」（《時代與感受》，《牟宗三先生全集》23，頁 277），綜觀熊氏所有著作，無非即在於反覆說明「體用不二」，其一生思想之「自有真者在」，亦即在此，而「他生命的光輝便在這地方發，真理亦在他突出的生命中發」（同上，頁 290），而其所呈現之「真理」，即「體用不二」之說，並非東拼西湊匯聚眾說而已，實乃一「統之有宗、會之有元」之完整有機之結構體，已成為中國現代哲學之「創生原點」矣！質言之，對於人生最終極意義之問題——「人為何存在及其應該如何存在」此一形上思想之最根源處，亦即存有之所以成為一活生生的實存而有，熊氏可謂已對之作出一番回應，其所言容或只圍繞「體用不二」、「乾元性海」此一創生原點而打轉，但所開創之規模格局實具開放性，而指向著未來；且其說並非只是一種理論、體系之謂，而乃一活生生的實證之學，從存有走出來，向世界走進去，講求體驗、保任工夫，必得落實、用功方是，自己認識自己，自己覺悟自己，一切皆反求諸己，然亦未嘗離卻事物，而乃「必有事焉」、「事上磨鍊」，致吾心之天理於事事物物上，以兼善天下為己任，而成就裁成輔相之盛德大業，達致天人不二、心物不二之境界，是以吾人既走向世界，世界亦迎向吾人，既無內外之可分，亦無動靜之可別，故絕無體用斷為兩橛之虞，即存有即活動，即活動即存有，一切皆在此乾元開顯中得以喚醒、彰顯，而成為一活生生的實存而有之生活世界。牟氏即在熊氏此一師子吼下，發現自己之真宰，而傳承熊氏之文化慧命，開創出自己之學問規模，所言「兩層存有論」及「良知之自我坎陷」等，蓋皆受其啟發而提出者；其《五十自述》即曰：「我之接觸到這一線，其最初的機緣是在遇見熊先生」（《牟宗三先生全集》32，頁 75）、「熊師所給我的是向上開闢的文化生命之源」（同上，頁101），又〈哀悼唐君毅先生〉亦曰：「我與熊先生相處，得以提撕吾之生命於不墜」（《時代與感受》，同上 23，頁 295～296），又《道德的理想主義·修訂版序》亦曰：「當時吾與熊先生同住重慶北碚金剛碑，朝夕慯屬，啟悟良多」

（同上 9，頁(3)），可見熊氏對牟氏之啟迪，誠鉅大無比也。牟氏即由此深入透悟孔門之義理規模，明瞭一切之所以如此與所以不如此之精神上之根據。吳森〈論治哲學的門戶和方法〉即曰：「從牟氏自述學思的經過，影響他一生為學及思想最大的是熊十力先生。從熊先生的學術和人格裏他才體會到生命和價值的意義」（《比較哲學與文化（一）》，頁 189），蓋無熊氏之啟發，牟氏則恐難回返儒家之路，只成一治邏輯及認識論之專家而已。要之，熊氏不僅乃一經師，更是一人師耳。唐君毅、徐復觀亦如牟氏一般，皆深受熊氏啟發、影響。後之學人，觀熊氏書而有所感者，更比比皆是，如林安梧所言「存有的三態」，誠能如理地理解並詮釋建構熊氏之說，使其更加圓融。而此皆可溯源自熊氏，可見其為當代新儒家所開創之義理規模及所樹立之理論架構，誠是既宏且大。當然，熊氏之所以能如此，絕非無所憑藉；而無疑地，其所憑藉以發此洞見者，即在《大易》生生不息之乾元性海之開顯上，此乃本於孔子之教而來，熊氏則賦予以新意，其中自有一番別開生面之創造性意義耳。此猶如杜順大師奠定下華嚴宗之根本教義與義理規模，開啟其體大思精且廣大和諧之哲學體系，因之被尊為華嚴開山第一祖，而智儼、法藏、澄觀及宗密等諸宗師則踵事增華，使其理論系統更趨圓融深邃〔註6〕。牟宗三《圓善論》最後亦曰：「如此，吾可解一切辯者之惑並可使熊師之諦見全部朗然」（《牟宗三先生全集》22，頁 321），故就原創心靈之充分彰顯而言，熊氏開創之功，洵乃等同日月，更可見其難能而可貴者也！

第二節　接著講

然則，《乾坤衍》書末猶曰：

> 《易》道廣大悉備。本書固已舉其大體。……原欲作續篇，於內聖、
> 外王，各發二十種大義。兩共四十種大義。今自度不可能也，是余
> 之遺憾也夫，是余之遺憾也夫！（《全集》七，頁 676～677）

案其實不僅《乾坤衍》，熊氏所有著作莫不皆然，其所舉之大體，即「體用不二」也。歷來儒者於體用關係之探究，不論伊川之「體用一源」，陽明之「即體而言用在體」，或船山之「體用相函」，以至體用合一、體用不離等諸說，

〔註6〕案方東美《華嚴宗哲學（上）》（頁370）及《中國哲學精神及其發展（上）》（頁466）即獨稱賞杜順大師，認為其開創出整個華嚴宗哲學理論系統，較之二祖以下，深眼巨識，最為有功。

大抵以體乃用之原，用由體而生，洵有體用斷為兩橛之虞，而一味向外尋求，忘卻原本即有之大寶藏。凡此種種，終究只是「一體一用」，其所謂之體乃超越乎萬有之上或隱藏於萬有之後，而為一孤立而獨存者而已。熊氏則認為本體既可顯現為大用流行，而於大用流行即可識得本體，是以即體即用，即用即體，故曰「體用不二」，認得自家主人公，毋庸向外求索。萬有之根源即其自身，以《易》而言，即乾元也，作為存有的根源，乃充滿無限之可能性與開放性，自如其如地開顯其自已，即乾元必開顯為翕闢兩大勢用，由用而言，則翕闢成變而即用識體，翕闢兩大勢用同時而起，而翕者雖不定向下，卻有攝聚凝斂而成物之勢用，且必經此一心靈意識之執取作用，才有宇宙萬象可言，此時即成一「執著性、對象化的存有」，而為一「存有的執定」，然此同時，闢亦同時俱起，且是據乾元本體而動，運行於翕之中而能轉翕以從己，即轉翕以與己俱升，自如其如地開顯其自己之無限可能性，超越過「執著性、對象化的存有」，而進入到「無執著性、未對象化的存有」，即「存有的開顯」，如此即進一步觸及到存有的根源——「X」，而這樣的存有，才是一活生生的實存而有，乾元才成其為乾元，一切大用流行亦皆從乾元性海中流出，而成一活生生的實存而有之生活世界。是以乾元，亦即存有的根源，即「一體」也，而「乾、坤」、「心、物」、「翕、闢」，或「無執著性、未對象化的存有」與「執著性、對象化的存有」，則可謂之「二用」也。此一模式，可謂之乃「一體二用」，然此亦只是言說方便故，究實以言，亦只是體而已，亦只是用而已，而之所以謂之為體，蓋就即用識體上言，可見此體，並非專以概念機能所構成之「權體」，亦非永恒不變之「常體」，乃一超越語言文字，且非詮釋表達所能為功之「無體之體」之純粹之體，因有此用而說為此體，若無用則亦無體可言，蓋體用本不二也。而其尤重在用上言，蓋本體固是不可直揭，是以不妨即用顯體，從用上解析明白，從大用流行處推顯至隱，即可顯示用的本體，故曰「即用識體」，肯定自我，當下即是。又歷來儒者之言用也，則視之為陰陽二氣，皆以天尊地卑、貴陽賤陰為言，乾坤既已定位，而其亦斷為兩橛，是以天自天、地自地，而君大於臣、男尊女卑等觀念，亦籠罩中國數千年之久。熊氏則能出此窠臼，盛言乾坤互含，故認為男女雖不妨分陰陽，但卻不能別以尊卑貴賤，且據《大易》「羣龍无首」之義以言，則男女皆平等，蓋男、女皆是人也，男中有乾性、亦有坤性，女子亦然，即任何一人皆含有乾坤兩種勢用。故由熊氏之說，則人人皆無所待，且都能自足自立，此即「體

用不二」、「即用識體」之精要所在，人是自己生命之主宰，而無待於外在之一切，此不僅符合《大易》精神，且亦深富時代意義。蓋在此時代，已非如古代之男尊女卑，乃是男女平權，相互尊重；而亦不只男女如此，諸如父子，亦非父權至上，對於小孩亦應予以相對尊重；至於君臣，固已無須有此觀念，縱有之，領導者亦不應有「君要臣死，臣不得不死」之想法，下屬亦不須以「愚忠」自限而只忠於一人。其餘種種，類推可得。誠然，熊氏欲作續篇，卻因年力俱衰，未克完成，而有「是余之遺憾也夫」之嘆。對於此語，可從兩方面以言，即一、「無所遺憾」，二、「實有遺憾」。之所以言其「無所遺憾」，蓋此語實含自謙成分，究其實，所謂「四十種大義」，熊氏亦已言之，此從《原儒》、《體用論》、《明心篇》及《乾坤衍》，甚或更早之《新論》、《示要》中細加尋求，即可覓得，而此總括起來，實即「體用不二」焉。熊氏此一即用識體之「體用不二」論，所闡釋之精義與所蘊含之意蘊，誠乃非常深入、廣大。蓋其從辯證之動態過程而對本體所作之發揮，不僅無宗教家或哲學家之以上帝為唯一根源而成迷信之虞，亦無離體言用而只成一無原之論者之失，而乃一具縱貫的創生義之道德主體性；而其用分翕闢、翕闢成變之說，更說明大用流行之形態，亦即存有的根源其自如其如地開顯之動勢、實況與究竟情景，皆闡釋無遺。至於謂其「實有遺憾」，乃因其僅專就乾坤二卦而言，以兩〈象傳〉為主，甚至只是以乾元、坤元為核心，而予推演擴充，雖挺立出道德主體性，並亦由內聖而開出外王，而由外王以顯見內聖之不虛，但畢竟所言有限，未能十字展開。此其故，可從兩方面以言。一則誠如〈繫辭傳〉上曰：「《易》與天地準，故能彌綸天地之道」（第四章）、「知周乎萬物而道濟天下，故不過」（第五章）、「範圍天地之化而不過，曲成萬物而不遺」（同上）等，可見《易》道誠甚廣大〔註7〕；而若再擴及群經，以至於諸子百家，再輔以現今西方科學技術等等，自是更佳。然亦正以學海無涯，殊難全面廣涉，更不易整體融會貫通，此從理上言者也。再則誠如牟宗三〈熊十力先生追念會講話〉曰：「量論始終沒有寫出來，但照熊先生本人的用心範圍，那書在那時代，他老先生

〔註7〕《示要》卷一且以九義總括群經言治之意，一、仁以為體，二、格物為用，三、誠恕均平為經，四、隨時更化為權，五、利用厚生，本之正德，六、道政齊刑，歸於禮讓，七、始乎以人治人，八、極於萬物各得其所，九、終之以群龍無首（《全集》三，頁581～626），案此九義，雖由群經加以歸納，而《大易》實即含之，唯須於六十四卦三百八十四爻中求，非可僅由乾坤二卦以尋。蓋乾坤為六十四卦之首，乃六十二卦之父母，其雖為總綱，但具體內容，畢竟有待六十二卦之補足，此《大易》之所以能彌綸天地之道，必即於六十四卦三百八十四爻上見也！

是不容易寫出來的」(《時代與感受》,《牟宗三先生全集》23,頁 290),〈客觀的了解與中國文化之再造〉亦曰:「但『量論』一直寫不出來,其實就是因為學力不夠」(《牟宗三先生晚期文集》,《牟宗三先生全集》27,頁 429),案「學力不夠」,即不能相應地「客觀的了解」〔註8〕,故其所能作的,唯純任主觀地就一己之體證所得而予以推演開擴而已,此從事上言者也。熊氏只就乾坤兩〈彖傳〉以言,甚至只是「乾元」、「坤元」之推演開擴而已,其取徑既狹,未能就全經予以「廣傳」、「新疏」,而其所讚揚者,不外《大易》、《春秋》、《周官》及〈禮運〉等而已,餘則皆加擯棄,弗復顧視;且其學力復誠有不足,偏重於主觀之體證,而較少「客觀的了解」,未能極深研精,泛應曲當。是以非唯《量論》終是未成,而《大易廣傳》、《易經新疏》及《乾坤疏辨》亦皆不出,此抑其有所遺憾之故耳〔註9〕。是以熊氏雖以乾坤兩〈彖傳〉為主而加以推演開擴,以乾元乃存有的根源,具有無限的可能性與開放性,能自如其如地開顯其自己,「無執著性、未對象化的存有」必超越「執著性、對象化的存有」,即存有的開顯必越過存有的執定,而進入到存有的根源,此乃熊氏立論之精意所在;然為何此一縱貫的道德之創生之「無執著性、未對象化的存有」必藉助於「執著性、對象化的存有」此一橫面的概念之執定,方顯出作為存有的根源之乾元性海之清淨自由,以顯其無限之可能性與開放性,且當其藉助「執著性、對象化的存有」此一心靈意識之執取作用時,則其亦常乘權而起,致使乾元受擾而成坎陷,此即翕勢也,而後再本其清淨自由之本體而成之闢勢,運乎翕之中而導翕以從己,而翕則終承乎闢而回歸乾元,此洵

〔註8〕牟氏〈客觀的了解與中國文化之再造〉即曰:「如梁漱溟先生、馬一浮先生與我老師熊先生在所謂『客觀的了解』上也都有缺陷」(《牟宗三先生晚期文集》,《牟宗三先生全集》27,頁 424),而所謂「客觀的了解」,誠如牟氏又曰:「比如說讀先秦儒家,就好好正視它如何形成,裡面基本義理是什麼?這種屬於哲學義理的了解是很難的,了解要『相應』,『相應』不單單靠熟讀文句,也不光靠『理解力』就行。文句通,能解釋,不一定叫做了解。此中必須要有相應的生命性情」(同上,頁 429),可見要「客觀的了解」,洵非易事也。

〔註9〕案《示要·自序》曰:「吾衰矣,有志三代之英,恨未登乎大道。……天下後世讀是書者,其有憐余之志,而補吾不逮者乎?」(《全集》三,頁 557)《體用論》亦曰:「東方古哲遺經,其中確有實物在,尤望學人苦心精究。將來有哲人興,融會上述諸學,以創立新哲學之宇宙,是余所厚望也」(《全集》七,頁 141),此皆可見熊氏誠然自信,但並不妄自尊大,其對生命、學問之承擔及策勵後學之苦心,皆溢於言表,其縱有遺憾,而吾人正應汗顏而奮進不已,以闡明其說也。

其最易啟人疑慮之處。蓋乾元本體既是清淨自由，具有無限的可能性與開放性，能自如其如地開顯其自己，則稱體而起，應是一往皆為縱貫的道德之創生之「無執著性、未對象化的存有」，然為何卻有攝聚凝斂之翕勢作用，為其束縛，經此一心靈意識之執取作用，而成為一「執著性、對象化的存有」。如此，作為存有的根源之乾元，一方面是清淨自由的，一方面卻又有「自我坎陷」之危機，此豈非自相矛盾？而乾元本體又何必如此纏繞，方顯其清淨自由？此猶如上帝既是全知全能，但為何所造之世界，卻又如此地不完美？既創造了人，但為何人天生即有「原罪」？牟宗三雖以「兩層存有論」及「良知之自我坎陷」，林安梧亦以「存有的三態」，冀補熊氏之說，使其更加圓融、充實，實則不免皆有此慮，即良知為何須「自我坎陷」，必先自覺地「讓開一步」，知體明覺才能充分實現其自己，不僅滿足於道德之心性修養，同時亦開出知性，強調國家社會正義，而成就民主、科學等知識？由此亦可見，提出創見，固屬難事，斯乃有真實之生命者，本其圓融之心靈而顯發出智慧洞見，非是一味強探力索即可得；而如何加以證成，實亦不易，此則須藉助於學力之不斷充實及思辨能力之訓練等等，故於知識、邏輯等萬不可輕忽，而由於所處時代之限制，往往亦是其重要關鍵之所在。然而，此亦非謂理論未能圓融證成，其創見即無有是處。蓋熊氏並非一理論系統建構之哲學家，乃一以見道證體之生活實踐家，既正視現實，真真實實地生活，不僅要尋出自己生命中之問題所在，而對整體文化慧命更能作出一徹底批判之反思，從而為全體人類指出一條可行而必行之方向。是以其既真真實實地生活，而事實本是如此，既不可如宗教家之向壁虛造，亦不可如哲學家之純任理論構架，故唯據實以言而已。誠如吾人常面臨天人交戰之時，此時陰陽相害，神魔交侵，而其搏鬥相爭之場域，即在此心之中；雖然，但闢必運行於翕之中，而導之以從己，而與己俱升，翕亦必順從於闢，其雖似向下，而實則不定向下，終乃與闢同時向上，是以陽必戰勝於陰，神性必制服魔性，從而回復至吾人本具固有之原初狀態，人性即是神性，神性即是人性，神人一體，而何有魔性之存在者乎？此正是事實如此，說無可說，直是言語道斷，心行處滅，故就整體而言，熊氏誠甚正確且又深刻地說出事實乃如此也！若又再從自然界以言，春蠶之作繭自縛，此「自我坎陷」，而終化成彩蛾；蚯蚓之欲伸而屈，此「讓開一步」，終亦向前挺進。況吾人面臨生死交關之時，亦常自覺地「自我坎陷」、「讓開一步」，縱使犧牲小我，亦必成仁取義，以成就大我。誠然！唯

有肉體「自我坎陷」、「讓開一步」，精神才得出來，靈魂方可超昇。蓋事實如此，夫復何疑？此洵非抽象思考與邏輯推論所能奏功，而一皆立根於吾人內在道德精神之生命體驗，稟於人性直觀之睿智洞見，有以直探此生命宇宙之奧蘊耳。

且不論如何，熊氏實已承孔子而「接著講」下去，而非只是「照著講」。當然，「照著講」絕非一無是處，究其實，能照著講，即相應地「客觀的了解」，而不誤解扭曲，其功已自不小，蓋歷來儒者誤解扭曲孔子者，實亦所在多有，故聖人之道晦而不彰。是以避免誤解扭曲，自是最基本之要求，而能照著講，其功雖不小，然猶屬消極方面，至於積極方面，則應予以批判之繼承與創造之詮釋而接著講下去，既不違背經典，更能賦予新意。故「照著講」實乃基礎，要亦不可廢，而「接著講」則立基於基礎之上，而加以建構，更見其重要。熊氏早年著作，如兩本《唯識學概論》及《唯識論》雖猶「照著講」，但曙光乍現，而自《新論（文言文本）》起，尤其《乾坤衍》即自闢天地地「接著講」，其「體用不二」論，即是接著孔子而講出自己之所悟、所見、所信及所守也。熊氏既已接著孔子而講出其所悟、所見、所信及所守，是以吾人亦應承著熊氏而講下去，而非僅是照著講而已〔註10〕。牟宗三之「兩層存有論」及「良知之自我坎陷」自是接著熊氏講，但未必即與之完全一樣，而是有其自己之一套。要之，在中心論旨上，熊、牟二氏之說，雖云相近，但仍有差異。一、熊氏由批判護法「一體二用」之說以言其「體用不二」論，牟氏則藉《大乘起信論》「一心開二門」以言「良知之自我坎陷」說。二、熊氏雖亦言坎卦，但乃坎離二卦合言，《新論（語體文本）》曰：「坎卦一陽在中，為險象，以其受陰之錮蔽故也。離卦一陰在中，而陽則破陰暗以出，故為明象」（《全集》三，頁 339～340），即以坎為險象，離則為陽破陰暗以出，而此實根據於乾坤二卦，坎亦即坤也，離亦即乾也，亦即熊氏乃據《大易》而言；牟氏則認為坎雖為險陷，但卻有孚心亨，即只藉坎卦之詞，而實綜合儒、佛、道三家及康德哲學，其乃以康德哲學，而更多的是從孟子學以提出其說。林安梧《存有·意識與實踐》亦曰：「筆者以為牟氏將熊氏在《新唯識論》中所開啟的形而上學作了一體系的完成，而且這樣的完成方式是較為康德式的，與熊

〔註10〕案「接著講」與「照著講」誠有大異，直是霄壤之別，請參閱馮友蘭《新理學·緒論》（《三松堂全集》第四卷，頁 4）及《三松堂自序》（同上第一卷，頁 209～210）。

氏原先之論點已有不同」（頁88註7）。三、熊氏着重於翕闢成變而即用識體，從用講起；牟氏則着重於良知、知體明覺，從體講起。劉述先〈對於熊十力先生晚年思想的再反思〉即曰：「牟先生本人並不走這一條途徑，他把注力集中在『心』的觀念之上，而有『一心開二門』之說，認為認知心由『良知的坎陷』而成。這種說法自與熊先生完全不同」（《當代中國哲學論：人物篇》，頁147），鄭家棟《當代新儒學論衡》亦曰：「熊先生所論性智和量智（理智），乃是一種體用關係。……牟先生所說的『一心二門』卻不是傳統意義上的體用關係，更不能說是即用即體」（頁 124～125），可見牟氏與熊氏在精神上縱一脈相承，但其說法則甚有別。況再就其所根據之文獻而論，熊氏乃純據《大易》而言，而牟氏所有著作中，與《易》直接相關者，唯早年之《周易的自然哲學與道德函義》與晚年之《周易哲學演講錄》，前者與熊氏無關，固可無論，而後者所言「乾健所代表的原則是『創生原則』」、「坤順所代表的基本原則是『保聚原則』，也叫做『終成原則』」，實則不出熊氏之範圍，直是承其翕闢之說而來。唯牟氏之思想，固不在此二書中見也，蓋其並不專據《大易》而言。而此亦可見，其精神固然一脈相承，但所從入之路及思想體系則頗有異同。而林安梧之「存有的三態」亦是接著講，誠甚有其理致，但主要在詮釋建構熊氏之思想體系。當然，此皆可視為接著講。然熊氏既如此重視《大易》，以《乾坤衍》為其晚年定論，甚至最後定論，惜乎只對乾坤兩〈象傳〉作疏解，且其又欲撰《大易廣傳》、《易經新疏》及《乾坤疏辨》，亦皆未成，故所謂之「接著講」，乃指在《乾坤衍》之基礎上，以熊氏觀點而為《大易》作廣傳、作新疏之意。蓋有創見，亦必有一載體為之承載，方可長久，而經典無疑即是最好之載體。此如王弼之《周易注》、伊川之《易傳》及朱子之《周易本義》等，皆以《大易》為載體，而注經之同時，其思想亦附之以行，即可證知〔註11〕。熊氏既言「體用不二」乃自《大易》而來，故若能繼其志為

〔註11〕古往今來所謂著述者亦夥矣，然真能傳世者並不多，如梁啟超去世之前猶有「著作等身，無可傳後」之嘆，而徐復觀最後一次去香港時，談及此事，亦覺自己亦復如是，誠可見著述之難也。然而，依經作傳，為之注疏，卻不失為一種最佳方式。誠然，此非謂著述唯此一途而已，亦非謂依此即可傳世。要之，其既不失為一最佳方式，而亦必有真實才學，方克臻此。熊氏所有著作，頗多有出以此者，乃本其內心之所不容已也之體會所得而發之，既疏解了經典，但並不恪遵「傳不違經」、「疏不破注」等原則，而更多的是藉此以發揮其學，建立其思想體系，闡述其之所悟、所見、所信及所守也。且其

《大易》作廣傳、作新疏，一來可免無根空談之虞，二則更可使其理論圓融、充實。猶如唐、宋有十三經注疏，清人亦有十三經新疏，時至民國，以熊氏觀點而為《大易》作廣傳、作新疏，亦是應有之事；如若未能就全《易》加以廣傳、新疏，則退而求其次，就乾坤二卦予以完整圓融之疏辨，亦是可以先行之道〔註12〕。尤其在此帝制已除之民主時代，更應在熊氏之基礎上接著講下去，益加完整圓融地表述、實踐「人是自己生命之主宰，而無待於外在之一切」，所謂人人一太極，即「一物各具一太極」，在此同時，更能與外在一切相融相洽，所謂萬物一太極，即「萬物統體一太極」，兩者誠不違背，本亦只是一太極，而萬物各個皆稟受焉，且又各自全具一太極，是以人與人無疏離之感，人與社會無撕裂之虞，以至人與自然萬物更無無法溝通之問題，皆能和平共處，互助合作，共創出真實生命之光輝！如此，在《易》學之研究探討上，方可開出更新之視野與最佳之途徑，而《大易》其變動不居之性質，其健動無止生生不息之精神，方能與時俱進，雖歷久而彌新，而「見羣龍无首，吉」，方有真正實現之日！由是再擴及《春秋》、《周官》及〈禮運〉，甚至所有經典，則熊氏之學必能更加圓融完滿地彰顯出。誠然，熊氏既接著孔子而講出其所應講者，故亦唯承熊氏而「接著講」，發其微、闡其妙，秉其觀點而為《大易》等作廣傳、作新疏。然此非謂其觀點即正確無誤，若其有

非就全經加以疏解，甚至連乾坤兩整卦亦不可得，是以其之所以擬為《大易廣傳》、《易經新疏》，或《乾坤疏辨》，即欲補此罅漏也。又韋政通〈思想的探險者——韋政通教授訪問錄〉曰：「他們的缺點可以看得出來，到現在為止，他們還沒有一個人能有一部經典性的著作出現。就是說：在這個時代要了解儒家，這本書是必讀的」（《中國思想傳統的創造轉化》，頁15），所謂「他們」，即指當代新儒家，可見著述誠難，而熊氏欲撰諸書之未能成，良可慨然！

〔註12〕《示要》卷三「略說六經大義·《易經》」對乾坤二卦有較多說明，並及〈繫辭傳〉若干條文及〈序卦〉，雖偏重客觀疏解，間亦發揮己意；《原儒·原內聖》亦論及乾坤二卦，唯不多；至《乾坤衍》則藉疏解兩〈彖傳〉以發揮己之思想。故欲補熊氏遺憾而為《大易》作廣傳、作新疏，自當以《乾坤衍》為主，而輔以《示要》、《原儒·原內聖》之說。又潘世卿《熊十力先生學記》、蔡仁厚《熊十力先生學行年表》、郭齊勇《熊十力與中國傳統文化》、《天地間一個讀書人——熊十力傳》、《熊十力評傳》（方克立、李錦全主編《現代新儒家學案》上冊《熊十力學案》）、景海峰《熊十力》、宋志明《熊十力評傳》、丁為祥《熊十力學術思想評傳》及蕭友泰《熊十力對中國文化的詮釋與重建》等，雖於熊氏一生思想皆有述及，然於其中之轉折、差異等，皆未能詳，故在此基礎上，為之作一嚴謹詳明之年譜、學案或其他形式之專著等，明其思想轉變演進歷程，誠亦當務之急也。

不足處，自當時加是正，既兼顧語言文字、名物度數等之訓詁考據，並究明相關之史實記載、典章制度、……等，一切皆求實求是，從而闡明、發揮深藏於其中之義理，使其一歸於至當。甚至縱使其說精妙非常，亦非謂其即完善無缺，後人仍可百尺竿頭更進一步，蓋其實非一封閉系統，而乃深具開放性。畢竟在一不斷變化之世界中，是否有一至高無上之「絕對真理」，此實無人可予回答，而亦無人可逕行宣稱其所言者即是。蓋關於知識、邏輯、……等科學方面，可以建立思想體系，可有治學方法可言，但關於人之存在問題，顯然即無建立體系之思想之可能，因人之本質內涵絕非事先可予設定，亦不可能用所謂治學方法即可解決此一問題，因人乃一活生生的實存而有，而深藏於人心之最底層者乃一永恒的不定。此猶孔子承堯舜三代之後，而開啟仁教，以重建道統，皆就眼前當下予以點化，指示出生命智慧之道德價值與精神方向，其本身並無系統相，復亦不可能以理論系統方式即可加以說明或求得。既然並無任何一種理論，可以固定模式而一勞永逸地解決全部問題，何況關於「實踐」、「體證」，更是不可能，蓋在每一特定且不同之時代中，皆有其殊特而差異之歷史情境，須予面對克服，故其因應之道，自是千差萬別，何可強求其同？且縱使當其建立一種真理，或理論體系建構完成之時，實亦正顯出其仍有不足之處，隨時皆有被糾正、補充之可能，甚至整體上被完全否定、推翻，亦屬極為正常。此即其建構完成之時，則已成歷史文化之一部分，故有被解構之可能；唯此被解構，並非全然為負面意義，相反地，其應是正面意義，蓋歷史既不斷向前邁進，文化亦不斷日新月異，故被解構之同時，即已在從事一返本溯源之工作，而返本實亦含蘊著開新之意，即於舊傳統中，極可能又開創出新猷。是以熊氏之說，本極精妙，但是否即是「絕對真理」，則固非其即能自我認定；然此亦非謂其之所言，即無價值。蓋縱使無人能掌握絕對真理，然若所云有相對真理或部分真理在，即有被接受之權利，應予以充分之理解；且即使所謂真理不可得，但追求真理之過程，即比真理本身更富含意義，而人之所以存在及其目的、任務、意義、價值等等，皆在踐履、體證之中而得以完成、彰顯，則追求之過程本身，無疑即是目的，即是意義，亦即於此中而完成其任務，更於此中而彰顯出其價值。熊氏言「體用不二」，而之所以著重於「即用識體」以言，蓋即此意也。是以熊氏在追求真理之過程中，確已播下種子，予吾人以多方面啟發，至於開花結果，返本

而開新，則責無旁貸，正在我輩。夫亦唯有如此，方顯《大易》變動不居生生不息之精意，使其更具時代性，從而講出時代賦予吾輩所應言者，使中華文化發揚光大，方不負熊氏之苦心孤詣，更不負吾輩所應善盡繼志纘緒之責矣！〔註13〕

〔註13〕案本結論亦只提供「一種」可能，非是以之為「唯一」，而必得如此不可。畢竟學問乃開放的，生命更充滿無限可能性，故不論順熊氏之說，或順其說而出之以他種方式，甚至否定其說而另闢蹊徑，皆是合理且可行者；而最要者，即秉其精神，以從事於學問，且真實地生活，則文化慧命自能綿延不絕而永續長存矣！

參考書目

甲、熊十力著作

一、全集

《熊十力全集》：武漢，湖北教育，2001 年 8 月第 1 版第 1 次印刷。共十卷十冊（案一卷一冊），前八冊共八卷，乃熊氏著作，後兩冊為附卷（分上、下卷），乃後人評論熊氏哲學之集粹。第一卷含《心書》、《唯識學概論》（1923 年）、《因明大疏刪注》、《唯識學概論》（1926 年）、《唯識論》及《尊聞錄》。第二卷含《新唯識論（文言文本）》、《破破新唯識論》、《十力論學語輯略》、《佛家名相通釋》、《中國歷史講話》及〈中國歷史綱要〉。第三卷含《新唯識論（語體文本）》、《讀經示要》。第四卷含《十力語要》、〈中國哲學與西洋科學〉及〈讀智論鈔〉。第五卷含《十力語要初續》、《韓非子評論》、《摧惑顯宗記》、《與友人論張江陵》及《論六經》。第六卷含《新唯識論（刪定本）》、《原儒》。第七卷含《體用論》、《明心篇》、《乾坤衍》及《存齋隨筆》。第八卷為「熊十力論文書札」。第九、十卷為附卷（上、下冊），乃「熊十力哲學評論集粹」。

二、單行本

1. 《唯識學概論》（1923 年），北京，北大出版部，1923 年 10 月初版。

2. 《因明大疏刪註》，台北，廣文，1971 年 4 月版。

3. 《唯識學概論》（1926 年），北京，北大出版部，1926 年 3 月初版。

4. 《尊聞錄》，台北，時報，1983 年 10 月再版。

5. 《唯識論》，杭州，公孚印刷所，1930 年 1 月初版。

6. 《新唯識論》，台北，學生，1983 年 6 月版。

7. 《新唯識論》，台北，明文，1994 年 8 月初版 1 刷。

8. 《熊十力論著集之一──新唯識論》，北京，中華，1999 年 1 月第 1 版第 3 次印刷。含《心書》、《新唯識論（文言文本）》、《破破新唯識論》及《新唯識論（語體文本）》，附劉定權《破新唯識論》等。

9. 《新唯識論》，台北，文津，1986 年 10 月版。（所含書同上。）

10. 《新唯識論》，台北，里仁，1993 年 3 月版。（所含書同上。）

11. 《佛家名相通釋》，台北，洪氏，1983 年 4 月再版。

12. 《佛家名相通釋》，台北，明文，1994 年 8 月初版。

13. 《中國歷史講話》，台北，明文，1984 年 12 月初版。

14. 《讀經示要》，台北，明文，1984 年 7 月初版。

15. 《十力語要》，台北，洪氏，1983 年 12 月再版。

16. 《十力語要》，台北，明文，1989 年 8 月版。

17. 《熊十力論著集之三──十力語要》，北京，中華，1996 年 6 月第 1 版第 1 次印刷。

18. 《十力語要初續》，台北，洪氏，1982 年 10 月初版。

19. 《十力語要初續》，台北，明文，1990 年 8 月版。

20. 《韓非子評論》，台北，學生，1984 年 4 月再版。

21. 《摧惑顯宗記》，台北，學生，1988 年 6 月初版。

22. 《論張江陵》，台北，明文，1988 年 3 月初版。

23. 《論六經》，台北，明文，1988 年 3 月初版。

24. 《原儒》，台北，史地教育，1974 年 10 月初版。

25. 《原儒》，台北，明文，1988 年 12 月初版。

26. 《體用論》，台北，學生，1987 年 2 月版。

27. 《明心篇》，台北，學生，1979 年 4 月三版。

28. 《乾坤衍》，台北，學生，1987 年 2 月版。

29. 《存齋隨筆》，台北，鵝湖，1993 年 6 月初版。

30. 《熊十力論著集之二──體用論》，北京，中華，1996 年 11 月第 1 版第 2 次印刷。含〈新唯識論（壬辰刪定本）贅語和刪定記〉、〈甲午存稿〉、《體用論》、《明心篇》、《乾坤衍》及《存齋隨筆》等。

31. 《熊十力與劉靜窗論學書簡》（劉述先編），台北，時報，1984 年 6 月初版。

乙、後人研究熊十力之專著、單篇論文、研討會論文集及學位論文

一、專著

1. 梁漱溟：《憶熊十力先生》，台北，明文，1987 年 12 月初版。

2. 李霜青：《中國歷代思想家——熊十力》，台北，商務，1987 年 8 月四版。

3. 李霜青：《熊十力對中國歷史文化之論衡》，出版項不詳。

4. 蔡仁厚：《熊十力先生學行年表》，台北，明文，1987 年 8 月初版。

5. 郭齊勇：《熊十力與中國傳統文化》，台北，遠流，1990 年 6 月臺灣初版。

6. 郭齊勇：《熊十力思想研究》，天津，天津人民，1993 年 6 月第 1 版第 1 次印刷。

7. 郭齊勇：《天地間一個讀書人——熊十力傳》，台北，業強，1994 年 11 月初版。

8. 郭齊勇：《熊十力評傳》，方克立、李錦全主編《現代新儒家學案》上冊《熊十力學案》，北京，中國社會科學，1995 年 9 月第 1 版第 1 次印刷。

9. 景海峰：《熊十力》，台北，東大，1991 年 6 月初版。

10. 林安梧：《存有·意識與實踐》，台北，東大，1993 年 5 月初版。

11. 林安梧輯：《現代儒佛之爭》，台北，明文，1997 年 10 月再版。

12. 宋志明：《熊十力評傳》，南昌，百花洲文藝，1993 年 8 月第 1 版第 1 次印刷。

13. 張慶熊：《熊十力的新唯識論與胡塞爾的現象學》，上海，上海人民，1995 年 11 月第 1 版第 1 次印刷。

14. 丁為祥：《熊十力學術思想評傳》，北京，北京圖書館，1996 年 6 月第 1 版第 1 次印刷。

15. 陳瑞深：《熊十力哲學的系統型態》，台北，蘭亭，1996 年 12 月初版。

16. 顏炳罡：《慧命相續——熊十力》，香港，中華，1999 年 11 月初版。

17. 張光成：《中國現代哲學的創生原點——熊十力體用思想研究》，上海，上海人民，2002 年 7 月第 1 版第 1 次印刷。

18. 郭美華：《熊十力本體論哲學研究》，成都，巴蜀，2004 年 11 月第 1 版第 1 次印刷。

19. 王汝華：《熊十力學術思想中的一聖二王》，台南，漢家，2005 年 6 月初版。

20. 李清良：《熊十力陳寅恪錢鍾書闡釋思想研究》，北京，中華，2007 年 4 月第 1 版第 1 次印刷。

21. 林世榮：《熊十力《新唯識論》研究——以《新唯識論》所引發儒佛之爭為進路的探討》，台北，花木蘭，2009 年 3 月初版。

22. 林世榮：《熊十力春秋外王學研究》，台北，花木蘭，2008 年 9 月初版。

23. 日·島田虔次著、徐水生譯：《熊十力與新儒家哲學》，台北，明文，1992 年 3 月初版。

二、單篇論文

1. 馮友蘭：〈中國哲學近代化時代中的心學——熊十力哲學體系〉，《中國哲學史新編（第七冊）》，《三松堂全集》第十卷，鄭州，河南人民，2000年12月第2版第1次印刷。

2. 印順：〈評熊十力的新唯識論〉，《無諍之辯》，台北，正聞，1991年4月十三版。

3. 張岱年：〈憶熊十力先生〉，《張岱年全集》第八卷，石家莊，河北人民，1996年12月第1版第1次印刷。

4. 杜維明：〈探究真實的存在——熊十力〉，傅樂詩等《中國近代思想人物——保守主義》，台北，時報，1982年9月三版。

5. 景海峰、王守常：〈熊十力先生論著考略〉，《中國哲學史研究》1986年第2期，北京，1986年。

6. 景海峰：〈和而不同兩大師——熊、梁辯難所引發的問題與思考〉，陳德和編《當代新儒學的關懷與超越》，台北，文津，1997年12月初版。

7. 王守常：〈梁漱溟、熊十力佛教觀合論〉，《儒佛會通學術研討會論文集》（第二次），台北，華梵大學哲學系，1997年12月。

8. 蔡伯郎：〈熊十力之初期唯識觀〉，同上。

9. 項退結：〈闡發易經生命觀的熊十力〉，《中國人的路》，台北，東大，1988年1月初版。

10. 姜允明：〈從《原儒》看熊十力的內聖外王論〉，《當代心性之學面面觀》，台北，明文，1994年3月初版。

11. 林家民：〈熊十力內聖學後期轉變說之商榷〉，《哲學與文化》第15卷第12期，台北，1988年12月。

12. 曹志成：〈真諦的唯識古學、玄奘的唯識今學與熊十力新唯識論之唯識思想初探（上）、（下）〉，《中國佛教》第33卷第3、4期，台北，1989年3、4月。

13. 顏炳罡：〈熊十力易學思想探微〉，《周易研究》1990年第2期，濟南，1990年10月。

14. 陳來：〈熊十力哲學的明心論〉，《當代新儒學論文集·內聖篇》，台北，文津，1991年5月初版。

15. 林安梧：〈熊十力體用哲學之理解——以《新唯識論》〈序言〉〈明宗〉為核心的展開〉，收入《當代新儒學論文集·內聖篇》。

16. 林安梧：〈當代儒佛論爭的幾個核心問題——以熊十力與印順為核心的展開〉，《諦觀》67期，台北，1991年10月。

17. 林安梧：〈熊十力的孤懷弘詣及其《原儒》的義理規模〉，《當代新儒家哲

學史論》，台北，明文，1996 年 1 月初版。

18. 林安梧：〈革命的「孔子」——熊十力儒學中的「孔子原型」〉，《儒學革命論》，台北，學生，1998 年 11 月初版。

19. 劉述先：〈對於熊十力先生晚年思想的再反思〉，《當代中國哲學論：人物篇》，新北，八方文化，1996 年 12 月初版。

20. 劉述先：〈如何正確理解熊十力——讀〈長懸天壤論孤心〉有感〉，同上。

21. 李煥明：〈熊十力先生的易學〉，《易經的生命哲學》，台北，文津，1992 年 3 月初版。

22. 唐明邦：〈熊十力先生《易》學思想管窺——讀《乾坤衍》〉，林慶彰編《中國經學史論文選集（下）》，台北，文史哲，1993 年 3 月初版。

23. 翟志成：〈熊十力在廣州（一九四八——一九五〇）〉，《當代新儒學史論》，台北，允晨，1993 年 5 月初版。

24. 翟志成：〈論熊十力思想在一九四九年後的轉變〉，同上。

25. 岑溢成：〈熊十力的春秋學與清代今文經學〉，劉述先編《當代儒學論集：傳統與創新》，台北，中研院，1995 年 5 月初版。

26. 岑溢成：〈熊十力的《春秋》學與名分問題〉，陳德和編《當代新儒學的關懷與超越》。

27. 蘇新鋈：〈熊十力對儒家本體論思想的新開拓〉，陳德和編《當代新儒學的關懷與超越》。

28. 龔鵬程：〈論熊十力論張江陵〉，《儒學反思錄》，台北，學生，2001 年 9 月初版。

29. 林慶彰：〈當代新儒家的《周禮》研究及其時代意義〉，劉述先編《當代儒學論集：挑戰與回應》，台北，中研院，1995 年 12 月初版。

30. 林慶彰：〈熊十力的《春秋》學及其時代意義〉，台北，中研院文哲所「儒學與現代世界國際研討會」，1996 年 7 月。

31. 林慶彰：〈熊十力對清代考據學的批評〉，黃俊傑、福田殖編《東亞文化的探討——近代文化的動向》，台北，正中，1996 年 11 月臺初版。

32. 林慶彰：〈熊十力論讀經應有之態度〉，中研院文哲所十周年紀念文集《傳承與創新》，台北，1999 年 12 月初版。

33. 何信全：〈熊十力與儒家新外王理論之開展〉，《儒學與現代民主》，台北，中研院，1996 年 2 月初版。

34. 齊隆壬：〈會意解意於文言之外——熊十力《讀經示要》〉，瘂弦、陳義芝編《站在巨人肩上》，台北，聯經，1996 年 5 月初版。

35. 黃黎星：〈熊十力《易》學思想評述〉，《中國文化月刊》第 224 期，台中，1998 年 11 月。

36. 孫劍秋：〈融佛入儒──論熊十力的易學成就〉，《易理新研》，台北，學生，2000 年 9 月再版。

37. 賴賢宗：〈熊十力的體用論的「體用不二而有分，分而仍不二」的基本結構與平章儒佛〉，《體用與心性：當代新儒家哲學新論》，台北，學生，2001 年 6 月初版。

38. 賴賢宗：〈重檢文獻論熊十力體用論思想之一貫性〉，同上。

39. 高瑞泉：〈易理詮釋與哲學創造：以熊十力為例〉，《周易研究》2002 年第 2 期，濟南，2002 年 4 月。

40. 高瑞泉：〈試論熊十力的哲學創造與經典詮釋〉，李明輝編《儒家經典詮釋方法》，台北，臺大出版中心，2004 年 6 月初版。

41. 朱敬武：〈熊十力哲學體用關係探究〉，《第六次儒佛會通論文集（上冊）》，台北，華梵大學，2002 年 7 月。

42. 鄭炳碩：〈熊十力之《周易》新詮釋與儒學復興〉，《周易研究》2002 年第 6 期，濟南，2002 年 12 月。

43. 陳德和：〈熊十力的體用哲學──《體用論》與《明心篇》義理要旨〉，《儒家思想的哲學詮釋》，台北，洪葉，2003 年 1 月初版一刷。

44. 楊自平：〈熊十力體用不二之《易》外王思想〉，《哲學與文化》第 30 卷第 5 期，台北，2003 年 5 月。

45. 任俊華：〈熊十力的新易學〉，《易學與儒學》，台北，大展，2003 年 10 月初版一刷。

46. 鄧秀梅：〈論熊十力先生的易學思想〉，《華梵人文學報》第 3 期，台北，2004 年 6 月。

47. 廖崇斐：〈熊十力《讀經示要》易學思想之方法論省察〉，《鵝湖》第 351 期，台北，2004 年 9 月。

48. 廖崇斐：〈熊十力論哲學與經學──以《讀經示要》及《十力語要》為例〉，《興大中文學報》第 19 期，台中，2006 年 6 月。

49. 林世榮：〈熊十力早年思想研究──以體用義為核心的展開〉，中大中文所第四屆「近代中國學術研討會」，中壢，1998 年 3 月。

三、研討會論文集

1. 蕭萐父、郭齊勇編：《玄圃論學集──熊十力生平與學術》，北京，三聯，1990 年 2 月初版。

2. 武漢大學中國傳統文化研究中心編：《玄圃論學續集──熊十力與中國傳統文化國際學術研討會論文集》，武漢，湖北教育，2003 年 3 月第 1 版第 1 次印刷。

（案：凡引及以上兩論文集之文章，皆隨文注出，此則不另列。）

四、學位論文

1. 張月琴：《熊十力的新唯識論發凡》，台北，文大哲研所碩士論文，1974年。

2. 潘世卿：《熊十力先生學記》，台北，輔大中研所碩士論文，1979年。

3. 黃惠雅：《熊十力先生的體用論研究》，台北，台大哲研所碩士論文，1980年。

4. 藍日昌：《熊十力「內聖外王」思想之研究》，台北，政大中文所碩士論文，1987年。

5. 王汝華：《熊十力易學思想之研究》，台北，師大國研所碩士論文，1991年。

6. 莊永清：《熊十力平章漢宋研究：以《易》為例》，台南，成大史語所碩士論文，1994年。

7. 賈金城：《熊十力體用論與中國哲學》，香港，新亞研究所哲學組碩士論文，1997年。

8. 丁金順：《《新唯識論》的根本精神》，中壢，中大哲研所碩士論文，1999年。

9. 裴春苓：《熊十力《新唯識論》與佛教義理融攝的問題探討》，嘉義，南華哲研所碩士論文，2000年。

10. 蕭友泰：《熊十力對中國文化的詮釋與重建》，台北，淡大中研所碩士論文，2004年。

丙、古籍

一、經部（唐以前，附緯書、小學）

1.《十三經注疏》：台北，藝文，1982年8月九版。

2.《緯書集成》（安居香山、中村璋八輯）：北京，河北人民，1994年12月一版。

3. 許慎：《說文解字注》，段玉裁注，台北，黎明，1985年3月11版。

4. 皇侃：《論語集解義疏》，文淵閣《四庫全書》冊195，台北，商務，1983年6月版。

5. 陸德明：《經典釋文》，台北，學海，1988年6月初版。

6. 李鼎祚：《周易集解》，台北，商務，1996年12月臺一版第二次印刷。

7. 韓愈、李翱：《論語筆解》，《四庫全書》冊196。

二、史部（附政書）

1.《國語》：台北，里仁，1981年12月版。

2. 司馬遷:《史記》,台北,鼎文,1978 年 11 月初版。

3. 班固:《漢書》,台北,鼎文,1995 年 1 月八版。

4. 范曄:《後漢書》,台北,鼎文,1978 年 11 月三版。

5. 房玄齡:《晉書》,台北,鼎文,1992 年 11 月七版。

6. 魏徵:《隋書》,台北,鼎文,1980 年 6 月三版。

7. 張九齡等:《唐六典》,《四庫全書》冊 595。

8. 劉昫:《舊唐書》,台北,鼎文,1992 年 5 月七版。

9. 宋祁、歐陽脩:《新唐書》,台北,鼎文,1992 年 1 月七版。

10. 司馬光著、胡三省注:《資治通鑑》,台北,天工,1988 年 9 月再版。

三、子部（唐以前）

1. 《孔子家語》:王肅注,《新編諸子集成》第二冊,台北,世界,1991 年 5 月新五版。

2. 《老子道德經注》:王弼注,《新編諸子集成》第三冊。

3. 《管子校正》:尹知章注、戴望校正,《新編諸子集成》第五冊。

4. 《墨子閒詁》:孫詒讓注,《新編諸子集成》第六冊。

5. 《莊子集釋》:郭象注、成玄英疏、郭慶藩集釋,《新編諸子集成》第三冊。

6. 《列子注》:張湛注,《新編諸子集成》第四冊。

7. 《荀子集解》:楊倞注、王先謙集解,《新編諸子集成》第二冊。

8. 《韓非子集解》:王先慎集解,《新編諸子集成》第五冊。

9. 《大戴禮記解詁》:王聘珍注,台北,漢京,1987 年 10 月初版。

10. 《淮南鴻烈集解》:劉安著、高誘注、劉文典集解,台北,文史哲,1985 年 9 月再版。

11. 董仲舒:《春秋繁露注》,凌曙注,台北,世界,1975 年 3 月三版。

12. 焦延壽:《焦氏易林》,《四庫全書》冊 808。

13. 京房:《京氏易傳》,陸績注,《四庫全書》冊 808。

14. 揚雄:《太玄集注》,司馬光集注,北京,中華,2005 年 3 月第 1 版第 3 次印刷。

15. 揚雄:《法言義疏》,汪榮寶義疏,北京,中華,1996 年 9 月第 1 版第 2 次印刷。

16. 劉向:《說苑疏證》,趙善詒疏證,台北,文史哲,1986 年 10 月台一版。

17. 王充:《論衡》,《新編諸子集成》第七冊。

18. 班固:《白虎通疏證》,陳立注,北京,中華,1994 年 8 月第 1 版第 1 次

印刷。

19. 應劭:《風俗通義校注》,王利器校注,台北,漢京,1983 年 9 月初版。

20. 魏伯陽等:《周易參同契》(含《參同契直指》、《周易參同契測疏》、《周易參同契口義初稿引》),台北,武陵,2004 年 2 月初版四刷。

21. 王弼:《王弼集校釋》,樓宇烈校釋,台北,華正,1992 年 12 月初版。

22. 韓愈:《韓昌黎文集校注》,馬其昶校注、馬茂元整理,上海,上海古籍,1998 年 3 月第 1 版第 2 次印刷。

丁、與本論文相關專書、單篇論文及學位論文(宋以後)

一、專書

1. 歐陽脩:《易童子問》,《歐陽脩全集》第三冊,北京,中華,2001 年 3 月第 1 版第 1 次印刷。

2. 邵雍:《皇極經世書》,台北,廣文,1999 年 4 月再版。

3. 周敦頤:《周子全書》(董榕輯),台北,商務,1968 年 3 月臺一版。

4. 張載:《張載集》,台北,漢京,1983 年 9 月初版。

5. 程顥、程頤:《二程集》,台北,漢京,1983 年 9 月初版。

6. 胡宏:《五峰集》,《四庫全書》冊 1137。

7. 晁說之:《嵩山文集》,《四部叢刊廣編》冊 36,台北,商務,1981 年 2 月初版。

8. 朱震:《漢上易傳》,《通志堂經解》本,台北,漢京,1980 年版。

9. 楊萬里:《誠齋易傳》,嚴靈峰編《無求備齋易經集成》冊 26—27,台北,成文,1976 年臺一版。

10. 朱熹:《周易本義》,《易經集成》冊 28。

11. 朱熹:《四書章句集註》,台北,鵝湖,1984 年 9 月初版。

12. 朱熹:《朱子語類》,台北,文津,1986 年 12 月版。

13. 朱熹:《朱子文集》,台北,財團法人德富文教基金會,2000 年 2 月初版。

14. 朱熹編、張伯行集解:《近思錄集解》,台北,世界,1967 年 1 月再版。

15. 陸九淵:《象山全集》,《四部備要》本,台北,中華,1966 年 3 月臺一版。

16. 楊簡:《楊氏易傳》,《四庫全書》冊 14。

17. 蔡節:《論語集說》,《通志堂經解》本。

18. 馬國翰:《玉函山房輯佚書》,台北,文海,1967 年 6 月臺初版。

19. 文天祥:《文文山先生全集》,台北,清流,1976 年 10 月版。

20. 吳澄：《易纂言外翼》，《四庫全書》冊 22。

21. 陳天祥：《四書辨疑》，《通志堂經解》本。

22. 何異孫：《十一經問對》，《通志堂經解》本。

23. 陳獻章：《陳白沙集》，《四庫全書》冊 1246。

24. 王守仁：《陽明全書》，《四部備要》本。

25. 聶豹：《聶豹集》，南京，鳳凰，2007 年 3 月第 1 版第 1 次印刷。

26. 羅洪先：《羅洪先集》，南京，鳳凰，2007 年 3 月第 1 版第 1 次印刷。

27. 來知德：《周易集註》，台北，夏學社，1986 年 11 月新校再版。

28. 顧憲成：《小心齋箚記》，《顧端文公遺書》，《四庫全書存目叢書》子部儒家類冊 14，臺南，莊嚴，1995 年 9 月初版一刷。

29. 劉宗周：《學言》，《劉宗周全集》第二冊，台北，中研院，1996 年 6 月初版。

30. 孫奇逢：《夏峰先生集》，北京，中華，2004 年 7 月第 1 版第 1 次印刷。

31. 蕅益智旭撰、江謙補註：《論語點睛補註》，台北，新文豐，1977 年 7 月初版。

32. 潘平格：《潘子求仁錄輯要》，北京，中華，2009 年 5 月第 1 版第 1 次印刷。

33. 黃宗羲：《明儒學案》，《黃宗羲全集》第七—八冊，杭州，浙江古籍，2005 年 1 月第 1 版第 1 次印刷。

34. 黃宗羲等：《宋元學案》，同上第三—六冊。

35. 陸世儀：《桴亭先生文集》，《叢書集成三編》冊 53，台北，新文豐，1997 年 3 月台一版。

36. 顧炎武：《原抄本顧亭林日知錄》，台北，文史哲，1979 年 4 月版。

37. 黃宗炎：《圖書辨惑》（附《周易象辭》後），《四庫全書》冊 40。

38. 王夫之：《周易內傳》，《船山全書》第一冊，長沙，嶽麓，1998 年 11 月第 1 版第 2 次印刷。

39. 王夫之：《周易外傳》，同上第一冊。

40. 王夫之：《尚書引義》，同上第二冊。

41. 王夫之：《四書箋解》，同上第六冊。

42. 王夫之：《讀四書大全說》，同上第六冊。

43. 王夫之：《四書訓義》，同上第六冊。

44. 王夫之：《張子正蒙注》，同上第十二冊。

45. 王夫之：《思問錄》，同上第十二冊。

46. 王夫之：《薑齋詩集》，同上第十五冊。

47. 黃生：《義府》，《四庫全書》冊 858。

48. 毛奇齡：《太極圖說遺議》，《西河合集》，清康熙間（1662～1722）書留草堂刊本。

49. 毛奇齡：《周禮問》，《續修四庫全書》冊 78，上海，上海古籍，2002 年 3 月第一版第一次印刷。

50. 毛奇齡：《論語稽求篇》，《皇清經解》本，台北，漢京，1980 年版。

51. 張烈：《王學質疑》，台北，廣文，1982 年 8 月初版。

52. 朱彝尊：《曝書亭全集》，《四部備要》本。

53. 朱彝尊：《點校補正經義考》，台北，中研院，1999 年 8 月初版。

54. 呂留良：《呂晚村先生文集》，台北，維新，1968 年元月初版。

55. 陸隴其：《陸稼書先生文集》，《叢書集成新編》冊 76，台北，新文豐，1986 年元月台一版。

56. 胡渭：《易圖明辨》，台北，廣文，1994 年 3 月再版。

57. 顏元：《四存編》，台北，世界，1984 年 3 月再版。

58. 顏元：《習齋記餘》，台北，廣文，1971 年 8 月初版。

59. 李光地：《周易折中》，台中，瑞成，1998 年 12 月一版一刷。

60. 胡煦：《周易函書》，《四庫全書》冊 48。

61. 李塨：《周易傳註》，《四庫全書》冊 47。

62. 何焯：《義門讀書記》，北京，中華，2006 年 6 月第 1 版第 3 次印刷。

63. 惠棟：《周易述》，《皇清經解》本。

64. 惠棟：《九經古義》，《皇清經解》本。

65. 惠棟：《易例》，《皇清經解續編》本，台北，漢京，1980 年版。

66. 惠棟：《易漢學》，《皇清經解續編》本。

67. 惠棟：《松崖文鈔》，收入惠周惕、惠士奇、惠棟撰《東吳三惠詩文集》，台北，中研院，2006 年 5 月初版。

68. 戴震：《原善》，《戴震全書》第六冊，合肥，黃山，1997 年 10 月第 1 版第 1 次印刷。

69. 戴震：《孟子私淑錄》，同上第六冊。

70. 戴震：《緒言》，同上第六冊。

71. 戴震：《孟子字義疏證》，同上第六冊。

72. 戴震：《東原文集》，同上第六冊。

73. 永瑢、紀昀等：《四庫全書總目》，《四庫全書》冊 1～5。

74. 崔述：《洙泗考信錄》，《考信錄（下）》，台北，世界，1989 年 4 月四版。

75. 梁玉繩：《史記志疑》，北京，中華，2006 年 7 月第 1 版第 2 次印刷。

76. 張惠言：《周易虞氏義》，《皇清經解》本。

77. 張惠言：《周易虞氏消息》，《皇清經解》本。

78. 張惠言：《易緯略義》，《叢書集成續編》冊 44，台北，新文豐，1989 年 7 月台一版。

79. 焦循：《易學三書》，台北，廣文，1992 年 8 月三版。

80. 焦循：《雕菰集》，台北，鼎文，1977 年 9 月初版。

81. 阮元：《揅經室集》，北京，中華，2006 年 6 月第 1 版第 2 次印刷。

82. 李銳：《周易虞氏略例》，《皇清經解續編》本。

83. 成蓉鏡：《周易釋爻例》，《皇清經解續編》本。

84. 宋翔鳳：《論語說義》，《皇清經解續編》本。

85. 宋翔鳳：《過庭錄》，北京，中華，2006 年 10 月第 1 版第 2 次印刷。

86. 劉寶楠：《論語正義》，台北，文史哲，1980 年版。

87. 李道平：《周易集解纂疏》，北京，中華，2004 年 4 月第 1 版第 3 次印刷。

88. 姚配中：《周易姚氏學》，《皇清經解續編》本。

89. 沈炳巽：《權齋老人筆記》，《叢書集成續編》冊 215。

90. 翟云升：《焦氏易林校略》，《續修四庫全書》冊 1055。

91. 丁晏：《易林釋文》，台北，廣文，1994 年 8 月初版。

92. 鄭珍：《巢經巢集》，《四部備要》本。

93. 曹為霖：《易學史鏡》，台北，新文豐，1980 年元月初版。

94. 陳澧：《東塾讀書記》，香港，三聯，1998 年 7 月一版。

95. 俞樾：《羣經平議》，《皇清經解續編》本。

96. 張之洞撰、范希曾補正：《書目答問補正》，台北，漢京，1984 年 1 月初版。

97. 宦懋庸：《論語稽》，《續修四庫全書》冊 157。

98. 桂文燦：《論語集註述要》，台北，力行，1970 年 6 月初版。

99. 皮錫瑞：《經學通論》，台北，商務，1989 年 10 月臺五版。

100. 王樹枬：《費氏古易訂文》，台北，文史哲，1990 年 11 月景印初版。

101. 崔適：《論語足徵記》，嚴靈峰編無求備齋《論語集成》第二十六函，台北，藝文，1966 年 10 月版。

102. 丁豸：《香草校書》，北京，中華，2006 年 7 月第 1 版第 2 次印刷。

103. 馬通伯：《周易費氏學》，台北，新文豐，1979 年 8 月初版。

104. 康有為：《論語注》，《康南海先生遺著彙刊》第六冊，台北，宏業，1976 年版。

105. 康有為：《孟子微》，台北，商務，1987 年 2 月臺四版。

106. 康有為：《禮運注》，《康南海先生遺著彙刊》第九冊。

107. 康有為：《新學偽經考》，香港，三聯，1998 年 7 月一版。

108. 康有為：《大同書》，香港，三聯，1998 年 7 月一版。

109. 胡玉縉：《許廎學林》，台北，世界，1963 年 4 月初版。

110. 黃元炳：《卦氣集解》，台北，集文，1996 年元月版。

111. 黃元炳：《易學探原經傳解》，台北，集文，2001 年 3 月再版二刷。

112. 姚永概：《孟子講義》，合肥，黃山，1999 年 12 月第 1 版第 1 次印刷。

113. 杭辛齋：《易楔》，《辛齋易學（下）》，台北，夏學社，1980 年 12 月初版。

114. 章太炎：《春秋左傳讀敘錄》，台北，學海，1984 年 4 月初版。

115. 章太炎：《章太炎文錄》，台北，西南，1973 年 3 月再版。

116. 章太炎等：《易學論叢》，台北，廣文，1971 年 5 月初版。

117. 尚秉和：《焦氏易詁》，《尚氏易學存稿校理》第一卷，北京，中國大百科全書，2005 年 6 月第 1 版第 1 次印刷。

118. 尚秉和：《焦氏易林注（上）、（下）》，《尚氏易學存稿校理》第二卷。

119. 梁啟超：《清代學術概論》（附《中國近三百年學術史》後），台北，里仁，1995 年 2 月初版。

120. 梁啟雄：《荀子簡釋》，台北，木鐸，1988 年 9 月初版。

121. 程樹德：《論語集釋》，北京，中華，1997 年 10 月第 1 版第 1 次印刷。

122. 馬浮：《泰和宜山會語合刻》，台北，廣文，1980 年 12 月初版。

123. 馬浮：《復性書院講錄》，台北，夏學社，1981 年 3 月初版。

124. 劉師培：《左盦集》，《劉申叔遺書》，南京，江蘇古籍，1997 年 11 月第 1 版第 2 次印刷。

125. 劉師培：《左盦外集》，同上。

126. 余嘉錫：《四庫提要辨證》，昆明，雲南人民，2004 年 11 月第 1 版第 1 次印刷。

127. 余嘉錫：《世說新語箋疏》，台北，華正，1993 年 10 月版。

128. 楊樹達：《古書疑義舉例續補》，上海，上海古籍，2007 年 4 月第 1 版第 1 次印刷。

129. 楊樹達：《周易古義》，上海，上海古籍，2007 年 6 月第 1 版第 1 次印刷。

130. 楊樹達：《論語疏證》，上海，上海古籍，2007 年 6 月第 1 版第 1 次印刷。

131. 陳大齊：《孔子學說》，《陳百年先生文集》第一輯，台北，商務，1987 年 5 月初版。

132. 錢基博：《經學通志》，邱德修編《經學叢書初編（6）》，台北，學海，1985年9月初版。

133. 錢基博：《周易解題及其讀法》，台北，商務，1994年9臺一版第七次印刷。

134. 李炳南：《論語講要》，《李炳南老居士全集》第十一冊，台中，青蓮，2006年4月再版。

135. 胡適：《中國古代哲學史》，《胡適作品集》31，台北，遠流，1994年1月初版七刷。

136. 蔣伯潛：《語譯廣解四書讀本》，台北，啟明，未標年月版次。

137. 王天恨：《四書白話句解》，台北，正一善書，2000年3月初版。

138. 顧頡剛編：《古史辨》第三冊，台北，藍燈，1987年11月初版。

139. 錢穆：《國學概論》，《錢賓四先生全集》甲編冊1，台北，聯經，1994年9月初版。

140. 錢穆：《四書釋義》，同上甲編冊2。

141. 錢穆：《先秦諸子繫年》，同上甲編冊5。

142. 錢穆：《莊老通辨》，同上甲編冊7。

143. 錢穆：《兩漢經學今古文平議》，同上甲編冊8。

144. 錢穆：《宋明理學概述》，同上甲編冊9。

145. 錢穆：《中國學術思想史論叢（一）》，同上甲編冊18。

146. 錢穆：《中國學術思想史論叢（三）》，同上甲編冊20。

147. 錢穆：《中國學術思想史論叢（四）》，同上甲編冊21。

148. 錢穆：《中國思想史》，同上甲編冊24。

149. 錢穆：《秦漢史》，同上乙編冊26，台北，聯經，1995年9月初版。

150. 錢穆：《國史大綱（上）》，同上乙編冊27。

151. 錢穆：《世界局勢與中國文化》，同上丙編冊43，台北，聯經，1998年6月初版。

152. 錢穆：《師友雜憶》，同上丙編冊51。

153. 錢穆：《講堂遺錄》，同上丙編冊52。

154. 馮友蘭：《三松堂自序》，《三松堂全集》第一卷。

155. 馮友蘭：《中國哲學史》，同上第二—三卷。

156. 馮友蘭：《新理學》，同上第四卷。

157. 蕭公權：《中國政治思想史》，台北，聯經，1990年10月版。

158. 方東美：《中國人生哲學》，《方東美全集》，台北，黎明，2005年8月修訂版。

159. 方東美：《方東美先生演講集》，同上。

160. 方東美：《生生之德》，同上。

161. 方東美：《原始儒家道家哲學》，同上。

162. 方東美：《新儒家哲學十八講》，同上。

163. 方東美：《華嚴宗哲學（上）》，同上。

164. 方東美：《中國哲學精神及其發展（上）、（下）》，同上。

165. 高亨：《周易古經通說》，台北，華正，1977 年 5 月初版。

166. 高亨：《周易大傳今注》，濟南，齊魯，2003 年 10 月第 1 版第 4 次印刷。

167. 陳榮捷：《王陽明傳習錄詳註集評》，台北，學生，1998 年 2 月修訂版三刷。

168. 陳榮捷：《王陽明與禪》，台北，學生，1984 年 11 月初版。

169. 陳榮捷：《現代中國的宗教趨勢》（廖世德譯），台北，文殊，1987 年 11 月版。

170. 戴君仁：《談易》，《戴靜山先生全集》（一），台北，戴靜山先生遺著編輯委員會，1980 年 9 月初版。

171. 戴君仁：《梅園論學續集》，同上（二）。

172. 徐復觀：《中國人性論史（先秦篇）》，台北，商務，1987 年 3 月八版。

173. 徐復觀：《兩漢思想史》卷二，台北，學生，1984 年 3 月三版。

174. 徐復觀：《無慚尺布裏頭歸——徐復觀最後日記》，台北，允晨，1987 年 1 月初版。

175. 嚴靈峯編：《無求備齋列子集成》，台北，藝文，1971 年 10 月初版。

176. 嚴靈峯：《列子辯誣及其中心思想》，台北，文史哲，1994 年 8 月文一版。

177. 周長耀：《天人論集》，台北，世紀，1981 年 1 月初版。

178. 謝冰瑩等：《新譯四書讀本》，台北，三民，2006 年 1 月五版七刷。

179. 嚴北溟、嚴捷：《列子譯注》，台北，仰哲，1987 年 11 月版。

180. 屈萬里：《先秦漢魏易例述評》，《屈萬里全集》第二輯冊 8，台北，聯經，1984 年 7 月初版。

181. 屈萬里：《屈萬里先生文集》第一冊，同上第三輯冊 17，台北，聯經，1985 年 2 月初版。

182. 周紹賢：《列子要義》，台北，文景，1975 年 10 月初版。

183. 潘重規：《論語今注》，台北，里仁，2000 年 3 月初版。

184. 唐君毅：《心物與人生》，《唐君毅全集》卷二，台北，學生，1991 年 9 月全集校訂版。

185. 唐君毅：《中國文化之精神價值》，同上卷四。

186. 唐君毅：《中西哲學思想之比較論文集》，同上卷十一。

187. 唐君毅：《中國哲學原論・導論篇》，同上卷十二。

188. 唐君毅：《中國哲學原論・原道篇（一）》，同上卷十四。

189. 唐君毅：《中國哲學原論・原道篇（二）》，同上卷十五。

190. 唐君毅：《中國哲學原論・原教篇》，同上卷十七。

191. 牟宗三：《周易的自然哲學與道德函義》，《牟宗三先生全集》冊1，台北，聯經，2003 年 4 月初版。

192. 牟宗三：《才性與玄理》，同上冊 2。

193. 牟宗三：《心體與性體（一）》，同上冊 5。

194. 牟宗三：《心體與性體（二）》，同上冊 6。

195. 牟宗三：《從陸象山到劉蕺山》，同上冊 8。

196. 牟宗三：《道德的理想主義》，同上冊 9。

197. 牟宗三：《歷史哲學》，同上冊 9。

198. 牟宗三：《邏輯典範》，同上冊 11。

199. 牟宗三：《理則學》，同上冊 12。

200. 牟宗三：《認識心之批判》，同上冊 18—19。

201. 牟宗三：《智的直覺與中國哲學》，同上冊 20。

202. 牟宗三：《現象與物自身》，同上冊 21。

203. 牟宗三：《圓善論》，同上冊 22。

204. 牟宗三：《時代與感受》，同上冊 23。

205. 牟宗三：《牟宗三先生早期文集（上）》，同上冊 25。

206. 牟宗三：《牟宗三先生晚期文集》，同上冊 27。

207. 牟宗三：《中國哲學的特質》，同上冊 28。

208. 牟宗三：《中國哲學十九講》，同上冊 29。

209. 牟宗三：《周易哲學演講錄》，同上冊 31。

210. 牟宗三：《五十自述》，同上冊 32。

211. 牟宗三：《生命的學問》，台北，三民，2003 年 9 月三版十刷。

212. 張岱年：《中國哲學大綱》，《張岱年全集》第二卷。

213. 張岱年：《中國倫理思想研究》，同上第三卷。

214. 程石泉：《易學新論》，台北，文景，1996 年 11 月初版。

215. 程石泉：《易學新探》，台北，黎明，1989 年 1 月初版。

216. 楊伯峻：《列子集釋》，北京，中華，1997 年 10 月第 1 版第 5 次印刷。

217. 胡秋原：《一百三十年來中國思想史綱》，台北，學術，1983 年 4 月五版。

218. 羅光：《生命哲學》，台北，學生，1985 年元月初版。

219. 羅光：《中西天人合一論》，台北，輔仁大學，2001 年 4 月初版。

220. 羅光：《形上生命哲學》，台北，學生，2001 年 9 月初版。

221. 王叔岷：《斠讎學》，北京，中華，2007 年 6 月第 1 版第 1 次印刷。

222. 王叔岷：《慕廬雜著》，《慕廬論學集（一）》，北京，中華，2007 年 10 月第 1 版第 1 次印刷。

223. 王瓊珊：《易學通論》，台北，廣文，1979 年 4 月再版。

224. 徐震堮：《世說新語校箋》，台北，文史哲，1989 年 9 月再版。

225. 楊勇：《世說新語校箋（修訂本）》，台北，正文，2000 年 5 月第一版第一刷。

226. 周伯達：《心物合一物——申論道與器之全體》，台北，學生，1999 年 4 月初版。

227. 張世英：《天人之際——中西哲學的困惑與選擇》，北京，人民，1997 年 5 月第 1 版第 2 次印刷。

228. 姚式川：《論語體認》，台北，東大，1993 年 11 月初版。

229. 朱伯崑：《易學哲學史（修訂本）》第一卷，台北，藍燈，1991 年 9 月初版。

230. 韋政通：《孔子》，台北，東大，1996 年 10 月初版。

231. 韋政通：《中國思想傳統的創造轉化》，台北，洪葉，2000 年 11 月一版一刷。

232. 勞思光：《新編中國思想史（一）》，台北，三民，1986 年 12 月增訂再版。

233. 勞思光：《新編中國思想史（二）》，台北，三民，1986 年 9 月增訂再版。

234. 勞思光：《新編中國思想史（三上）》，台北，三民，1985 年 9 月再版。

235. 勞思光：《新編中國思想史（三下）》，台北，三民，1986 年 11 月增訂三版。

236. 龐樸：《帛書五行篇研究》，濟南，齊魯，1988 年 8 月第二版。

237. 龐樸：《竹帛《五行》篇校注及研究》，台北，萬卷樓，2000 年 6 月初版。

238. 馬達：《《列子》真偽考辨》，北京，北京，2000 年 12 月第 1 版第 1 次印刷。

239. 黃秀璣：《張載》，台北，東大，2007 年 6 月二版一刷。

240. 余英時：《從價值系統看中國文化的現代意義》，台北，時報，1997 年 5 月二版十三刷。

241. 余英時：《猶記風吹水上鱗》，台北，三民，1995 年 3 月再版。

242. 余英時：《民主與兩岸動向》，台北，三民，1993 年 9 月初版。

243. 許倬雲：《中國文化的發展過程》，香港，中文大學，2000 年第一版第三

次印刷。

244. 高懷民：《先秦易學史》，台北，自印本，1990 年 6 月三版。

245. 蔡仁厚：《孔孟荀哲學》，台北，學生，1988 年 2 月初版第二次印刷。

246. 蔡仁厚：《宋明理學（北宋篇）》，台北，學生，1988 年 2 月初版第五次印刷。

247. 蔡仁厚：《王陽明哲學》，台北，三民，2007 年 1 月二版一刷。

248. 李杜：《中西哲學思想中的天道與上帝》，台北，聯經，1978 年 11 月初版。

249. 李杜：《中國古代天道思想論》，台北，藍燈，1992 年 9 月版。

250. 李澤厚：《中國古代思想史論》，台北，三民，1996 年 9 月初版。

251. 李澤厚：《中國現代思想史論》，台北，三民，1996 年 9 月初版。

252. 戴璉璋：《易傳之形成及其思想》，台北，文津，1997 年 2 月初版二刷。

253. 黃慶萱：《周易縱橫談》，台北，東大，2008 年 1 月增訂二版一刷。

254. 黃慶萱：《新譯乾坤經傳通釋》，台北，三民，2007 年 8 月初版一刷。

255. 傅偉勳：《「文化中國」與中國文化》，台北，東大，1988 年 4 月初版。

256. 傅偉勳：《批判的繼承與創造的發展》，台北，東大，1991 年 8 月初版一刷。

257. 周何：《禮學概論》，台北，三民，1998 年 1 月初版。

258. 李學勤：《周易經傳溯源》，高雄，麗文，1995 年 10 月初版一刷。

259. 陳冠學：《論語新注》，台北，東大，1995 年 4 月初版。

260. 劉述先：《朱子哲學思想的發展與完成》，台北，學生，1995 年 8 月增訂三版。

261. 劉述先：《大陸與海外——傳統的反省與轉化》，台北，允晨，1989 年 8 月初版。

262. 劉述先：《哲學思考漫步》，台北，三民，1995 年 7 月初版。

263. 劉述先：《永恆與現在》，台北，三民，1997 年 1 月初版。

264. 劉述先：《論儒家哲學的三個大時代》，香港，中文大學，2008 年版。

265. 吳森：《比較哲學與文化（一）》，台北，東大，1993 年 1 月再版。

266. 盧央：《京氏易傳解讀》，北京，九州，2004 年 10 月第 1 版第 1 次印刷。

267. 王熙元：《論語通釋》，台北，學生，1998 年 10 月初版第三次印刷。

268. 金春峰：《《周易》經傳梳理與郭店楚簡思想新釋》，台北，萬卷樓，2003 年 4 月初版一刷。

269. 王強模：《列子》，台北，臺灣古籍，1996 年 6 月初版一刷。

270. 涂宗流、劉祖信：《郭店楚簡先秦儒家佚書校釋》，台北，萬卷樓，2001 年 2 月初版。

271. 沈賓孚：《心物與是非》，台北，帕米爾，1980 年 3 月初版。

272. 王宗文：《心物合一哲學建構之探討》，台北，正中，1981 年 3 月臺初版。

273. 李世家：《近期台灣哲學》，台北，林鬱，1992 年 9 月初版。

274. 吳怡：《易經繫辭傳解義》，台北，三民，2001 年 8 月初版三刷。

274. 莊萬壽：《新譯列子讀本》，台北，三民，1996 年 10 月八版。

275. 姜允明：《心學的現代詮釋》，台北，東大，1988 年 12 月初版。

276. 周學武：《周濂溪太極圖說考辨》，台北，學海，1981 年 4 月初版。

277. 周錫韍：《易經詳解與應用》，香港，三聯，2006 年 3 月第 1 版第 2 次印刷。

278. 王邦雄等：《中國哲學史》，台北，里仁，2005 年 11 月增訂一版。

279. 李周龍：《易學窺遺》，台北，文津，1991 年 8 月初版。

280. 李周龍：《易學拾遺》，台北，文津，1992 年 3 月初版。

281. 陳郁夫：《周敦頤》，台北，東大，1990 年 12 月初版。

282. 錢世明：《易林通說》，北京，華夏，1994 年 1 月第 1 版第 1 次印刷。

283. 魏啟鵬：《簡帛《五行》箋釋》，台北，萬卷樓，2000 年 7 月初版。

284. 曾昭旭：《王船山哲學》，台北，遠景，1983 年 2 月初版。

285. 曾昭旭：《在說與不說之間》，台北，漢光，1992 年 2 月初版。

286. 何澤恒：《焦循研究》，台北，大安，1990 年 5 月第一版第一印。

287. 吳光：《儒道論述》，台北，東大，1994 年 6 月初版。

288. 朱立元編：《天人合一：中華審美文化之魂》，上海，上海文藝，1998 年 4 月第 1 版第 1 次印刷。

289. 黃沛榮：《易學乾坤》，台北，大安，1998 年 8 月第一版第一刷。

290. 林義正：《孔子學說探微》，台北，東大，1987 年 9 月初版。

291. 吳汝鈞：《純粹力動現象學》，台北，商務，2005 年 5 月初版第一次印刷。

292. 許老居：《京氏易傳發微》，台北，新文豐，2007 年 5 月初版。

293. 鄭萬耕：《揚雄及其太玄》，台北，藍燈，1992 年 9 月版。

294. 王葆玹：《西漢經學源流》，台北，東大，1994 年 6 月初版。

295. 林麗真：《王弼》，台北，東大，1988 年 7 月初版。

296. 曾春海：《朱熹易學析論》，台北，輔仁大學，1990 年 9 月再版。

297. 馮滬祥：《天人合一》，台北，國家文藝基金管理委員會，1992 年 6 月二版。

298. 范良光：《易傳道德的形上學》，台北，商務，1990 年 4 月二版。

299. 葉國良：《宋人疑經改經考》，台北，國立臺灣大學，1980 年 6 月初版。

300. 葉國良：《經學側論》，新竹，國立清華大學，2005 年 11 月初版。

301. 葉國良等:《經學通論》,台北,大安,2005 年 8 月一版一刷。

302. 汪惠敏:《宋代經學之研究》,台北,師大書苑,1989 年 4 月初版。

303. 張善文:《歷代易家考略》,台北,頂淵,2006 年 2 月初版。

304. 張善文:《歷代易學要籍解題》,台北,頂淵,2006 年 2 月初版。

305. 蕭登福:《列子探微》,台北,文津,1990 年 3 月版。

306. 黃俊傑:《孟子思想史論(卷一)》,台北,東大,1991 年 10 月初版。

307. 傅佩榮:《儒道天論發微》,台北,學生,1985 年 10 月初版。

308. 傅佩榮:《儒家哲學新論》,台北,業強,1993 年 7 月初版。

309. 楊政河:《中國哲學之精髓與創化》,台北,文津,1982 年 5 月初版。

310. 何世強:《京房易占術語詳解》,九龍,中國哲學文化協進會,出版年月不詳。

311. 陳福濱:《揚雄》,台北,東大,1993 年 3 月初版。

312. 朱建民:《張載思想研究》,台北,文津,1989 年 9 月版。

313. 袁保新:《孟子三辨之學的歷史省察與現代詮釋》,台北,文津,1992 年 2 月初版。

314. 陳來:《古代宗教與倫理》,台北,允晨,2005 年 6 月初版。

315. 陳來:《古代思想文化的世界》,台北,允晨。2006 年 1 月初版。

316. 邢文:《帛書周易研究》,北京,人民,1997 年 11 月第 1 版第 1 次印刷。

317. 鄧球柏:《帛書周易校釋》,長沙,湖南人民,2002 年 6 月第 3 版第 1 次印刷。

318. 劉信芳:《簡帛五行解詁》,台北,藝文,2000 年 12 月初版。

319. 劉釗:《郭店楚簡校釋》,福州,福建人民,2005 年 1 月第 1 版第 1 次印刷。

320. 鄭家棟:《本體與方法——從熊十力到牟宗三》,瀋陽,遼寧大學,1992 年 8 月第 1 版第 1 次印刷。

321. 鄭家棟:《當代新儒學論衡》,台北,桂冠,1995 年 12 月初版一刷。

322. 廖名春:《帛書《易傳》初探》,台北,文史哲,1998 年 11 月初版。

323. 廖名春:《《周易》經傳與易學史新論》,濟南,齊魯,2001 年 8 月第 1 版第 1 次印刷。

324. 林安梧:《中國宗教與意義治療》,台北,明文,1996 年 4 月初版。

325. 林安梧:《儒學轉向:從「新儒學」到「後新儒學」的過渡》,台北,學生,2006 年 2 月初版。

326. 楊國榮:《王學通論——從王陽明到熊十力》,台北,五南,1997 年 9 月初版一刷。

327. 汪治平：《佔畢居論文集》，台北，四章堂，2006 年 8 月初版一刷。

328. 賴貴三：《焦循雕菰樓易學研究》，台北，里仁，1994 年 7 月初版。

329. 顏國明：《易傳與儒道關係論衡》，台北，里仁，2006 年 3 月初版。

330. 江弘遠：《京房易學流變考》，台中，瑞成，2006 年 8 月一版一刷。

331. 趙載光：《天人合一的文化智慧——中國傳統生態文化與哲學》，北京，
文化藝術，2006 年 11 月第 1 版第 1 次印刷。

332. 曹峰：《上博楚簡思想研究》，台北，萬卷樓，2006 年 12 月初版。

333. 王新春：《周易虞氏學（上）》，台北，頂淵，1999 年 2 月初版一刷。

334. 北京大學哲學系：《荀子新注》，台北，里仁，1983 年 11 月版。

335. 日‧星野恒：《周易經翼通解》，台北，華聯，1977 年元月版。

336. 日‧竹添光鴻：《論語會箋》，台北，廣文，1999 年 3 月再版。

二、單篇論文

1. 胡適：〈「易林」斷歸崔篆的判決書——考證學方法論舉例〉，李敖編《胡
適選集（五）》，台北，李敖，2002 年 12 月初版。

2. 張岱年：〈中國哲學中「天人合一」思想的剖析〉，《張岱年全集》第五卷。

3. 徐文珊：〈天人合一思想與人生——中國的人生哲學探討〉，《東海中文學
報》第 1 期，台中，1979 年 11 月。

4. 徐照華：〈論天人合一之文化思想〉，《興大中文學報》第 1 期，台中，1988
年 5 月。

5. 曾錦坤：〈從存有論與心性論談儒家與佛教的區分〉，《孔孟學報》第 58
期，台北，1989 年 9 月。

6. 林義正：〈《論語》「夫子之文章」章之研究〉，國立臺灣大學《文史哲學
報》第 42 期，台北，1995 年 4 月。

7. 林義正：〈孔子的天人感應觀——以〈魯邦大旱〉為中心的考察〉，李學
勤、林慶彰等《新出土文獻與先秦思想重構》，台北，台灣書房，2007
年 8 月初版一刷。

8. 林安梧：〈中國文化的哲學觀〉，羅鳳珠編《人文學導論》，台北，正中，
1995 年 8 月臺初版。

9. 鄭宗義：〈從實踐的形上學到多元宗教觀——「天人合一」的現代重釋〉，
香港，新亞學術集刊第十七期《天人之際與人禽之辨——比較與多元的
觀點》，2001 年 7 月初版。

10. 李杜：〈「天人合一」論〉，同上。

11. 傅佩榮：〈對孔子「天」概念的再評價〉，同上。

12. 廖名春：〈錢穆先生孔子與《周易》關係說考辨〉，東吳大學錢穆故居管
理處《錢穆思想學術研討會論文集》，台北，2005 年 10 月初版一刷。

13. 鄧克銘：〈良知與實體——明中葉羅欽順與歐陽崇一之論爭的意義〉，《鵝湖學誌》第 37 期，台北，2006 年 12 月。

14. 林世榮：〈程朱學派「用九用六」說研究〉，台北，淡大「第二屆文學與文化學術研討會」，1998 年 5 月。

15. 林世榮：〈何休「三科九旨」說研究〉，輔大中文系所編《先秦兩漢論叢（第一輯）》，台北，洪葉，1999 年 7 月初版。

16. 林世榮：〈朱熹《周易本義》發微——以乾坤二卦為示例的探討〉，龍華科大《第一屆中國文學與文化全國學術研討會論文專集》，桃園，2002 年 12 月。

17. 林世榮：〈程朱「復其見天地之心乎」說研究〉，《鵝湖學誌》第 37 期，台北，2006 年 12 月。

18. 林世榮：〈李光地《周易折中》發微——以乾坤二卦為示例的探討〉，《鵝湖》第 399 期，台北，2008 年 9 月。

19. 林世榮：〈王陽明成學與立教平議〉，《鵝湖》第 433 期，台北，2011 年 7 月。

20. 林世榮：〈姚永概《孟子講義》「救民」說研究〉，《鵝湖》第 440 期，台北，2012 年 2 月。

21. 林世榮：〈《易》「用九用六」解〉，《鵝湖》第 457 期，台北，2013 年 7 月。

22. 林世榮：〈《易》「爻位貴賤」論〉，《鵝湖》第 463 期，台北，2014 年 1 月。

23. 林世榮：〈《易》「卦畫」說〉，《臺北大學中文學報》第 20 期，台北，2016 年 9 月。

24. 林世榮：〈《易》「元亨利貞」辨〉，《鵝湖》第 512 期，台北，2018 年 2 月。

三、學位論文

1. 張子良：《先秦儒家天人思想研究》，台北，師大國研所博士論文，1980 年。

2. 王龍川：《王船山「〈乾〉〈坤〉並建」理論研究》，台北，師大國研所博士論文，2004 年。

戊、其他

1. 陳士元輯：《姓觽》，《四庫全書存目叢書》子部冊 179，台南，莊嚴，1995 年 9 月初版一刷。

2. 廖用賢輯：《尚友錄》，《四庫全書存目叢書》子部冊 218。

3. 吳大澂輯、胡琦峻增補:《續百家姓印譜》,北京,中國物資,1998 年 6 月第一版第一次印刷。

4. 楊家駱編:《晉書人名索引》,台北,鼎文,1979 年 5 月初版。

5. 陸師成編:《辭彙》,台北,文化,1986 年 2 月版。

6. 朱則奎編:《姓氏簡介》,台北,自印本,1991 年 9 月初版。

7. 籍秀琴:《中國姓氏源流史》,台北,文津,1998 年 1 月初版一刷。

8. 陳榮捷編著、楊儒賓等譯:《中國哲學文獻選編(上)》,台北,巨流,1993 年 6 月一版一印。

9. 韋政通編:《中國哲學辭典大全》,台北,水牛,1994 年 7 月一版四刷。

10. 韋政通:《阿毗達磨大毗婆沙論》:《中華大藏經》第 392 冊—第 393 冊,台北,修訂中華大藏經會,1968 年版。

11. 韋政通:《大乘起信論等八種合刊》,台北,新文豐,1977 年 7 月初版。

12. 惠能:《六祖壇經(曹溪原本)》,台北,佛陀教育基金會,2007 年 3 月版。

13. 德‧黑格爾著、賀自昭、王玖興譯:《精神現象學》,台北,里仁,1984 年 7 月版。

14. 德‧黑格爾著、賀麟譯:《小邏輯》,台北,商務,1998 年 4 月初版一刷。

15. 英‧赫胥黎著、嚴復譯:《天演論》,台北,商務,1987 年 10 月臺六版。